# Deutsche Texte

Herausgegeben von
Gotthart Wunberg

# Ibsen auf der deutschen Bühne

## Texte zur Rezeption

Ausgewählt, eingeleitet
und herausgegeben von
WILHELM FRIESE

Max Niemeyer Verlag
Tübingen

*Für Gisela*

CIP-Kurztitelaufnahme der Deutschen Bibliothek

**Ibsen auf der deutschen Bühne** : Texte zur Rezeption /
ausgew., eingel. u. hrsg. von Wilhelm Friese.
— 1. Aufl. — Tübingen : Niemeyer, 1976.
   (Deutsche Texte ; 38)
   ISBN 3-484-19037-X

NE: Friese , Wilhelm [Hrsg.]

ISBN 3-484-19037-x

# Inhalt

# Einleitung

## I

Für das kulturelle Leben Deutschlands gewinnen die skandinavischen Literaturen im 19. Jahrhundert eine ständig zunehmende Bedeutung. Neben der seit den Tagen der Romantik lebendigen Idealvorstellung vom Norden – Wort und Begriffssphäre erhalten in jener Zeit einen nahezu mystischen Unterton – ist ein ganz wesentlicher Grund für den enorm steigenden Import skandinavischer Bücher im letzten Drittel des Jahrhunderts die künstlerische Qualität jener Literatur.[1] Wenn auch die »germanisch-nordischen« Stoffe und Themen und die Nordlandschwärmerei der Biedermeierzeit keinesfalls verschwinden, so wendet sich doch das Hauptinteresse anderen literarischen Strömungen zu. Dem »jüngsten Deutschland«, den jungen Revolutionären von 1880 kommt so die Forderung des dänischen Literaturtheoretikers und Kritikers Georg Brandes (1832–1927), »Probleme zur Debatte« zu stellen, da dies allein ein wesentliches Kennzeichen einer Literatur sei, die »in unseren Tage« lebe, in ihrem Kampf wider die Salonliteratur der Gründerzeit sehr entgegen. Dies viel zitierte Wort aus der Eröffnungsvorlesung (3. 11. 1871) zu den »Hauptströmungen der Literatur des 19. Jahrhunderts« an der Kopenhagener Universität fand bei skandinavischen Autoren ein nachhaltiges Echo: Die Lektüre der veröffentlichten Vorlesungsreihe sollte auch Henrik Ibsens Denken und Schaffen stark beeinflussen.[2]

---

[1] Das große Angebot sk. Literatur, das auch viel bloße Unterhaltungs- und Trivialliteratur enthält, wird durch den für die deutschen Verleger günstigen Umstand gefördert, daß die skandinavischen Staaten erst viele Jahre nach Abschluß der Berner Konvention (Abkommen zum Schutz der Urheberrechte) von 1886 dieser beitreten: Norwegen 1896, Dänemark 1903, Schweden 1904.

[2] Hovedstrømninger i det nittende aarhundredes litteratur, Bde. 1–4, Kopenhagen 1872–1875; eine von A. Strodtmann besorgte dt. Übersetzung erscheint von 1872 bis 1876.

Georg Brandes, dieser »Zwischenhändler literarischer Werte zwischen sämtlichen Völkern« (Karl Bleibtreu), hält sich von 1877 bis 1883 in Berlin auf, und seit dieser Zeit wird er vor allem zu einem Mittler zwischen der skandinavischen und deutschen Literatur. In der Hauptstadt des jungen Kaiserreiches kommt Georg Brandes in ein geistig-literarisches Klima, das von deutschen Zeitgenossen als konventionelle Erstarrung, Verflachung des Theaters und Mangel an Ideen und Problemen beschrieben wird, so darf es nicht wundernehmen, daß die realistischen, zeitnahe Fragen aufgreifenden Dramen und Prosawerke der Norweger Björnstjerne Björnson (1832–1910), Henrik Ibsen (1828–1906), Jonas Lie (1833–1908) und Alexander Kielland (1849–1906) eine beträchtliche Resonanz finden.

Neben dem – wie ihn später Friedrich Nietzsche nannte – »guten Europäer« und »Cultur-Missionär« Georg Brandes, der bis zu seinem Tod ein Symbol der progressiv-liberalen Jugend in Deutschland bleiben sollte, ist ein weiteres wichtiges Bindeglied zwischen der skandinavischen und deutschen Literatur der Däne Julius Hoffory (1855–1897), der sich 1884 an der Berliner Universität habilitiert und für den 1887 eine außerordentliche Professur für Nordische Philologie geschaffen wird. Bundesgenossen finden diese beiden Dänen in den Berliner Vorkämpfern für die Moderne: in Paul Schlenther (1854–1916), Otto Brahm (1856–1912) und Julius Elias (1861–1927). In Samuel Fischer wird ein Verleger gewonnen, dessen Interesse für skandinavische Autoren sich ganz besonders auf Henrik Ibsen erstreckt. In seinem Verlag erscheinen von 1898 bis 1904 »Henrik Ibsens Sämtliche Werke in deutscher Sprache«, eine vom Dichter autorisierte und von G. Brandes, J. Elias und P. Schlenther herausgegebene zehnbändige Ausgabe; das Echo dieses Unternehmens in der skandinavischen Presse sollte erst den Gyldendalschen Verlag in Kopenhagen veranlassen, eine Gesamtausgabe der Werke in der Originalsprache zu veranstalten.

Von den genannten norwegischen Autoren wird Björnstjerne Björnson als erster auf der deutschen Bühne mit einigen Dramen bekannt, und er ist es auch, der Georg II., Herzog von Sachsen-Meiningen und Schöpfer der Meininger Inszenierungen, auf den in Deutschland zur Mitte der siebziger Jahre noch unbekannten Ibsen aufmerksam macht.[3]

---

[3] Vgl. zu diesem Abschnitt den Artikel des Verfassers 'Skandinavische Literaturen (Einfluß auf die deutsche)', § 19ff., im RL der deutschen Literaturgeschichte, 2. Aufl., Druck in Vorber.

II

Abgesehen von einem kürzeren und längeren Aufenthalt in Italien, lebt Henrik Ibsen von 1868 bis 1891 in Deutschland, zuerst in Dresden, seit dem Frühjahr 1875 in München, wo er sich ganz wie zu Hause fühlt, »weit mehr als in meiner eigentlichen sogenannten Heimat.«[4] Die erste deutsche Bühne aber, die ein Drama von ihm bringt, ist das Hoftheater in Meiningen: Am 30. Januar 1876 wird dort das historische Schauspiel »Die Kronprätendenten« aufgeführt.[5] Für den Übersetzer Adolf Strodtmann (1829–1879) ist dieses Stück, wie er in seinem Buch »Das geistige Leben in Dänemark«, Berlin 1873, schreibt, das »weitaus bedeutendste Werk nicht bloß der norwegischen Literatur, sondern ... vielleicht das größte Drama, welches seit Shakespeares Tagen der Bühne geschenkt worden ist« (a. a. O. S. 214). Erweist er sich auch mit diesem Urteil nicht eben als ein Kenner der Theaterkunst, so sollte er doch mit dem Schlußsatz des Kapitels über Ibsen als Dramatiker recht behalten: »Mag Henrik Ibsen's Name zur Stunde noch wenig außerhalb der Grenzen seiner nordischen Heimat genannt werden, die Zeit kann nicht fern mehr sein, wo der Ruhm eines Dichters, der nach mancherlei verfehlten Anläufen schließlich so meisterhaft die höchsten Gesetze der Kunst zu erfüllen versteht, über die fernsten Länder erschallen wird« (a. a. O. S. 222).

Zwischen dem aus dem norwegischen Mittelalter genommenen Stoff der »Kronprätendenten« und dem Deutschland der frühen siebziger Jahre sieht Strodtmann sogar gewisse Berührungspunkte, denn »die politische Idee, welche dem Stück zugrunde liegt – die Einigung der lange in Zwiespalt getrennten Glieder eines Reiches zu einem großen und mächtigen Volke – dürfte ... gerade in Deutschland zur jetzigen Stunde der allgemeinsten Sympathie und einem allseitigen Verständnis begegnen« (a. a. O. S. 215). Doch weder das Publikum des Hoftheaters noch die Kritik in Berlin, wo die »Meininger« im Juni 1876 das Schauspiel aufführen, können sich für »Die Kronprätendenten« recht erwärmen. Im »Berliner Tageblatt« nennt Oscar Blumenthal (1852–1917) das Drama eine »verfehlte und unreife Arbeit, die aber in Einzelheiten das rege Hineinwirken eines dichterischen Könnens verrät«,[6] und Karl Frenzel (1827–1914), Kritiker der »Nationalzei-

---

[4] H. Ibsens Sämtliche Werke ( SW), X, S. LIV.

[5] Ruth Dzulko, Ibsen und die deutsche Bühne, Habil.-Schrift, Jena 1952 (Masch.), S. 20. – Vgl. David E. R. George, Henrik Ibsen in Deutschland, Göttingen 1968, S. 18, FN 23.

[6] SW X, S. 473.

tung« und lange Zeit eine Autorität für die bürgerliche Öffentlichkeit, meint in der Theaterchronik der »Deutschen Rundschau«: »Einen merkwürdigen Versuch haben die Meininger mit Ibsens »Kronprätendenten« gemacht. Henrik Ibsen ist ein begabter norwegischer Dichter, dessen Schauspiele in Christiania und Kopenhagen große Teilnahme und großen Zulauf finden; ... An Kraft der Sprache, in den ersten Acten sogar an dramatischer Beweglichkeit, an der Gabe, charakteristische Gestalten zu erfinden, fehlt es dem Dichter nicht: dagegen wird der dramatische Bausinn, die Fähigkeit, gewaltige Massen einfach und übersichtlich zu gliedern, die Verwickelung zu steigern und von innen heraus zu lösen, zu sehr vermißt. Auf den deutschen Zuschauer, der von den Dingen und Menschen nicht in seinem Gemüth und seiner Volksthümlichkeit berührt wird, wie die Norweger, dem das Schauspiel eine Glanzzeit, die Heroentage seiner Vergangenheit vorführt, wirkt das Ganze doch nur wie eine Staatsaction. Trotz der prächtigen Ausstattung und des außerordentlichen Fleißes, den man auf die Einstudierung verwandte, erwies sich die Dichtung nicht zugkräftig: ein interessanter, aber verfehlter Versuch, an dem die Freunde nordischer Dichtung am Abend der ersten Aufführung sich erfreuten, für den jedoch die Masse des Publicums sich nicht zu erwärmen vermochte. Ich, meinerseits, halte es gar nicht für die Aufgabe der Meininger, uns neue, noch dazu ausländische Stücke mit stattlichem Kostenaufwand vorzuführen: ihre Specialität und ihre Kraft beruht in der Einrichtung der klassischen Meisterwerke; ... Es ist eine Vergeudung von Zeit, Arbeit und Geld, sich mit Schauspielen abzuquälen, die trotz ihres poetischen Wertes sich niemals auf einem deutschen Theater einbürgern werden, weil sie uns in ihrem Kern ewig fremd sind und sein werden«.[7]

Wenige Wochen nur nach der Meininger Aufführung folgt am 10. April 1876 die Erstaufführung der »Nordischen Heerfahrt« am Münchner Hoftheater. Für das Zustandekommen dieser Aufführung entscheidend war die Theatersituation in der Residenzstadt des kunstfreundlichen Ludwig II., in der historische Stoffe und Themen – und nicht nur auf der Bühne – hoch im Kurs standen. Geibels »Brunhild« und Hebbels »Nibelungen« waren über die Bühne gegangen, Wagners »Ring des Nibelungen« kannte man, hier mußte auch Interesse für eine Dichtung vorhanden sein, deren Grundlage « auf den verschiedenen, noch vorhandenen isländischen Familiensagen« beruhte, »in denen die

---

[7] Deutsche Rundschau VIII (1876), S. 154.

aus dem Nibelungenliede und der Wölsungasage bekannten riesenhaften Verhältnisse und Vorgänge sehr oft nur auf menschliche Dimensionen zurückgeführt erscheinen«, wie es in dem von Ibsen selbst in deutscher Sprache abgefaßten Vorwort zu der gemeinsam mit Emma Klingenfeld – einer Bekannten aus dem Literatenkreis »Das Krokodil« – geschriebenen »deutschen Originalausgabe der Haermaendene paa Helgeland« hieß. Auf ein gewisses Vertrautsein der Theaterbesucher mit »Situationen und Begebenheiten« im »gesamtgermanischen Leben in den ältesten historischen Zeiten« (ebenda) durfte Ibsen rechnen, und der Titel »Nordische Heerfahrt« (später: Die Helden auf Helgeland), der auf einen Vorschlag des Münchner Operndirigenten Levi zurückgehen soll,[8] geht wohl auf diese Überlegungen zurück. Das Stück wird – nach Ibsen – »mit stürmischem Beifall« aufgenommen, nach der Vorstellung veranstalten die Münchner Literaten eine Festlichkeit, und selbst der König läßt ihm ein Schreiben zukommen. Noch im gleichen Jahr führen das Burgtheater in Wien, das Dresdener Hoftheater und das Leipziger Stadttheater das Schauspiel auf, doch erobert es das Publikum ebensowenig wie »Die Kronprätendenten«.

Den ersten großen Erfolg erzielt Ibsen mit den »Stützen der Gesellschaft«, die im Februar 1878 von fünf Berliner Theatern in drei verschiedenen Übersetzungen gespielt werden, und die noch im gleichen Jahr im Repertoire von 26 weiteren deutschen Theatern erscheinen. Den »nordischen Gogol« nennt ihn ein Kritiker, »immer bitter, immer die Geißel schwingend«, für Oscar Blumenthal besitzt das Stück einen atemberaubenden Spannungsreiz,[9] Karl Frenzel jedoch bezweifelt, daß es sich auf den deutschen Bühnen halten könne, da es zu spezifisch norwegisch und Ibsen kein eigentlicher Dramatiker sei.[10] An den ungewöhnlich starken Eindruck, den dieses Gegenwartsdrama auf ihn und seine Altersgenossen machte, erinnert sich viele Jahre später Paul Schlenther: »Wer . . . wie ich, durch die »Stützen der Gesellschaft« zwei der größten Kunstoffenbarungen empfangen hat, kann von diesem erobernden und erleuchtenden Drama nicht wieder los. 1878 wurde es in Berlin, zu einer Zeit, da die schickliche Hofbühne bei Lubliner und

[8] Henrik Ibsen ( = Dichter über ihre Dichtungen, Bd. 10/I-II), München 1972. Hier: Bd. II, S. 300. – Nach SW X, S. 472, hat der Münchner Opernregisseur Dr. Grandaur den Titel für das Stück gefunden.

[9] Zit. bei Ruth Dzulko, Ibsen und die deutsche Bühne, a. a. O. S. 37.

[10] Deutsche Rundschau XIV (1878), S. 458–488.

Gensichen, das unschickliche Sensationstheater bei Sardou und Dumas hielt, in drei verschiedenen Vorstädten gegeben. Und über all dem blinkenden und schillernden Theaterplunder ringsum gingen uns damals die jungen Augen auf. Wir bebten und jauchzten. Anders als im Sinne Fausts riefen wir denen um Konsul Bernick zu: »Das ist eine Welt! Das heißt eine Welt!« Wir gingen immer wieder ins Theater; tagsüber lasen wir in Wilhelm Langes scheußlichem Deutsch das Stück. Weder die poesielose, papierne Übersetzung noch die bretternen Seelen der Vorstadtschauspieler konnten gegen die Gewalten dieser Dichtung an. So muß neunzig Jahre früher Schillers Kabale und Liebe auf die nicht mehr ganz unreife Jugend gewirkt haben. Mit dem Stück lernten wir – und das ist die zweite jener Kunstoffenbarungen – den Dichter erst kennen. Bis dahin war uns Ibsen ein bloßer Name gewesen. Durch dieses Stück erst lernten wir ihn lieben, fürs Leben lieben. Ich darf für viele meiner Altersgenossen das Bekenntnis ablegen, daß unter dem Einfluß dieser modernen Wirklichkeitsdichtung zur entscheidenden Lebenszeit in uns diejenige Geschmackslinie entstand, die fürs Leben entschieden hat. Im Zeitalter der genialsten Realpolitik herangebildet, trat uns hier die kräftigste Realpoesie entgegen. Aus Handel und Wandel des alltäglichen Lebens, aus Geschäft und Arbeit sahen wir eine Dichtkunst aufsteigen, die uns um so tiefer ergriff, je weniger uns die Epigonen Schillers oder die vertrocknete Nachromantik genügten. Es war eine Lust zu leben, solange Schiller und Goethe schufen, es war eine Lust zu leben, solange die Romantik blühte – nun war es wieder eine Lust zu leben, denn mit uns lebte ein Dichter, der den Inhalt unserer Zeit in eigene Hände nahm ... Vielleicht muß man dies als etwas Neues, Unerwartetes mit 23 Jahren aufgenommen haben, um von diesem Werk und seinem Dichter nie wieder los zu kommen, um Henrik Ibsen bei allen Wandlungen seines Auges für einen unerschütterlichen Idealisten zu halten«.[11] Kaum weniger enthusiastisch äußerte sich Otto Brahm, Schlenthers Mitstreiter für Ibsen: »Von Stund an gehörten wir dieser neuen Wirklichkeitskunst, und unser ästhetisches Leben hatte seinen Inhalt empfangen«.[12]

Die »Stützen der Gesellschaft« erleben bis 1889 etwa 1000 Aufführungen auf fünfzig deutschen Bühnen,[13] und am 19. Oktober 1890

[11] SW VI, S. XVIIff.
[12] Otto Brahm, Kritiken und Essays. Ausgew., eingel. und erläutert von F. Martini, Zürich/Stuttgart 1964, S. 504.
[13] Norsk Forfatter-Lexikon 1814–1880. III. Bd. Hg. J. B. Halvorsen, Kristiania 1892, S. 59.

wird mit diesem Stück die »Freie Volksbühne« in Berlin eröffnet.[14] Zu diesem langandauernden Erfolg tragen die optimistische Stimmung und der glückliche Ausgang des Stückes sicher nicht wenig bei: sowohl die konservative wie die sozialistische Kritik am extremen Wirtschaftsliberalismus jener Jahre sieht sich in den am Schluß plakativ verkündeten Thesen bestätigt. Die Beliebtheit der »Stützen der Gesellschaft« beruht aber vor allem darauf, daß der Zuschauer – und hier ist die Tradition des Scribeschen Gesellschaftsstückes zu bemerken – sein eigenes Milieu in der Handlung und im Dialog wiederfinden kann. Kritische Akzente werden ohne weiteres hingenommen; Kritik wird sogar begrüßt, solange sie aphoristisch bleibt und nicht zum Urteil wird. Den vom Dichter beschworenen Glauben an die ethisch-moralischen Besserungsmöglichkeiten des Menschen goutieren die Theaterbesucher der siebziger und achtziger Jahre, und sie brächten wahrscheinlich wenig Verständnis für die Versuche moderner Ibsen-Forscher auf, dem sogenannten »schwachen« Schluß des Stückes besondere Tiefendimensionen abzugewinnen.[15]

Trotz des Erfolges der »Stützen der Gesellschaft« kann von einem Heimischwerden Ibsens auf der deutschen Bühne keine Rede sein. Dies ändert sich auch nicht mit dem »Puppenheim«, dessen Titel der Übersetzer Wilhelm Lange mit einer für die Deutung des Werkes verhängnisvollen Willkür durch den Namen der Heldin ersetzte, und das seine erste deutsche Aufführung am 6. Februar 1880 am Flensburger Stadttheater erlebt. Auf Wunsch der Schauspielerin, die die Rolle der Nora übernimmt, endet das Stück mit einem vom Original abweichenden Schluß: Helmer führt Nora zur Tür des Kinderschlafzimmers, sie soll die Kinder ein letztes Mal sehen, bevor sie das Haus verläßt, nach einem kurzen Dialog sinkt sie zusammen, und der Vorhang fällt. Ibsen verwahrt sich gegen diese »barbarische Vergewaltigung«, doch schreibt er, um Schlimmeres noch zu verhüten, selbst den Schluß. Die erste Aufführung mit dem richtigen Schluß findet dann in Ibsens Gegenwart am 3. März 1880 im Münchner Hoftheater statt. Am 22. November des gleichen Jahres bringt das Residenztheater in Berlin das

[14] Die 'Freie Volksbühne' ermöglicht unter dem Motto 'Die Kunst dem Volke' Arbeitern für einen Vereinsbeitrag einmal monatlich einen Theaterbesuch. Dem Vorstand gehörten u. a. an Bruno Wille, Wilhelm Bölsche, Otto Erich Hartleben; 1892 wird Franz Mehring Vorsitzender.

[15] Vgl. James McFarlane, Meaning and Evidence in Ibsen's Drama, in: Contemporary Approaches to Ibsen (= Ibsenårbok 8), Oslo 1965/66, S. 36ff. – Horst Bien, Henrik Ibsen Realismus, Berlin 1970, S. 117f.

Stück mit Frau Niemann-Raabe – jene Schauspielerin, auf deren Einspruch der veränderte Schluß zurückging – als Gast. Da es an einem Abend mit dem Originalschluß, am nächsten Abend mit dem versöhnlichen Schluß gebracht wird, nennt Oscar Blumenthal es spöttisch eine Art »Durchhausdrama« mit zwei Ausgängen. Diesem »Durchhausdrama« ist auch in Wien kein Erfolg beschieden, und in dieser Stadt sollte es bis 1890 das vorläufig letzte Ibsensche Stück bleiben.

In den frühen achtziger Jahren sind einige deutsche Aufführungen der »Nora« zu verzeichnen, doch erst mit den Münchner und Berliner Aufführungen von 1887 bzw. 1888 setzt sich das Stück endgültig durch. In den folgenden Jahren wird es zum Drama der Frauenemanzipation: Die Vertreter der Frauenrechtsbewegung zitieren in ihrem Kampf um höhere Schulbildung, Zulassung zur Universität und Gleichberechtigung vor dem Gesetz dieses Stück, denn nach ihrer Auffassung wird hier der Mangel an Bildung als die eigentliche Wurzel unglücklicher Ehen angeprangert. Die Bildungsforderung ist auch die Quintessenz von Emil Reichs Vortrag »Ibsen und das Recht der Frau« vor dem Wiener »Verein für erweiterte Frauenbildung«, der im Jahresbericht von 1890/91, dem auch zu entnehmen ist, daß Ibsen neugewonnenes Vereinsmitglied ist, abgedruckt wird.[16]

Die »Nora«-Aufführungen des Jahres 1880 bringen Ibsen ins Gespräch, in den heftigen Debatten um das Stück dreht es sich jedoch, wie Spielhagen berichtet, weniger um das Drama als Kunstwerk als um das aufgeworfene ethische Problem. Wenn die meisten Kritiker es auch ablehnen, so soll von nun an der Name Ibsens nicht mehr aus der öffentlichen Diskussion verschwinden. 1881 veröffentlicht Eugen Zabel »ein literarisches Porträt« Henrik Ibsens,[17] Ludwig Passarge bringt 1883 eine 310 Seiten umfassende Ibsen-Biographie heraus,[18] im gleichen Jahr erscheint auch Georg Brandes' auf einen 1882 in Berlin gehaltenen Vortrag zurückgehender Aufsatz über Ibsen,[19] 1886 druckt die »Deutsche Rundschau« einen Essay Otto Brahms über Ibsen: Er berichtet von einem Zusammentreffen mit dem norwegischen Drama-

---

[16] Emil Reich, Persönliche Erinnerungen an Henrik Ibsen, in: Aus Leben und Dichtung, Leipzig 1911, S. 452. – Ruth Dzulko, a. a. O. S. 172.

[17] Unsere Zeit. Deutsche Revue der Gegenwart, hg. von Rudolf von Gottschall, 1881, S. 513–531.

[18] Ludwig Passarge, Henrik Ibsen. Ein Beitrag zur neuesten Geschichte der norwegischen Nationalliteratur, Leipzig 1883.

[19] Nord und Süd, 27 (1883), S. 247–281. – Erneut gedr. in: Moderne Geister, Frankfurt/M. 1887.

tiker in Rom im Frühjahr 1885 und stellt ausführlich Leben und Werk Ibsens – von »Catilina« bis zur »Wildente« – vor, um schließlich am Schluß bedauernd festzustellen, daß »die deutschen Theater ... sich kühl zu der gesamten Produktion des Dichters« verhielten. Dieser Zustand aber sollte nicht lange mehr währen.

Noch im gleichen Jahr, am 14. April 1886, findet im Stadttheater Augsburg die erste deutsche Aufführung der »Gespenster« statt. Bereits seit 1884 lag Marie von Borchs Übersetzung vor, und Otto Brahm hatte in seiner Besprechung des Stückes in der »Frankfurter Zeitung« vom 13. März 1884 gefragt: »Wird kein deutsches Theater den Mut finden, es auf die Szene zu stellen?« – nun, zwei Jahre später, werden die »Gespenster« auf Anregung einiger Münchner Schriftsteller im benachbarten Augsburg aufgeführt.[20] Da die Zensur Schwierigkeiten bereitet, muß die Aufführung in Form einer Generalprobe vor geladenen Gästen – unter denen sich auch Ibsen und seine Münchner Freunde befinden – über die Bühne gehen. Am 21. Dezember 1886 bringen die Meininger das Stück – ebenfalls in Anwesenheit Ibsens – vor »ausverschenktem« Haus; denn als »es zur Aufführung gelangen sollte, bemächtigte sich der kleinen Residenz eine große Aufregung ... Diesmal sollte entschiedener Protest erhoben werden ... das Theater wurde ausverschenkt ... außerdem wurden alle Hofbedienstete und Hofbeamten mit freundlichem Hinweis darauf, daß die Hände im Theater zum Klatschen da seien, hinbeordert ... Ibsen zeigte sich sehr befriedigt; ob ihm jemals verraten worden ist, welchen Sturm auf der Werra sein unmoralisches Werk angerichtet hat, ist mir nicht bekannt geworden.«[21] Am 9. Januar 1887 schließlich erfolgt die erste Berliner Aufführung am Residenztheater. Da noch immer das Verbot besteht, werden die »Gespenster« in einer geschlossenen Vorstellung, einer Sonntagsmatinée, gebracht. P. S. ( = Paul Schlenther) berichtet »liebevoll«, so Theodor Fontane, von der Aufführung in der »Vossischen Zeitung«, die Redaktion aber versieht die Kritik mit einer Fußnote, in der es u. a. heißt, daß es »eine Verirrung der Kunst« sei, »mit solchen Mitteln soziale und ethische Probleme lösen zu wollen, ... selbst wenn eine so mächtige dramatische Schöpfungskraft ihnen Gestalt gibt, wie die Ibsens«. Diese Sätze entsprechen gewiß der Meinung der »kompakten Majorität«, wie Fontanes Besprechung vom 13. 1. 1887 in der

---

[20] Ludwig Fulda, Henrik Ibsen und das deutsche Drama, in: Die Nation 4 (1886), Nr. 52, S. 775–777.
[21] Max Grube, Geschichte der Meininger, Berlin und Leipzig 1926, S. 119f.

gleichen Zeitung zu entnehmen ist: auch er setzt sich äußerst kritisch mit dem Stück, das er in einer Tagebuchnotiz als »ein sehr interessantes, sehr meisterliches, aber doch ganz schief gewickeltes Stück« bezeichnet,[22] auseinander, da es bei der »hervorragenden Bedeutung Ibsens und seines Werkes« einen »jeden Mann von Fach drängen muß«, ein Wort zu den »Gespenstern« zu sagen, einem Drama, dessen Kunst und Technik er rückhaltlos bewundert, dessen »Thesen« er aber für falsch hält.

Nicht jeder wird in dieser ersten Berliner »Gespenster«-Aufführung »eine neue Epoche der deutschen Literatur« eröffnet sehen wollen, wie dies Julius Hoffory noch während der Vorstellung verkündete, auf jeden Fall aber beginnt nun für Ibsen die »Epoche der Einbürgerung« (Alfred Kerr). In den knapp drei Jahren bis zur nächsten »Gespenster«-Aufführung, der Eröffnungsvorstellung der »Freien Bühne« im September 1889, wird mit leidenschaftlichem Engagement für und wider Ibsen gekämpft. Der »Ibsen-Apostel« Otto Brahm schreibt ausführliche Kritiken zu jedem Stück, Paul Schlenther bahnt in der »Vossischen Zeitung« Ibsen und der modernen Kunst den Weg, ihnen zur Seite stehen Julius Hoffory und Georg Brandes. Nicht zu vergessen ist Theodor Fontane, der als nahezu Siebzigjähriger durch seine sachlichen Urteile in der »Vossischen Zeitung« nicht wenig zum Verständnis für die Ibsenschen Dramen beiträgt. Gewiß ist ihm »die bewunderte Nora die größte Quatschlise, die je von der Bühne herab zu einem Publikum gesprochen hat«,[23] mit dieser »Schafslise« kann er sich einfach nicht abfinden;[24] Brahm gegenüber bezeichnet er einmal sein Verhältnis zu dem norwegischen Dramatiker als »Ablehnung unter Bewunderung«,[25] und diese ist seinen Kritiken zu den »Gespenstern«, der »Wildente« oder der »Frau vom Meer« stets anzumerken.[26] Er vermag nur teil- und bedingungsweise den Stücken zuzustimmen, was ihn, den Mann der »prosaischen Ordnungsmächte«, stört, ist der Zug zum Doktrinären in den Dramen des Norwegers.

---

[22] Theodor Fontane, Sämtliche Werke, hg. von Walter Keitel, Abt. III, Bd. 2, Darmstadt 1969, S. 1010. – Vgl. Fritz Paul, Fontane und Ibsen, in: Edda 70 (1970), S. 169–177.

[23] Theodor Fontane, Briefe an seine Freunde. Briefe zweiter Sammlung. Bd. 2. Hg. von O. Pniower und P. Schlenther, 3. Aufl. Berlin 1925, S. 460.

[24] Ebenda S. 420.

[25] Ebenda S. 335.

[26] Theodor Fontane, Sämtl. Werke, a. a. O. S. 774–777 (Die Wildente); S. 792–804 (Die Frau vom Meer).

In den Jahren von 1887 bis 1889 stehen die Ibsenschen Schauspiele Werk um Werk zum Bühnenleben auf: »Ein Volksfeind« und »Rosmersholm« fallen noch in das Jahr 1887, in dem auch »Nora oder Ein Puppenheim« wieder aufgenommen wird, »Die Wildente« kommt 1888, »Die Frau vom Meer« 1889 heraus. Am 29. September 1889 ehrt schließlich die »Freie Bühne« mit ihrer ersten Vorstellung ihren »Ahnherrn« und spielt, zum zweiten Mal in Berlin, die immer noch verbotenen »Gespenster«.[27] Noch bis in die Mitte der neunziger Jahre wird jede Aufführung eines neuen Ibsendramas mit heftigem Für und Wider begleitet, doch selbst Fontane, der anläßlich der »Wildente«-Aufführung feststellt: »Das Gebäude der überkommenen Ästhetik kracht in allen Fugen«, muß zugestehen: »... was hier gepredigt wird, ist echt und wahr bis auf das letzte Tüttelchen und in dieser Echtheit und Wahrheit der Predigt liegt ihre geradezu hinreißende Gewalt«.[28] Karl Frenzel, neben Fontane wohl der einflußreichste Theaterkritiker in Berlin, revidiert seine Meinung über Ibsen jedoch nicht und erweist sich, seit seiner Besprechung der Meininger »Kronprätendenten«-Aufführung von 1876, als der beharrlichste Opponent: die Schauspiele sind ihm zu realistisch, sie besitzen keine dramatischen Qualitäten und sind zu sehr durch Norwegen geprägt, um in Deutschland heimisch werden zu können.

Nicht geringe Schwierigkeiten bereiten den Kritikern, und dies sowohl den Anhängern und Freunden wie den Gegnern Ibsens, die Werke nach der »Wildente«, das symbolische Spätwerk des Dichters. Erblickt Otto Brahm in »Hedda Gabler« einen »reifen Ibsen«, so ist für Frenzel das Stück eine Schilderung der Großmannssucht und genialischen Verlumptheit beim Mann und des seelischen Dirnentums bei der Frau.[29] Beim »Baumeister Solness« wird gefragt, ob Ibsen noch ernst zu nehmen sei, das Symbolische befremdet und verwirrt, es sei denn, man sieht in ihm noch immer den Dichter der gesellschaftskritischen Dramen, dann kann man, wie Franz Mehring, in dem Schauspiel ein ekles Zerrbild kapitalistischer Übermenschheit sehen. »Klein Eyolf« wird nach wenigen Aufführungen wieder abgesetzt, da das Publikum mit diesem Mystifikationsdrama nichts anzufangen weiß. Allmählich

---

[27] Zu den Gründern der Freien Bühne gehörten u. a. O. Brahm, P. Schlenther und S. Fischer. Die geschlossenen Vorstellungen dieses privaten Theaters bedurften nicht der Genehmigung der Zensurbehörde.
[28] Theodor Fontane, Sämtliche Werke, a. a. O. S. 775f.
[29] Ruth Dzulko, a. a. O. S. 165.

aber flauen die Theaterschlachten um Ibsen ab: die Bedeutung des norwegischen Dramatikers wird weithin anerkannt. Die Proteste lassen nach, und die Theater reißen sich um den »neuesten Ibsen«: »John Gabriel Borkman« und »Wenn wir Tote erwachen« erleben so weder in Berlin noch in München ihre deutschen Erstaufführungen, da Frankfurt und Stuttgart ihnen zuvorkommen. Ibsen gilt nun als der größte moderne Dramatiker, er wird zu einer Art Modeware, vor der es, wie ein Berliner Wochenblatt satirisch schreibt, »keine Rettung« gibt: »Überall ... prangt das Wort in goldnem Druck: Ibsen! À la Ibsen!«[30]

Eine Art Bilanz über Ibsens Aufnahme in Deutschland zieht Alfred Kerr in seiner Abhandlung »Der Ahnherr«, indem er die einzelnen Stationen dieses Kapitels deutscher Theatergeschichte, für ihn die »Vorgeschichte des neuen deutschen Dramas«, nochmals nachzeichnet. Georg Brandes versucht in »Henrik Ibsen und seine Schule in Deutschland«, den Gründen für die Wirkung und den Einfluß Ibsens, der »nun in die Klasse der unfehlbaren Literaturpäpste aufgerückt ist«, nachzugehen und glaubt sie vor allem in der Verbindung von Idealismus und Sozialismus in dessen Werken entdecken zu können: dies wiederum entspräche »dem vorgeschrittenen modernen Bewußtsein in dem großen Reich genau.«[31]

Nicht lange nach Erscheinen dieses Aufsatzes von Georg Brandes, in den frühen neunziger Jahren, aber sieht das Haupt der jüngsten Wiener Dichtergeneration, Hermann Bahr, den »wahren« Ibsen nicht mehr in den gesellschaftskritischen Stücken, sondern in den frühen Problemdichtungen »Brand« und »Peer Gynt«,[32] und ein anderer dieser

---

[30] Mentz Schulerud, In König Ludwigs Stadt, in: Zur Kultur des Nordens. Beiträge aus 20 Jahrgängen der Zs 'Ausblick', Lübeck 1969, S. 209–221. Hier: S. 217.

[31] Eine wesentliche Voraussetzung für die weite Verbreitung der Dramen Ibsens in Deutschland sind die billigen Ausgaben von Reclams Universal-Bibliothek (seit 1877), die Ibsen nicht unwillkommen sind, denn sie 'schaffen meinen Arbeiten ... in solchen Kreisen ungeheure Verbreitung, die sie sonst nicht erreichen würden' (Brief vom 4. 1. 1891). – Im 20. Jh. sollte Ibsen für Reclam der erfolgreichste aller ausländischer Autoren werden. Vgl. Leopold Magon, Wegbereiter nordischer Dichtung in Deutschland, in: 100 Jahre Reclams Universal-Bibliothek 1867–1967. Beiträge zur Verlagsgeschichte, Leipzig 1967 (RUB 384), S. 204–252.

[32] Hermann Bahr, Henrik Ibsen, in: H. Bahr. Zur Überwindung des Naturalismus. Theoretische Schriften 1887–1904. Ausgew., eingel. u. erl. von G. Wunberg, Stuttgart 1968, S. 3–21.

XVIII

jungen Wiener Dichter, der neunzehnjährige Hugo von Hofmannsthal – unter dem Pseudonym Loris – entdeckt in den Dramen des Norwegers »Varianten eines sehr reichen, sehr modernen und sehr scharf geschauten Menschentypus ...: eigentlich hat er zwischen den Menschen keinen rechten Platz und kann mit dem Leben nichts anfangen«. Die entscheidende Wandlung in der Ibsen-Auffassung vollzieht sich um die Jahrhundertwende: Aus dem Ankläger der bürgerlichen Gesellschaft mit seiner rigorosen Wahrheitsforderung wird die »nordische Sphinx« – so zeichnet ihn Max Liebermann auf der Tischkarte für das Ibsen-Fest der »Freien Bühne« anläßlich des 70. Geburtstages des Dichters im März 1898 – oder der »Meister des Doppelsinns« (Richard Dehmel in der »Neuen deutschen Rundschau«, XVIII (1906), S. 769).

Der Vergangenheit gehört nun auch der naturalistische Darstellungsstil an: Max Reinhardt inszeniert am 8. November 1906 zur Eröffnung der Kammerspiele in Berlin die »Gespenster« mehr als ein Klage- denn Anklagestück, und diese Interpretation wird noch verstärkt durch die von dem Norweger Edvard Munch entworfenen herben und streng düsteren Bühnenbilder: »Ecce mater dolorosa« setzt so Siegfried Jacobson (1881–1926) an den Schluß seiner Besprechung dieser Aufführung.[33] Diese Poetisierung der Ibsenschen Stücke machen sich in den folgenden Jahren viele deutsche Theater zu eigen, insbesondere gilt dies für das 1905 von Gustav Lindemann und Louise Dumont begründete Düsseldorfer Schauspielhaus, dessen Ibsen-Aufführungen bis 1932 durch einen das Symbolische und Lyrische betonenden Stil bestimmt sind.[34]

Kurz vor und nach der Jahrhundertwende gelangen auch die bislang noch nicht gespielten frühen Dramen zur Aufführung, doch nur »Peer Gynt« sollte sich durchsetzen und einen großen und nachhaltigen Erfolg erzielen. In den ersten Jahrzehnten des 20. Jahrhunderts zählt das dramatische Gedicht zu den beliebtesten Stücken in Deutschland, 1922 ist es das meist gespielte Drama auf der deutschen Bühne und zweimal, 1918 und 1934, wird es verfilmt. Ist »Peer Gynt«

---

[33] Siegfried Jacobsohn, Jahre der Bühne, hg. von W. Karsch unter Mitwirkung von G. Göhler, Reinbek bei Hamburg 1965, S. 38.

[34] Ruth Dzulko, a. a. O. S. 240–301. Die Sonderstellung des Düsseldorfer Schauspielhauses in der Geschichte der deutschen Ibsen-Aufführungen wird in dieser Arbeit ausführlich dargestellt. – Zu L. Dumonts Ibsen-Auffassung vgl. ihren Aufsatz: Zu Ibsens Frauengestalten, in: Preußische Jahrbücher 211 (1928), S. 301–328; erneut abgedruckt in: Vermächtnisse, Düsseldorf 1937, S. 163–187.

für die expressionistischen Dramatiker ein Musterbeispiel der »Stationendramatik«, so begeistert sich das breite Publikum mehr an den durch Edvard Griegs Bühnenmusik (1876) noch betonten märchenhaften Elementen der Dichtung. 1928, im Jahr des 100. Geburtstages Ibsens, heißt es bezeichnenderweise in der Einführung zur ersten deutschen Ibsen-Bibliographie: »Von seinen Werken scheint sich allein der »Peer Gynt« die Gunst des deutschen Volkes bewahrt zu haben. Er gehört gewissermassen zu dem eisernen Bestand unseres Bühnen-Repertoires. Aber auch in diesem Werk ist ... weniger sein Schöpfer lebendig als das, was die Phantasie hineininterpretiert hat, und die Griegsche Musik«.[35]

Bereits 1881 war »Peer Gynt« in einer ersten deutschen Übersetzung von Ludwig Passarge erschienen; Strodtmann und Zabel konnten sich nicht mit dem Stück befreunden, und Otto Brahm hielt diese »seltsam-schöne« Dichtung für bühnenfremd. So sollte für viele Jahre Georg Brandes' Auffassung, »Peer Gynt« sei eine Satire Ibsens auf Norwegen und die Selbstgenügsamkeit, Eigenliebe und Phantasterei seiner Landsleute, die allgemeine Meinung über das Stück in Deutschland bestimmen.[36] Sieht Paul Schlenther noch 1890 in Peer Gynt den norwegischen Volkscharakter als Individualität,[37] so ist für Hermann Bahr in seiner Kritik der ersten deutschsprachigen Aufführung des Stückes in Wien der Titelheld bereits »ein Typus der Menschheit« und »l'enfant du siècle«, wenn auch noch an einer norwegischen Gestalt gezeigt; für Siegfried Jacobsohn aber ist Peer ein Jahrzehnt später: »ein ewiger Typus, wie Faust, wie Hamlet, wie Don Juan: das Opfer der eigenen entfesselten Phantasie, der Originalheld der Lüge und der tragische Komödiant der Wahrheit«.[38]

Die Wiener Aufführung benutzte eine Übertragung von Christian Morgenstern (1901; 21./23. Aufl. 1926), die in der Folgezeit gern, auch nachdem mit Ludwig Fuldas Übersetzung (1916) eine weitere Übertragung zur Verfügung steht, von den deutschen Theatern herangezogen wird. Recht umstritten sollte die freie Übertragung (1912) Dietrich

---

[35] Fritz Meyen, Ibsen-Bibliographie. Mit einer Einführung Ibsen und Deutschland von Dr. Werner Möhring, 1928, S. 13.

[36] Vgl. FN 19

[37] Paul Schlenther, Henrik Ibsen, in: Westermanns Illustrierte deutsche Monatshefte 68 (1890), S. 59–75.

[38] Siegfried Jacobsohn, Das Jahr der Bühne 3 (1913/14), S. 20. Zitat aus der Kritik zur Aufführung des Lessingtheaters in Berlin am 15. 9. 1913; in dreieinhalb Jahren geht sie 250–mal über die Bühne.

Eckarts (1868–1923) bleiben, in der Peer nicht mehr der Schwächling und Phantast der Fiktion »jenes dänischen Journalisten« – Brandes – ist, sondern der »Typus des Genies«: Wer den Willen zum Unmöglichen besitzt, der ist ein wahrhaft genialer Mensch.[39] Nach 1933 gilt diese Nachdichtung des »Dichters und Märtyrers« und des »Vorbereiters des neuen Dramas«, wie Dietrich Eckart in nationalsozialistischen Veröffentlichungen bezeichnet wird, als ein Musterbeispiel »arteigenen Theaters«; denn in ihr findet sich »eine bewundernswerte Herausarbeitung des eigentlich Nordischen der Dichtung«.[40]

Im »Dritten Reich« sind die Theater und die Kritik »gleichgeschaltet«: die von den nationalsozialistischen Kulturverwaltern erwünschte und geforderte Ibsen-Auffassung können wir der Schrift »Drama und Dramaturgie im 20. Jahrhundert« entnehmen, in der Otto C. A. zur Nedden, seines Zeichens Chefdramaturg am Deutschen Nationaltheater Weimar und Direktor des Theaterwissenschaftlichen Instituts der Universität Jena, u. a. schreibt: »Von besonderer Bedeutung sowohl für das nordische Drama wie auch für unsere Gegenwart erscheint zunächst das frühe Schaffen Ibsens, des Dichters der »Nordischen Heerfahrt« bis zu »Kaiser und Galiläer«, d. h. also derjenige Teil aus dem Riesenbau seines Lebenswerkes, den man gemeinhin nicht unter dem eigentlichen Ibsen versteht ... es ist sicherlich kein Zufall, daß uns Heutigen dieser frühe Ibsen weit mehr zu sagen hat als der spätere. Bei aller Bewunderung, die wir auch heute noch in künstlerischer und vor allen Dingen dramaturgischer Beziehung der »Nora«, den »Gespenstern«, der »Wildente«, »Rosmersholm« u. a. zollen müssen, die Probleme einer Nora, Hedda Gabler, einer Rebekka West usw. sind nicht mehr die unsrigen. Um so mehr fühlen wir uns zu den urgermanischen Gestalten der »Helden von Helgeland«, zu den Konflikten der »Kronprätendenten« und zu den Problemen des gewaltigen, die gesamten neueren religionsgeschichtlichen Problem-Dramen überschattenden »Kaiser und Galiläer«-Dramas hingezogen. Die »nordische Renaissance« (Widergeburt nordischen Denkens und Fühlens), in der wir heute leben, scheint bei dem frühen Ibsen sogar mit dem Seherblick des wahren Genies bereits für Jahrhunderte vorweg gedacht und gestaltet«.[41] Ähnliche Überlegungen stehen hinter der Antwort des

---

[39] Dietrich Eckart, Ibsen, Peer Gynt, der große Krumme und ich, Berlin-Steglitz 1914, bes. S. 14–17.

[40] Edgar Kirsch, Ibsens 'Peer Gynt' und Dietrich Eckarts freie Übertragung, Zs für Deutschkunde 53 (1939), S. 429–437. Hier: S. 437.

[41] Otto C. A. zur Nedden, Drama und Dramaturgie im 20. Jahrhundert, Würzburg, 3. Aufl. 1944, S. 18f.

Reichsdramaturgen Dr. Rainer Schlösser an die Münchner Kammerspiele auf deren Anfrage nach der Zulässigkeit von Ibsen, wenn er
schreibt, er halte die »rein naturalistischen Stücke wie »Gespenster«,
»Nora« u. ä. . . . für augenblicklich nicht durchschlagskräftig« und em-
pfehle, »mehr und mehr den früheren Werken den Vorzug« zu geben.[42]

Nach dem Zweiten Weltkrieg, in den fünfziger und sechziger Jahren werden Ibsens Gesellschaftsdramen und die späten symbolischen
Dichtungen aufgeführt, und dabei erweisen sich, gemessen an der Zahl
der Aufführungen, »Nora«, die »Gespenster« und »Hedda Gabler« am
zugkräftigsten, doch gilt das Interesse der Theatermacher und Zuschauer weniger dem Ankläger der bürgerlichen Gesellschaft als den
sogenannten »Paraderollen des Welttheaters«: Aus »Nora«, dem ein-
stigen Lehrstück der Frauenrechtsbewegung, wird so z. B. »Maria
Schells Kampf um die Emanzipation«.[43] Dem Theaterkritiker bieten
die Aufführungen kaum mehr als Gelegenheit für feuilletonistische
Ästhetik; denn »der Rang von Ibsens Theaterwelt« ist, wie Joachim
Kaiser meint – und nur wenige seiner Kritikerkollegen werden dies
leugnen wollen –, unbestritten: »nicht mit Naturalisten oder Realisten
muß er sich messen, sondern mit Shakespeare oder Euripides«.

Von einer Art Ibsen-Renaissance auf den deutschen Bühnen darf
in den siebziger Jahren gesprochen werden. In der »Peer
Gynt«-Inszenierung der Berliner Schaubühne von 1971 sieht die
Theaterkritik einhellig einen Höhepunkt deutschen Theaters. Ist aber
das pure Amüsement nicht die eigentliche Ursache des Erfolges dieses
»Schauspiels aus dem 19. Jahrhundert«? Damit steht die Aufführung,
trotz ihres sich betont kritisch gebenden Ansatzes, in der deutschen
Theatertradition. Hans Neuenfels' »Nora« und »Hedda Gabler« in
Stuttgart (1972) und Frankfurt (1973) bieten »Ibsens Dramen in
exaltierten Zuständen«,[44] an der Freien Volksbühne Berlin (1973)
macht Rainer Maria Faßbinder aus Hedda Gabler eine »neurotisch-
hysterische Frau«[45] und aus der Titelheldin seines Fernsehfilms »Nora
Helmer« (1974) nichts anderes als »eine Kunstfigur« aus seinem »Ku-
riositätenkabinett«.[46] In Ost-Berlin wird die »Wildente« (1973) in rigo-
roser Vereinfachung als Groteske gespielt, doch stößt diese Inszenie-

[42] Wolfgang Petzet, Theater. Die Münchner Kammerspiele 1911–1972. München 1973, S. 270.
[43] Joachim Kaiser in der SZ, 27./28. 3. 1965.
[44] Peter Iden in: Theater heute, Nr. 3, 1973, S. 12–16.
[45] Günther Rühle in: F.A.Z., 24. 12. 1973.
[46] Momos ( = Walter Jens) in: Die Zeit, Nr. 7, 8. 2. 1974, S. 24.

rung bei den Hütern des »sozialistisch-realistischen Erbes« auf nicht unerheblichen Widerspruch;[47] aber auch Peter Zadeks Aufführung der Tragikomödie am Deutschen Schauspielhaus in Hamburg (1975) findet nur eine geteilte Aufnahme.

Sind diese Ibsen-Experimente auf den deutschen Bühnen Marksteine einer Ibsen-Renaissance? Oder sind sie nur ein Ausdruck der allgemeinen Neigung dieser Jahre, ins Repertoire des 19. Jahrhunderts zu tauchen? Wir sind allzu sehr Zeitgenossen, um diese Fragen beantworten zu können. Doch braucht man kein Prophet zu sein, um voraussagen zu können, daß nach einem Jahrhundert deutschsprachiger Ibsen-Aufführungen der norwegische Dramatiker auch weiterhin ein »Erlebnis der Deutschen« bleiben wird.[48]

## III

Die Auswahl der Texte ist anfechtbar, wie jede Auswahl. Doch läßt sie sich begründen. Im wesentlichen enthält der Band, dessen Umfang durch die begrenzte Seitenzahl der »Deutschen Texte« festgelegt ist, Theaterkritiken: Geschrieben als Reaktion auf ein öffentliches Ereignis, also gewissermaßen als eine Art Reportage, sind diese ebenso Dokumente der Zeit wie der Wirkungsgeschichte eines Dramatikers. Die Mehrzahl der Texte stammt aus der Zeit vor der Jahrhundertwende, aus jenen Jahren, als es um die Durchsetzung der Dramen Ibsens auf der deutschen Bühne ging. Das 20. Jahrhundert kennt nicht länger mehr diese grundsätzliche Auseinandersetzung um den norwegischen Dramatiker; denn die gewaltige Flut der »Peer Gynt«-Aufführungen während des Ersten Weltkrieges und dem darauf folgenden Jahrzehnt stellt den Rang Ibsens nicht in Frage, sie bestätigt ihn nur.

Entsprechend der Konzeption dieser Textsammlung sind literatur-, geistes- oder kulturwissenschaftliche Abhandlungen, Artikel und Aufsätze zu einem der Ibsenschen Gedenktage (Todestag, Wiederkehr des Geburts- oder Todestages) grundsätzlich nicht aufgenommen. Angaben und Hinweise zur Literatur über Ibsen sind der bibliographischen Wegleitung zu entnehmen, in der auch eine Auswahl wichtiger Titel aus der umfangreichen Ibsen-Literatur geboten wird.

---

[47] Manfred Nössig, Ein Ibsen-Experiment, in: Theater der Zeit, Nr. 2, 1974, S. 22–25.

[48] Marianne Thalmann, Henrik Ibsen. Ein Erlebnis der Deutschen ( = Beitr. z. dt. Literaturwiss. No. 29), Marburg 1928.

Den Texten beigegeben ist eine nach den Erstaufführungsdaten geordnete Übersicht der auf deutschsprachigen Bühnen aufgeführten Werke Henrik Ibsens. Ein Quellenverzeichnis, Werk- und Personenregister, das sowohl die Einleitung als auch die Texte und bibliographischen Angaben umfaßt, beschließen den Band.

Der Herausgeber dankt den Inhabern der Nutzungsrechte für die freundliche Genehmigung des Abdrucks.

FRIEDRICH SPIELHAGEN

# Henrik Ibsen's Nora
(1880)

Mag Henrik Ibsen's Name zur Stunde noch wenig außerhalb der Grenzen seiner nordischen Heimath genannt werden, die Zeit kann nicht mehr fern sein, wo der Ruhm des Dichters, der nach mancherlei verfehlten Anläufen schließlich so meisterhaft die höchsten Gesetze der Kunst zu erfüllen versteht, über die fernsten Länder erschallen wird.«
Ich will nicht behaupten, daß dies Wort des trefflichen, zu früh verstorbenen Adolf Strodtmann aus dem Jahre 1873[1] heute bereits buchstäblich in Erfüllung gegangen ist oder jemals gehen wird; daß es aber, für Deutschland wenigstens, dazu starken Ansatz nahm, mußte Jeder einräumen, der sich im Frühling des vergangenen Jahres in der Berliner Gesellschaft bewegte.
Nicht bloß in der specifisch literarischen. Wohin man kam – in jedem der Kunst und Literatur holden Salon – überall fand man mitten zwischen den illustrirten Prachtbänden jenes unscheinbare gelbe, »für zwanzig Pfennige einzeln käufliche« Heftchen No. 1257 der Reclam'schen Universalbibliothek mit dem Titel: »Nora. Schauspiel in drei Aufzügen von Henrik Ibsen. Deutsch von Wilhelm Lange«; und man konnte mit ziemlich sicherer Chance des Gewinnens eine Wette darauf eingehen, es werde innerhalb der nächsten Viertelstunde von irgend einer schönen oder nicht schönen Lippe der klangvolle Name der Heldin des Schauspiels ausgesprochen werden und sich daran sofort eine lebhafte Discussion knüpfen, deren Ende nicht leicht abzusehen war. Ja, mit der Lebhaftigkeit war es meistens nicht gethan; oft genug steigerte sich dieselbe zu einer eben nur noch durch die gesellschaftliche Sitte verhüllten Leidenschaftlichkeit, als handele es sich um Freihandel oder Schutzzoll, Mozart oder Wagner. Und in diesen oder ähnlichen heiklen Fragen habe ich doch selbst erhitzte Gegner manchmal schließlich zu einer Art von Verständigung gelangen, zum mindesten ein Compromiß schließen sehen. In der Nora-Frage gab es keine Verständigung, kein Compromiß. Schwarz blieb schwarz und weiß blieb weiß und damit basta!

---

[1] Das geistige Leben in Dänemark. Von Adolf Strodtmann. Berlin, Verlag von Gebrüder Paetel, 1873.

Allerdings nur für den Punkt, um den sich die Debatte einzig und allein gedreht hatte und der immer derselbe und völlig unverrückbar war: nämlich das in dem Schauspiel aufgeworfene ethische Problem. Die ästhetische Seite der Frage, das Kunstwerk, der dramatische Werth der Dichtung – darüber ging man sofort zu der bewußten Tagesordnung über, nachdem man zuvor einstimmig und ohne Debatte decretirt, erstens: daß an der ungeheuren theatralischen Wirkung des Stückes nicht zu zweifeln sei; zweitens: daß es in Deutschland nur eine Künstlerin gebe, welche die Titelrolle spielen könne, und das sei Frau Hedwig Niemann-Rabe.

Ich weiß, es klingt wie nachträgliche billige Ruhmredigkeit und doch ist es die lautere Wahrheit: ich hatte – vielleicht nicht vom ersten Moment an, aber nach wiederholter sorgfältiger Lectüre des Buches – starke Bedenken gegen die unbedingte Richtigkeit der ersten These, und nicht zum wenigsten deshalb, weil ich mich voll und ganz zu der zweiten bekannte. Ich sagte mir – doch das gehört an eine andere Stelle; ich bitte den Leser, mir freundlich in der Relation dessen weiter zu folgen, was ich – um mit dem gelehrten Verfasser der griechischen Literaturgeschichte, Bernhardy, zu reden – die »äußere« Geschichte Nora's nennen möchte.

Das Stück, das in unseren und sicher in unzähligen anderen Kreisen eine so große Sensation hervorgerufen, hatte endlich aufgehört, bloßes Buchdrama zu sein. Es war aufgeführt worden: in München, dann in Frankfurt, und der Erfolg – war kein sensationeller gewesen. Im Gentheil: an dem ersteren Orte waren nur die beiden ersten Acte von einem noch dazu nicht einmal unbestrittenen Erfolge begleitet worden, der dritte hatte bis zur Verstimmung befremdet. Noch schlimmer lauteten die Nachrichten aus Frankfurt: es schien, als habe man die große Novität, Alles in Allem, abgelehnt. Die Berliner Nora-Schwärmer ließen die Köpfe hängen – nur ein wenig. Gab es doch in Deutschland nur eine Künstlerin u. s. w. – und die hatte doch nun eben weder an der Isar noch am Main gespielt. Die saß noch immer in Berlin oder – es war inzwischen Sommer geworden – an dem schönsten Punkte einer schönen Gegend und studirte Nora, immer Nora; und wenn die Zeit erfüllet und die geniale Frau mit ihrem Studium zu Ende wäre, und nun endlich, endlich – »die vorletzte Scene im zweiten Acte, wissen Sie, wo sie die Tarantella tanzt, während« – »Ich weiß, ich weiß: es muß grandios werden!« – und die beiden Eingeweihten überrieselte ein Schauer des Entzückens bei der Vorahnung des Genusses, der ihrer harrte.

Und nun war es den Hamburgern vergönnt, vor uns dieses Genusses theilhaftig zu werden; und – am Ende konnte man sich so sehr nicht darüber wundern. Ja, wenn es sich um Soll und Haben, Austern und Trüffeln gehandelt hätte! Aber Nora! was versteht der – Hamburger von Nora, und wenn sie ihm eine Hedwig Niemann-Rabe vorspielt!

Das war nun gewiß sehr ungerecht gegen die braven Hamburger, aber es war verzeihlich; – ein grimmiger Ausfall gleichsam der hart und immer härter bedrängten, durch die Nachrichten aus Hamburg fast zur Verzweiflung getriebenen Nora-Enthusiasten. Denn diese Nachrichten lauteten nicht oder doch kaum anders als die aus München und Frankfurt, besonders wenn man sie nicht aus den Zeitungsberichten las, sondern im vertraulichen Gespräch von denen, welche der Vorstellung beigewohnt, an Ort und Stelle einsammelte, wie ich es in der Lage war, als ich, von einem Nordseebade zurückkehrend, Ende September durch Hamburg kam. Natürlich war das Stück »höchst bedeutend«; natürlich hatte Frau Niemann »ganz ausgezeichnet« gespielt, aber – man kam nicht recht mit der Sprache heraus, auf deutsch: man wußte nicht recht, wie man sich zu dem wunderlichen Dinge stellen sollte.

Wir werden es wissen, sagten die Berliner Enthusiasten.

Ich sagte es nicht.

Der hochverehrte Freund und College, neben den mich bei der ersten Aufführung von Nora im Residenztheater ein glücklicher Zufall brachte, kann es mir bezeugen. Es ist seine löbliche Gewohnheit, ein Stück, das er nachträglich besprechen muß,[2] nicht vorher aus dem Buche, sondern erst von den Brettern herab kennen zu lernen, und er hatte auch diesmal über den hochgehenden Wogen der Nora-Discussionen den kritischen Kopf frei erhalten. So durfte ich ihm denn in den Minuten vor dem Aufgehen des Vorhanges eine kurze Analyse des Stückes geben, welche sich, fürchte ich, bei der Unruhe um uns her und bei der Unruhe in mir selbst durch transparente Klarheit gerade nicht auszeichnete. Dafür sprach ich ganz klar und rückhaltlos meine Besorgniß aus, es werde der Abend nicht halten, was er oder was sich die Nora-Enthusiasten von ihm versprochen; es werde – *mutatis mutandis* – in Berlin gehen, wie es in München und Hamburg gegangen.

---

[2] Die Besprechung ist, während ich diese Zeilen schreibe, noch nicht erschienen. Jedenfalls wird sie einen interessanten Abschnitt des nächsten jener Berichte ausmachen, in denen mein verehrter Freund von Zeit zu Zeit 'die Berliner Theater' Revue passiren läßt.

Und nachdem ich – nicht aus Furcht vor dem nachbarlichen kritischen Kopf, sondern einfach der bangen Stimme in mir folgend – meine arme Seele so salvirt, glaubte ich wirklich auf Alles, was kommen würde, gefaßt zu sein.

Ich hatte mich doch getäuscht; ich hatte doch im Stillen gehofft, es werde dessen, was hier unter so exceptionellen Umständen und Verhältnissen sich nothwendig verändern müsse, mehr – viel mehr sein.

Ich spreche nicht von dem Spiel der Frau Niemann, überhaupt nicht von der Darstellung – darüber soll weiter unten geredet werden. Ich spreche von dem Publikum und der Aufnahme, welche das Stück fand. Das Publikum war wohl fraglos das beste, welches Berlin für solche Gelegenheiten zu stellen hat – ein nicht durchweg, aber in seiner Mehrheit hochgebildetes, durch Nachdenken und Uebung in dramatisch-theatralischen Sachen wohlgeschultes, Alles in Allem leicht empfängliches, ja bis zum Enthusiasmus entzündliches Publikum. Und welche Aufnahme gewährte es Nora? dem viel besprochenen, längst erwarteten, heiß ersehnten Stück, zu dessen Première es aus allen Enden der Stadt herbeigekommen war und das kleine Theater bis auf den letzten Platz gefüllt hatte?

Eine laue Aufnahme, oder eine, deren Temperatur beträchtlich unter den hochgespannten Erwartungen blieb? Das wäre für den Nora-Schwärmer gewiß schon recht betrübsam gewesen. Aber es kam viel, viel schlimmer. Es ist das schwer zu beschreiben. Man muß es eben selbst erlebt, an seinen eigenen Nerven durchgemacht und sympathisch durchgelitten haben: diese sonderbare Unruhe, welche, erst ganz vereinzelt, ganz leise, hier und da in dem Hause entstehend, aus dem Hause aufsteigend, sich nur dem feineren, argwöhnischeren Ohre bemerklich macht, dann größere Kreise ergreift, wieder zu entschlummern scheint, um plötzlich in dem ganzen Publikum auf einmal zu erwachen – aber nun nicht mehr als schüchterner individueller Zweifel, dem Nachbar flüsternd mitgetheiltes Bedenken, sondern als souveräne, mißbilligende, verurtheilende *vox populi*. Und dann jenes grausame, kaum unterdrückte Lachen an einer Stelle, auf deren tieftragisch ergreifende Wirkung der Enthusiast gebaut hatte wie auf einen Felsen, bis er zu seinem Entsetzen bemerkt, daß unter jenem dämonischen Lachen der Granit sich in verstiebenden Wüstensand verwandelt – es war ein böser Abend, fast so bös, als wäre Einem selbst ein Stück durchgefallen.

Ich hatte, als ich nach Hause fuhr, die bestimmte Empfindung, daß Nora durchgefallen; wenn es hoch kam, einen *succès d'estime* erzielt hatte, den man dem Fleiß und dem Talent des Autors nicht versagen konnte.

In den folgenden Tagen schlichen die Nora-Enthusiasten verstimmt umher, und die nun erscheinenden Kritiken waren nicht dazu angethan, den gesunkenen Muth zu heben. Von denen, welche mir zu Gesicht kamen, ging die der »Gegenwart«[3] am schärfsten mit dem Stücke ins Gericht und dazu noch in einer anderen als der rein bildlichen Bedeutung. Der ingeniöse Verfasser hatte den neckischen Einfall gehabt, das Sujet des Stückes als »Fall Nora *contra* Helmer« (Urkundenfälschung unter eigenthümlichen Umständen) in die Form eines regelrechten Berichts aus dem Gerichtssaal zu bringen, um daran eine eigentliche kritische Besprechung zu knüpfen, in welcher er seine der meinigen völlig entgegenstehende Ansicht mit so viel Geist und Folgerichtigkeit darlegte und begründete, daß ich mich nicht enthalten konnte, ihm auf der Stelle brieflich für das Vergnügen zu danken, welches er mir durch seine Kritik bereitet, mit der Hinzufügung: »Sie haben mich beinahe völlig überzeugt.«

Ich mußte wohl sehr deprimirt sein; so, wie es ein Advocat sein mag, der seinen Clienten ehrlich für unschuldig hält und hofft, daß er es werde beweisen können, und vor dem nun sein schlagfertiger beredter Gegner ein Bild des armen Sünders enthüllt, so schwarz, so aller Gnade bar, daß er, als der Mann – mit einem letzten erschütternden Appell an das Gerechtigkeitsgefühl der Richter und der Geschworenen – endet, bei sich spricht: Beim Himmel, der Mann hat mich beinahe völlig überzeugt!

Beinahe, das heißt: nur zum Theil, das heißt: nur halb, das heißt: ganz und gar nicht.

Und der Advocat neigt sich zu seinem Clienten und flüstert ihm zu: die Sache stehe allerdings in diesem Augenblicke nicht gut für ihn, aber er (der Advocat) hoffe noch immer das Beste; jedenfalls wolle er sehen, was sich thun lasse.

In der That glaube ich, daß in Sachen Nora, trotz Allem, was schon darüber gesagt und geschrieben, noch sehr viel zu thun ist.

Ich will es hier versuchen.

Zuvor eine Bemerkung.

Ich erlaube mir, die Bekanntschaft des Stückes, wenn nicht von der Bühne, so doch aus der Lectüre des Buches, bei dem Leser vorauszusetzen. Anderenfalls muß ich ihn freundlichst ersuchen, bevor er wei-

---

[3] No. 48 vom 29. November.

terliest, das Versäumte nachzuholen. Und daß ihn die wenige Zeit und Mühe, welche ihn das kostet, nicht gereuen wird, kann ich ihn auf das bestimmteste versichern.

Und nun zur Sache.

Es ist eine immer wiederkehrende Klage, daß unsere modernen Dramen nur zwangs- und deshalb unpassenderweise in dialogische Formen gebrachte Novellen und Romane sind. Diese Klage ist nur zu oft gerechtfertigt. Und zwar aus einem Grunde, welcher fast so triftig und zureichend ist wie der, warum ein Kameel oder meinetwegen ein Schiffstau nicht durch ein Nadelöhr geht. Ich sage: fast; denn ich will angesichts gewisser Beispiele, die denn doch stark dafür zu sprechen scheinen, die Möglichkeit der Entstehung von Vollblutsdramen auch heutigen Tages nicht in Abrede stellen; aber ich glaube, außer bei unseren jugendlichen dramatischen Heißspornen, kaum auf Widerspruch zu stoßen, wenn ich behaupte, daß dieser Entstehung ein Umstand widerstrebt, der die Chance des glücklichen Vollbringens verschwindend klein macht. Dieser Umstand ist die veränderte Beschaffenheit unseres geistigen Auges, welches dramatisch zu sehen so gut wie verlernt hat; dieselbe Beschaffenheit, aus welcher Wilhelm von Humboldt die nothwendige Genesis der sentimentalen Dichtkunst bei den modernen Menschen deducirt im Gegensatz zur naiven der Alten.

Welches ist diese Beschaffenheit?

Die, daß wir, wenn ich mich so ausdrücken darf, nicht mehr mit dem natürlichen Auge, sondern immer gleichsam durch ein Mikroskop schauen und so ein unendlich Mannigfaltiges überall erblicken, wo jenes nur ein höchst Einfaches zu sehen glaubte, vielmehr in seiner Weise wirklich sah – ein Einfaches, welches in seiner Bruchlosigkeit und leichten Uebersichtlichkeit der künstlerischen Auffassung und Verwerthung auf halbem Wege entgegenkam. Auf diesem einfachen Sehen oder diesem Sehen des Einfachen beruht aber eben die naive Kunst und beruht die dramatische Kunst, mit der allein wir es hier zu thun haben. Für den Dramatiker gilt, was für den römischen Prätor galt: *Minima non curat*. Wehe ihm, wenn ihm das Drum und Dran zu sehr am gewissenhaften Herzen liegt; es ihm nicht genügt, die starke Pfahlwurzel des Menschenbaums erkannt zu haben, sondern er dem Gewirr der Triebwurzeln bis in die kleinsten und feinsten Verzweigungen und Verästelungen nachspürt! »Bohrt ihr mir einen Esel? – Ich bohre einen Esel!« und die Klingen heraus und Schlag um Schlag! Das ist dramatisches Leben, das ist dramatisches Blut, wie es die Feuerseele Shakespeare's füllt und durch jede Zeile, die er geschrieben, pulsirt; und von dem ein Tropfen in unser bedächtiges Blut zündend überspringt, sobald wir in seinen Zauberkreis treten, unser ganzes Wesen ergreifend und wandelnd, daß uns sein holder Wahnsinn als die einzig normale Methode erscheint, die menschlichen Dinge zu sehen und zu beurtheilen. Wer in der Welt hat je danach gefragt, wie es denn nur gekommen sein mag, daß Lear's Töchter so gar verschieden arten konnten? Hatten sie verschiedene Mütter? hatten sie überhaupt eine Mutter? Sollte Edmund sein böses Gemüth durch alle die Jahre engsten Zusammenlebens so durchaus zu verbergen gewußt haben, daß er nun zuletzt den Bruder, den Vater völlig ahnungslos treffen kann? Sollte Jago's wahnsinniger Haß gegen Othello nicht noch aus einem anderen Grunde entspringen, den der Dichter nicht gekannt oder anzuführen vergessen hat? Und so *in infinitum*.

Aber es ist auch nur der eine Shakespeare, vor dessen Majestät dergleichen wohl aufzuwerfende Fragen ehrfurchtsvoll verstummen, mit denen wir freilich einen modernen Dramatiker gar nicht zu behelligen brauchen. Denn der gewissenhafte Mann ist bereits mit einem ungeheuren Fragekasten, den er selbst bis an den Rand gefüllt, an sein Werk gegangen; und sein Werk wird wesentlich darin bestanden haben, den ominösen Inhalt desselben Punkt für Punkt zu erledigen. Und wird nicht geruht haben, bis er über das Wo? und Wie? ein sonnenklares Licht gebreitet und das letzte kleinste Warum? aus seinem verborgensten Schlupfwinkel glücklich aufgestöbert hat. Und so lange und so eifrig und mit so feinen Werkzeugen an seinem dramatischen Bogen geschnitzelt haben, bis das Ding ihm schon unter den Händen oder doch ganz gewiß zerbricht, sobald man die bekannte fürchterliche Probe mit ihm anstellt.

Vielleicht um so sicherer zerbricht, je härter das Material war, je mehr es von der Art des Stoffes hatte, aus dem der Bogen einzig und allein geschnitzt werden kann.

Oder, um ohne Bild zu sprechen: der Widerspruch zwischen Zweck und Mittel, zwischen Intention und Ausführung wird um so greller hervortreten, um so peinlicher berühren, je tiefer der Dichter die Unversöhnlichkeit der Gegensätze, welche sich im menschlichen Leben unablässig einander bekämpfen, in dem eigenen leidenschaftlichen Herzen empfindet; je inniger er bemüht gewesen ist, diesen Kampf auf seinen einfachsten tragischen Ausdruck zu bringen, die letzten Consequenzen zu ziehen, das mitleidlose Facit rein herauszurechnen.

Alle Welt ist einig in dem überaus peinlichen Eindruck, den »Nora« auf jedes Gefühl macht, das nicht einmal zart, sondern nur gesund zu sein braucht; und dieser durchaus berechtigte Eindruck ist eben die nothwendige Folge und der subjective Ausdruck jenes verhängnißvollen, in der Sache selbst liegenden Widerspruchs.

Was hat der Dichter mit der »Nora« eigentlich beabsichtigt? Dasselbe, was er noch mit jedem seiner Werke beabsichtigte.

»Weshalb« – fragt G. Brandes in einer von Strodtmann angezogenen Stelle[4] – »weshalb greift Ibsen zu der wilden Tragik und dem großartigen Grausen der Völsungasage zurück, das er nur unfreiwillig und durch einen Mißgriff verringert, indem er die Heroen der Sage zu Menschen aus der späten Vorzeit herabsetzt? Um dies Bild der Gegenwart vorzuhalten, um ihr zu imponiren; um dies schwache, in Halbheit versunkene Geschlecht zu beschämen, indem er ihm die ganze Größe seiner Vorfahren weist, – die Leidenschaft, welche ohne Rücksicht nach rechts und links fessellos ihrem Ziele entgegenstürmt, den Stolz und die Stärke, die karg an Worten ist, die schweigt und handelt, schweigt und duldet, schweigt und stirbt; diese Willen von Eisen, diese Herzen von Gold, – Thaten, welche nach tausend Jahren noch nicht vergessen sind. Da, seht euch im Spiegel!«

Der Spiegel hängt vielleicht etwas niedriger, aber doch noch immer zwischen Himmel und Erde in dem dramatischen Gedichte »Brand«,[5] das Strodtmann »eine Schöpfung« nennt, »die sich an Gedankentiefe einzig mit Goethe's Faust vergleichen läßt, der es aber leider mehrfach an Klarheit und Verständlichkeit der Motive fehlt.« Ich gestehe, daß mir der Vergleich mit Faust etwas sehr gewagt erscheint; um so stichhaltiger ist der daran geknüpfte Vorwurf. Aber auch freilich nur, wenn man ihn auf die Einzelheiten bezieht; im Großen und Ganzen sind die Motive des Helden vollkommen klar und verständlich. Oder vielmehr das Motiv, denn er hat nur Eins, aus dem sein Denken und sein Handeln mit Nothwendigkeit resultirt: den energischen, durch keinen Widerspruch der stumpfen Welt, durch kein Mißgeschick, durch kein grausigstes Unglück, das ihn trifft, zu beugenden Willen, sich zu Gott durchzuringen, von dem geschrieben steht: »Du sollst anbeten Gott, deinen Herrn, und ihm allein dienen«; und abermals: »Darum sollt ihr

---

[4] Ich bitte diejenigen, welche sich über Ibsen's Entwickelungsgang genauer unterrichten wollen, das Weitere in Strodtmann's bereits angeführtem Buche S. 204 bis 258 nachzulesen.

[5] Uebersetzt von P. F. Siebold (Kassel 1880) und sonst mehrfach.

vollkommen sein, gleichwie euer Vater im Himmel vollkommen ist.« So, in strengster heiligster Uebung des Gebotes, sorgt denn auch der Held nicht für sein Leben und nicht für seinen Leib; er sorgt nur für die Heerde, die ihm anvertraute, die stumpfe Heerde, die ihn Mutter und Weib und Kind und Alles opfern läßt, um ihn hinauszustoßen in die heulende Wildniß, wo die Schneelawine sich über ihn wälzt, aus der er, bevor sie ihn vollends begräbt, noch seinen Klageschrei zum Himmel ruft:

> Gieb mir Antwort, Gott, im Sterben:
> Kann uns Rettung nicht erwerben
> Manneswille *quantum satis* –?

worauf die »Stimme von oben« antwortet:

> Er ist *Deus caritatis*.

Man sieht, die Lösung des Räthsels ist wie bei Faust in den Himmel verlegt, weil dort, wie hier, die Erde keine zu bieten scheint. Denn wenn der Mensch irrt, so lange er strebt, und strebt, so lange er lebt, so irrt er eben, so lange er lebt, und ist aus diesem verhängnißvollen Cirkel kein Ausweg, und die bösen Pessimisten behaupten, daß eben darum das Leben selbst der Grundirrthum ist, aus dem uns nicht einmal der gemeine landläufige Tod, sondern nur jenes mystische Nirwana-Sterben erlösen kann.

Ibsen ist nun ein solcher Pessimist bis in den tiefsten Grund seiner leidenschaftlichen Seele hinein. Die Menschheit *en bloc* ist ihm die störrische, stumpfsinnige Masse, die noch nie auf ihre Propheten gehört, noch immer sie, die ihr Gefühl und Schauen offenbarten, in die Wildniß gestoßen oder gekreuzigt und verbrannt hat. Und die gute Gesellschaft! Daß sich Gott erbarm'! wie elend muß es um sie stehen, wenn sich dies ihre Stützen[6] nennen dürfen? ja, wenn sie es, in einem gewissen Sinne, wirklich sind: diese klatschsüchtigen Wohlthätigkeitsvereins-Strümpfe strickenden Kaffeeschwestern, dieser salbadernde Hülfsprediger, diese bibelfesten Jobber und Fixer, dieser »Herr Consul«, der sämmtliche gemeinnützige Anstalten seiner Stadt gestiftet und alle und Alles – seine ganze bedeutende, beneidenswerthe, vielbeneidete Existenz – auf eine Lüge basirt hat, – eine grundgemeine Lüge, in die er sich selbstverständlich immer tiefer und tiefer verstrik-

---

[6] Die Stützen der Gesellschaft. Schauspiel in vier Aufzügen. Deutsch von Wilhelm Lange. Der Universalbibliothek Nr. 958.

ken muß, bis ihn – nicht von der Intention – nur von der Ausführung des niederträchtigsten feigsten Verbrechens der wunderbarste Zufall errettet, der Erschütterte in sich geht, vor der ganzen »Gesellschaft«, die ihn zu feiern gekommen ist, ein stark verclausulirtes, jedenfalls sehr unvollständiges, sehr verhülltes *Pater peccavi* sagt und eine Besserung verspricht, an welche glauben will, wer mag.

Freilich, wie kann die Gesellschaft anders sein, wie kann sie fester stehen, wenn das Fundament, auf welchem sie sich aufbaut: die Familie, und des Fundamentes Grundstein? die Ehe, durch und durch zermürbt und verrottet sind? Oder fangen neun Zehntel dieser Ehen nicht an mit der Frage nach dem, wonach nur die Heiden trachten? Und entspricht dem unheiligen Anfang nicht die Fortsetzung bis ins Grab, bis über das Grab hinaus in der Trauer, die der betreffende Hinterbliebene zur öffentlichen Schau trägt, ohne sie innerlich zu empfinden, oder, wenn er sie momentan empfindet, zu vergessen, bevor die Schuh' verbraucht? Und so gegen den Todten weiter lügt und trügt, wie er gegen den Lebenden gelogen und getrogen? Warum auch nicht? der Andere würde es genau ebenso machen; alle Welt macht es ebenso und befindet sich ganz wohl dabei, um so wohler, mit je größerer Virtuosität und Feinheit sie die Komödie spielt. Keine Komödie der Irrungen! man kennt ja hinüber und herüber die Mätzchen und Grimassen ganz genau und holt sich seine Tugendschminke und die falschen Großmuthsedelsteine aus demselben Laden! Im Gegentheil: ein Irrthum wäre nur möglich, wenn Einer auf den dummen Gedanken käme, von Zeit zu Zeit die Wahrheit sagen zu wollen, oder gar auf den erz- und urdummen, eine ehrliche Seele zu sein, eine liebevolle – das geht ja denn so Hand in Hand –, die sich der Wahrheit freut und der Ungerechtigkeit schon deshalb nicht, weil sie kaum eine Ahnung davon hat, was das wohl sein mag. Da kann denn freilich Irrthum, Verwirrung, ja, wenn's das Unglück will, das größte Unglück nicht ausbleiben.

Setzen wir, als den wahrscheinlicheren, den Fall, daß die Frau jene dumme, ehrliche, wahrhaftige, gerechte Seele ist – was wird geschehen? Vor allem wird sie, als Frau, die robuste Kraft nicht haben, mit der wohl einmal ein ehrlicher Kerl sich seinen Weg über den Markt des Lebens bahnt; nicht die physische und nicht die geistige, um so weniger, als absolut nichts geschehen ist, ihren Geist zu entwickeln, zu formen, zu stählen. Es ist sehr unwahrscheinlich, daß die Mutter dies schwierige Geschäft hätte unternehmen können; sie wäre denn eine Auserwählte von Tausenden gewesen. Jedenfalls ist sie dem armen

Kinde früh gestorben und hat es in der Obhut einer Wärterin zurückgelassen, die sich damit gegnügen mußte, es groß zu ziehen, wie das ein armes, ungebildetes, beschränktes Mädchen vom Lande eben versteht und kann. Und der Vater? O, das war ein sehr geistreicher, in der Gesellschaft unendlich beliebter Mann, der natürlich für die Gesellschaft leben und viel, sehr viel Geld verdienen mußte. Und dann die Geschäfte, die langweiligen, verdrießlichen Geschäfte eines Beamten, um so verdrießlicher, als man sich seinen Vorgesetzten gegenüber durchaus nicht ganz unangreifbar weiß. Und der vielgeplagte Mann sollte die Zeit gehabt haben, sich um sein kleines Töchterchen zu bekümmern? in ihr junges, liebebedürftiges Herz Eingang zu suchen? von ihrem Herzen aus auf ihren bildsamen Verstand, ihren lebhaften Geist einzuwirken? sie die Welt sehen zu lassen durch seine klugen, ach! allzu klugen Augen? Geht doch! Die kleinen Hände sind nur da, ihm die Falten wegzustreichen von der sorgenvollen Stirn! Die böse Kassenrevision! Aber ihr Lachen ist so silberhell; laß sie lachen! mache sie lachen! lache mit ihr! Für den nöthigen Ernst wird schon das Leben sorgen, obgleich sie an der Seite des jungen exemplarischen Mannes

O, des exemplarischen Mannes!

Oder verdiente er das schmückende Beiwort nicht, dieses Muster von einem pflichttreuen, integren Beamten, der sich den Finger abhacken würde, an dem ein Geldstück der ihm anvertrauten Gelder hangen bliebe, und wenn's nur Gott im Himmel sähe! dieser Gentleman *born and bred*, der seine Ideen so strenge in Ordnung hält wie seine Cravatten, und seine Ehre so blank wie seine Stiefel, und der innerlich so reinlich ist wie äußerlich, daß er in der Nähe von Personen, an denen ein moralischer Makel haftet, geradezu ein körperliches Unbehagen empfindet! Und welch ein Ehemann! thut er seiner kleinen Frau nicht Alles zu Liebe, was er ihr an den Augen absehen kann? gewährt er ihr nicht jeden Wunsch, selbstverständlich, so weit seine etwas beschränkten Mittel reichen? geht seine uneigennützige Liebe zu ihr nicht so weit, daß er mit ihrer Anmuth, ihrer Schönheit förmlich vor den Leuten prunkt, richtige Parade mit ihr macht und den Beifall der Leute entgegennimmt, als habe er ihn selbst verdient? Freilich in der verschwiegenen Stille ihres traulichen Heims belohnt er sie dafür auch durch eine Zärtlichkeit, die so echt ist, daß er nach sieben vollen Jahren sie mit dem stolzen Geständniß beglücken kann: er liebe sie noch immer wie seine Braut. Und dabei – welch ein Mann! – macht ihn seine echte Zärtlichkeit gar nicht blind gegen die kleinen Schwächen seines

Singvögelchens, seines Eichkätzchens; er ist sogar im Stande, sie ganz ernsthaft zu schelten; und selbst wenn sie große Schwächen hätte – aber woher soll sie die haben an der Seite des Musters eines Beamten, Gentleman und Gatten! oder wenn sie je dergleichen gehabt, in die Ehe mitgebracht hätte, so wären sie längst evaporirt wie Nebel im Sonnenlicht an der Seite des Musters eines Beamten u. s. w., ohne daß er auch nur den Mund aufzuthun, jemals über die tieferen Fragen des Menschenlebens mit ihr zu sprechen brauchte. Offen gestanden: er hat dazu keine Zeit, und endlich: er ist doch auch kein Nachmittagsprediger oder verstaubter Philosophieprofesser, sondern das Muster eines Beamten u. s. w.

Und sie?

Sie läßt es eben geschehen. Sie hat es nie besser gekannt, und es ist ja auch, wie es ist, so gut. Alle Welt liebt sie, und sie liebt alle Welt, und sucht die Welt – die kleine Welt, in der sie sich bewegt – so glücklich zu machen, wie sie kann. Und »sucht« ist eigentlich ein falscher Ausdruck; sie ist sich dabei, Gott weiß es, keiner Absicht bewußt; wie die Sonne Licht spendet, weil sie licht ist, so spendet sie Liebe, weil sie liebevoll ist; und sieht sich die Menschen, denen sie Gutes und Liebes erweist, so wenig darauf an, ob sie's etwa verdienen, wie die Sonne, die gleicherweise über Gerechte und Ungerechte scheint. Die Menschen nur? ach, wenn sie könnte, sie würde den Tauben die Köpfe wieder aufsetzen und sie, händeklatschend, zum offenen Fenster hinaufschikken in die sonnige Morgenluft, und die Hühner, die morgen geschlachtet werden sollen, heute wenigstens noch mit Makronen füttern. Freilich, wenn ihr aus einem Menschenantlitz die Freude, die sie bereitet, zurückstrahlt, so ist es doppelt Freude; und so giebt sie dem Träger, der fünfzig Pfennige fordert, eine Mark, und verzieht ihre Dienstboten und spielt und jubelt mit ihren Kindern, und ist ihres Gatten Eichkätzchen und Singvögelchen, weil es scheint, daß es ihn glücklich macht, wenn er an ihr ein Eichkätzchen und ein Singvögelchen hat; und die Freundinnen und Freunde, die ins Haus kommen, haben es darum nicht schlechter, besonders der gute Doctor, der so krank und oft so melancholisch ist, und dem man offenbar noch einige Extrarosen auf seinen dunklen Lebensweg streuen muß. Liebt sie den Doctor, was man in der Welt so nennt? Vielleicht, vielleicht auch nicht; sie hat nie darüber nachgedacht. Am Ende liebt sie auch nicht ihren Mann? O doch, gewiß! aber vielleicht nicht mehr als den Anderen, oder doch nur deshalb mehr, weil er »der Nächste dazu« ist. Aber ist denn diese Frau eine Idiotin ohne Verstand? oder allerhöchstens eine spielfrohe, seelenlose Undine? Nun, den Verstand der Verständigen hat sie sicher nicht, und was die Seele betrifft: wenn sie keine hat, – durch die Liebe kann ihr keine werden, denn ihr ganz eigentliches Element, in dem sie lebt und webt, ist die Liebe. Aber sie hat eine Seele, eine hochgespannte, anspruchsvolle Seele, und ein furchtbarer Tag wird kommen, wo sie sich zu ihrem Entsetzen dieser Seele bewußt wird.

Gottes Mühlen mahlen langsam. Hier werden sie sieben Jahre brauchen, sieben Jahre, in denen das gute Kind das Geheimniß der großen That ihrer Liebe – der einzigen Liebesthat, auf die sie stolz ist – gehütet hat wie ihren Augapfel. Tausendmal hat es ihr auf den lächelnden und doch leise zuckenden Lippen gelegen; zehntausendmal hat's in ihrem liebevollen und doch ängstlichen Auge gestanden – eine kleine Frage, ein verständnißinniger Blick nur – und das Geheimniß wäre herausgewesen! Aber er hatte gerade immer in seinen Acten zu lesen, oder er mußte mit dem Eichkätzchen tändeln und hat's nie gesehen, nie geahnt, und darüber war sie sehr froh, denn ein Bischen gescholten hätte er doch – wie eine Mutter ihr Kind schilt, das, um die Erwartete ein wenig früher zu sehen, mit dem Kopf durch die Fensterscheibe fährt – und dann, wo blieb der große Trumpf, den sie für das Spiel ihrer Liebe und ihres Lebens – zwei Dinge, die für sie identisch sind – in der Hand behalten wollte, wenn Eichkätzchen und Singvögelchen, die kleinen Atouts, von dem bösen Gegner Zeit mitleidslos weggestochen waren!

Und es kommt der Tag, und es kommt die Stunde. O, des furchtbaren Tages! o, der furchtbaren Stunde! Sie that's »aus Liebe für ihn«, und er weiß es, muß es wissen; in dem Briefe, den der Verräther an ihn geschrieben, »steht Alles drin« und »so schonend wie möglich«, und stände es schonungslos da mit den mitleidslosen nackten Daten und Zahlen und Facten – sie müssen ihm ja sagen, warum sie's that, für wen sie's that! Ja, er weiß Alles, Alles – und nun! Wenn er in seinem Herzen nur einen Funken jener Liebe hätte, die langmüthig und freundlich ist und sich nicht ungeberdig stellt und nicht das Ihre sucht; wenn er nicht bis ins innerste Mark ein Betrüger wäre, der sich immer nur selbst am meisten, ja einzig und allein geliebt; seine Liebe zu ihr je etwas Anderes gewesen wäre als eitel Lüge und schnöde Sinnlichkeit; wenn in sein eitles Herz je der Schimmer gefallen wäre der göttlichen welterlösenden Wahrheit, er je etwas angebetet hätte als die nackteste Selbstgerechtigkeit – er müßte ihr bebend, schluchzend in die Arme sinken: Nora, Nora! armes, großherziges, geliebtes Kind!

Und er!

»Unglückselige – was hast du gethan? – eine Heuchlerin, eine Lügnerin – ja, noch Schlimmeres, Schlimmeres, – eine Verbrecherin! O, diese bodenlose Häßlichkeit, die darin liegt! Pfui, pfui!«

Ja bei dem großen Gott der Liebe: diese bodenlose Häßlichkeit! Der Wolf, der das Lamm zerreißt, er ist eben eine Bestie; der Henker, der das Opfer blutig geißelt, er ist ein gemeiner Kerl und hat sich nie für etwas Anderes gegeben, und schließlich gehorcht auch er noch irgend einem zwingenden Gesetz; und dieser – Gentleman zerreißt, zerfleischt das Weib, das an seinem Herzen gelegen, die Mutter seiner Kinder, die Frau, die es that, »weil sie ihn über Alles in der Welt geliebt«; schlägt sie mit jedem seiner brutalen Worte wieder und wieder in das arme, zuckende Herz –

Armes Weib! den Liebsten durch den Tod verlieren, von ihm verrathen werden, – es ist ja bitter und schwer; aber das Bitterste, das Schwerste war dir vorbehalten: zu erkennen, daß du nie geliebt wurdest, – nicht einen Augenblick! daß der Mann deiner Liebe nie gewußt hat, was Liebe ist; daß deine eigene Liebe ein leerer Wahn; daß deine Kinder schlimmer sind als Bastarde: geboren sind in einer Ehe, die keine war. Und so ist dir deine Liebe geschändet, das Leben vergällt, die Welt zertrümmert. Durch seine Schuld? durch deine? Es ist eine schwere, schwere Abrechnung, und du warst immer eine schlechte Rechnerin. Auch kann Jemandem, dem das Herz im Leibe zerrissen ist, der Kopf nicht eben klar sein. Vielleicht bringst du ihn in der Stille und Abgeschiedenheit wieder in Ordnung; vielleicht heilt auch dein zerrissenes Herz, aber freilich: ohne weniger als ein Wunder wird es wohl nimmer geschehen.

Und Nora geht.

»Natürlich! denn in dieser Nora ist kein Funke von Liebe mehr. Sie meint vielleicht, daß es großartig ist, was sie thut; es ist einfach unverzeihlich und abschreckend.«

Ich führe diesen Satz jener bereits citirten Kritik in der »Gegenwart« nicht an, um ihn zu widerlegen; denn entweder habe ich das mit dem, was ich oben gesagt, schon gethan oder bin es überhaupt nicht im Stande. Ich wollte nur den Leser, den ich jetzt hoffentlich auf meiner Seite habe, in Erstaunen setzen durch die Tiefe und Weite der Kluft, die ihn und mich von unseren Gegnern trennt.

Ich verstehe darunter nicht solche Gegner, die mit uns schon im Princip differiren; die nicht mit uns dafür halten, daß es Beleidigungen giebt, die nie vergeben werden können, und vor denen keine Liebe

Stand hält; und daß eine Ehe, aus der die Liebe unwiederbringlich gewichen, keine Ehe mehr, sondern ein schimpfliches Concubinat ist; und wie sie innerlich zerstört ist, auch äußerlich geschieden werden muß; und daß selbst die Existenz von Kindern kein absoluter Hinderungsgrund der Scheidung ist, denn sonst könnten überhaupt nur kinderlose Ehen geschieden werden.

Mit solchen Gegnern ist natürlich keine Verständigung möglich.

Aber vielleicht doch mit denen, welche der Ansicht sind, daß hier die Sachen so schlimm nicht liegen; daß es sich nur um ein immerhin schweres Mißverständniß zwischen den Gatten handele, welches aufgeklärt und beseitigt werden könne und müsse, ja bereits aufgeklärt und beseitigt sei; und mit demselben der Grund der Trennung einer Ehe, die sogar jetzt und jetzt erst recht die beste Anwartschaft dauernden, ungetrübten Glückes habe.

Und die zur Begründung ihrer Ansicht den überaus peinlichen Eindruck anführen, welchen – nach unserem eigenen Geständniß – das Schauspiel auf jedes gesunde Gefühl mache und doch unmöglich machen könnte, wenn es in demselben mit rechten Dingen zuginge, nicht aus den Prämissen falsche Consequenzen gezogen würden. Denn anderenfalls würde uns die Vorführung eines ja immerhin traurigen Geschickes mit der entsprechenden Trauer, dem entsprechenden Mitleid erfüllen, uns vielleicht bis in der Seele Grund erschüttern, nimmermehr aber peinlich berühren – eine Wirkung, die ein Werk echter Kunst niemals hervorbringe.

Was ist darauf zu erwidern?

Daß in der That »Nora« kein echtes Kunstwerk, kein in sich abgeschlossenes, sich selbst erklärendes, an und für sich verständliches Drama ist, sondern einige in dialogische Form gebrachte Capitel eines Romans, dessen Anfang weit vor dem Beginn des Dramas liegt, ebenso wie sein vermuthliches Ende weit hinter den Schluß des Dramas fällt, – ein paar Capitel, in welche sowohl aus dem Anfang als aus der Fortsetzung des Romans alles Mögliche unwillkürlich hineingerathen, von dem Dichter absichtlich hineingebracht ist, was uns – wie er hoffte – das Verständniß der schwierigen Situation, der räthselhaften Charaktere erleichtern sollte, in Wirklichkeit aber diese Situation verschleiert, diese Charaktere bis zur Unverständlichkeit entfremdet.

Und hier sehe ich eben das schlimme Verhängniß, welches über der modernen dramatischen Production waltet. Der Poet hat eine gesunde dramatische Idee, in diesem Falle – ich spreche von dem, was Ibsen gewollt hat, meinetwegen gewollt zu haben scheint – den Conflict, der über kurz oder lang in der Ehe eines Bildungs-Pharisäers und einer Frau, die ganz Liebe ist, ausgetragen werden muß. Anstatt nun die Gelegenheitsursache frisch vom nächsten Zaun zu brechen, holt er sie ein paar Meilen weit aus einem dicken Wald und muthet uns zu, daß wir uns in demselben auf die paar Andeutungen hin, die er uns macht, ebenso gut zurechtfinden wie er, der ihn nach allen Seiten die Kreuz und Quer durchstrichen hat. Anstatt den Pharisäer von vornherein zu kennzeichnen, daß wir wissen oder doch wenigstens ahnen, welches Gelichters er ist und was wir uns von ihm zu versehen haben, hüllt er ihn in eine Maske, die so täuschend dem Ansehen eines exemplarischen Beamten, Gentleman und Gatten gleicht, daß, wie er – der Dichter – sie nun abreißt, wir umgekehrt das wahre Gesicht für eine Maske oder doch ganz momentane Verzerrung halten. Und *vice versa* müssen wir mit der liebenden Seele so lange Makronen naschen und Eichkätzchen und Singvögelchen spielen, bis auch der Vertrauensvollste an der Echtheit des Cordeliascheins, der ihm plötzlich präsentirt wird, gerechten Zweifel hegt. So dichteten die Molière und Shakespeare nicht; so dichten nur unsere modernen Poeten, die, wenn sie ein Drama schreiben wollen, das sich in drei Stunden abspielt und auch in der Wirklichkeit nur drei Tage währt, vorher einen Roman zusammenspintisiren, der sieben und vermuthlich noch mehr Jahre umfaßt und drei Bände stark ist, und in welchem denn freilich Alles bestens exponirt, motivirt und ausgeführt sein würde oder doch sein könnte, was in dem Drama durch einander wirrt und brodelt und quirlt wie – in einem Hexenkessel wäre zu hart, aber vielleicht: wie in der Retorte eines Alchymisten, der auf lauteres Gold operirt und es schließlich doch nur bis zu Kupfer bringt.

Da ist zum Beispiel der Doctor Rank. Ich hörte allgemein über diese abstoßende, ja widerwärtige Persönlichkeit, die sich noch dazu über ihre Nothwendigkeit im Drama gar nicht legitimiren könne, bittere Klage führen. Ich räume ein, der arme Doctor spielt im Drama eine traurige Rolle, besonders wenn er, wie es bei uns geschah, traurig gespielt wird. Aber ich, der ich ihn aus dem Roman um so genauer kenne, als er ein Halbbruder von meinem Doctor im »Skelet im Hause« ist, kann versichern, daß er dort – im Roman – keinesfalls als fünftes, häßlich knarrendes Rad nebenherläuft, im Gegentheil sehr kräftig in den complicirten Mechanismus der Geschichte eingreift, die eigentlich erst durch ihn verständlich wird. Jetzt begreift man nicht, wie es möglich, daß Nora sich sieben Jahre lang über die geistige Oberflächlichkeit und Herzensleere ihres Gatten täuschen konnte. Man begreift es vollständig, wenn man in dem Roman sieht, wie der geistvolle hochgebildete, bei all' seiner scheinbaren Schroffheit, seiner satirischen Laune, seinem oft schneidenden Sarkasmus tief gemüthvolle Doctor vom ersten Augenblick an zwischen ihr und dem Bildungs-Pharisäer von Gatten gestanden: er, der Freund, der »täglich ins Haus kommt«; der Arzt, mit dem sie so manche bange Stunde am Bett eines und des anderen der erkrankten Kinder gesessen; der sie in guten Stunden (sie ahnt nicht, wie viele erst durch ihn gut wurden!) »so gern plaudern hört«, mit dem sie so gern plaudert; mit dem sie über so Vieles sprechen kann, was sie vor der läppischen Eifersucht ihres Gatten verschweigen muß: über »ihre Lieben daheim«, über Alles, Alles, weil er für Alles das herzlichste Verständniß hat, an Allem, was sie betrifft, was sie trifft, den innigsten, gütigsten Antheil nimmt. So kann es, so muß es geschehen, daß ihr die beiden so grundverschiedenen Gestalten wie in eine zusammenfließen, in der sie nicht mehr zu unterscheiden vermag, was auf den Einen und was auf den Anderen kommt, und dabei natürlich alle Ehrenqualitäten auf den schlechteren Mann häuft und ihn zu lieben und sich von ihm über Alles geliebt glaubt, während sie mit dem Anderen »nur gern zusammen sein möchte« und doch er es ist, der sie wahrhaft liebt und bei dem es keine Phrase, daß »er freudig für sie sein Leben hingeben würde«.

Das ist der Doctor Rank des Romans.

Aber auch die im Drama so unsympathischen und schwer verständlichen Gestalten der Frau Linden und Günther's zeigt uns der Roman in einem freundlicheren und vor Allem klareren Lichte. Da – im ersten Theil, der von der Jugendgeschichte der Heldin handelt – bildet die ernste, schwermüthige Freundin den wirksamsten Gegensatz zu dem heiteren Weltkinde; ebenso wie der von Haus aus unglücklich veranlagte, durch unverschuldetes Mißgeschick früh verbitterte Günther trefflich mit Helmer contrastirt, der vom Glück förmlich getragen, von den Frauen verhätschelt wird und den Haß des Jugendfreundes, dem er überall den Rang abläuft, überall im Wege steht, durch den Hochmuth, mit welchem er auf ihn herabsieht und ihn mißhandelt, redlich verdient. Und ebenso erscheint uns, die wir ihr früheres Verhältnis ganz genau kennen, die spätere, im Drama ganz unbegreiflich schnelle Verständigung Günther's und seiner Jugendgeliebten vollkommen begreiflich, ja nothwendig.

Und die Kinder gar! Wie verletzen unser Ohr und unsere Empfindung ihre unnatürlichen gequälten Stimmen von der Bühne herab, und wie herzerquickend klingt ihr harmloses Geplauder, ihr silbernes

Lachen durch den Roman! Und nun werden die armen Geschöpfchen – in dem falschen Schluß – noch aus den warmen Bettchen gerissen, um die Mutter, die fliehen will, zu halten; oder bleiben – in dem richtigen – hülflos, verlassen im Kämmerlein zurück, weil das Drama doch einmal ein Ende nehmen muß und, wie die Sachen da liegen, auch gar kein anderes nehmen kann, während im Roman schon der nächste Tag Alles besser macht und zwischen den für immer getrennten Gatten wenigstens über die Kinder eine Verständigung herbeiführt und sie ein Arrangement treffen läßt, wie es denn unter so traurigen Umständen getroffen zu werden pflegt.

Gut! aber was geht uns – ganz abgesehen davon, daß er nie geschrieben ist – der Roman »Nora« an?

Ganz und gar nichts, lieber Leser! Ich habe auch mit alle dem nichts weiter gewollt, als erklären oder versuchen zu erklären, wie es möglich war und ist, daß die Urtheile über das Schauspiel »Nora« so weit aus einander gingen und noch immer aus einander gehen.

Aber so haben doch die Recht, die sich ihr Urtheil aus dem Stück und nur aus dem Stück gebildet haben?

Ganz gewiß! und doppelt Recht, wenn sie selbst das Stück nur aus der Bühnenaufführung kennen.

Denn wenn das *Hic Rhodus, hic salta* von einer Kunst gilt, so ist es die dramatische.

Und wie schlecht es um diese – trotz alles zum Theil blendenden Anscheins vom Gegentheil – bei dem Schauspiel »Nora« im Grunde steht, dafür giebt es keinen schlagenderen Beweis als den, daß selbst das Spiel der Frau Niemann es nicht vom frühen Tode und Untergang in der Gunst des Publikums hat retten können.

Welch ein Spiel!

Ein Spiel, bei dem man nicht auf Augenblicke, sondern von Anfang bis zu Ende vergaß, daß es nur ein Spiel, daß es nicht leibhaftige Wirklichkeit sei, was sich da vor uns in unsäglicher natürlicher Anmuth und holdester Naivetät bewegte. Man müßte die Feder eines Lichtenberg haben, um das zu schildern; und auch die würde zu plump und stumpf sein für diese zarten und doch so festen Conturen, für diese ewig wechselnden und immer einheitlichen Züge des Bildes, welches das in ihrer Art unvergleichliche Genie der Künstlerin vor unsere entzückten Blicke stellte. Da war Hamlet's Ideal der Schauspielkunst einmal verkörpert; da paßte die Geberde zum Wort, das Wort zur Geberde; da wurde die Bescheidenheit der Natur nie überschritten.

Und so ging doch wenigstens eine schöne Hoffnung der Nora-Schwärmer in schönste Erfüllung.

Mögen sie sich damit begnügen!

Wie sich der Dichter mit dem *Magna voluisse* wird trösten müssen. Ein leidiger Trost!

Und doch wohl dem, der das melancholische Wort auf sich anwenden darf!

Hat einer dazu das Recht, so ist es der Dichter der »Nora«.


OTTO BRAHM

Henrik Ibsen
(1886)

Als ich letztes Frühjahr nach Rom kam, sollte ich Henrik Ibsen Grüße überbringen. Das Unternehmen stieß auf die unerwartete Schwierigkeit, daß die Wohnung des Dichters nicht festzustellen war: denn weder das römische Adreßbuch, das wenig weiß, noch die römische Fremdencolonie, die Alles weiß, konnten Auskunft geben. Man hatte wohl gehört, daß Ibsen seit Jahren in Rom wohnt, man sah ihn dann und wann, einsam im Menschengewühl, den Corso entlang schreiten; aber Niemand verkehrte mit ihm in täglichem Umgange. Niemand hatte seine Behausung erblickt. Endlich sagte man mir, daß der Dichter um die siebente Abendstunde, mit unerbittlicher Regelmäßigkeit, einen Gang ins Café Aranjo thue; ich trat dort ein, und auf eine ungefähre Beschreibung erhielt ich die Bestätigung, daß der Gesuchte an dieser Stelle täglicher Gast sei. Es muß wohl ein Deutscher sein, lautete die Auskunft; viele Deutsche grüßen ihn, aber Keiner spricht mit ihm. Er sitzt immer ganz allein an seinem Tische.

Indem kam Ibsen herangeschritten: eine mittelgroße Gestalt von kräftigem Bau der Glieder, mit einem energisch ausgeprägten strengen Kopfe, dessen mächtiger Typus Michelangelo's Phantasie hätte anreizen können. Grauweißes starres Haar steigt voll und hoch empor über einer breiten, von Gedankenarbeit ausgewölbten Stirn; eine Brille verdeckt blaugraue kleine Augen nicht, die mit scharfer Aufmerksamkeit umherblicken und durch Form und Hülle auf den Kern der Dinge zu dringen scheinen. Um den feinen Mund, dessen schmale Lippen sich vorsichtig nach innen zurückziehen, spielt ein leises Lächeln; der Bart, der nach unten zu sich verbreitert, ist nach englischer Art gehalten und gibt diesem entschlossenen Kopfe den charakteristischen Abschluß.

Die Bekanntschaft ward schnell gemacht; und schnell erfuhr ich aus des Dichters Munde, wie tief in seiner Anschauung die Einsamkeit dieses Lebenswandels begründet ist. Mit seinem »Volksfeind« spricht Ibsen: »Der stärkste Mann der Welt ist derjenige, welcher allein steht«; und in ein freiwilliges Exil gebannt seit zwanzig Jahren, lebt er, ein Fremder unter Fremden. Treu ist sein Sinn der Heimath zugewendet, aber keiner der Parteien, die sich in Norwegen so eng zusammenschließen, rechnet er sich zu, keine Clique darf ihn den Ihrigen nennen. Ungleich seinem großen Rivalen Björnson, greift er mit keinem anderen Mittel, als durch seine Dichtung, in die politischen oder literarischen Vorgänge ein; er schreibt keine Zeitungsartikel und keine Broschüren, hält keine Reden und leitet keine Versammlungen. Er glaubt leidenschaftlich an das Recht der starken Persönlichkeit, des Einzelnen gegenüber der Gemeinschaft, gleichviel, ob diese Gemeinschaft nun Staat, Gesellschaft, Familie oder Partei heißt; und er hat ein tiefes Mißtrauen gegen das Recht jener Ansprüche, welche der Staat an die Bürger, die Gesellschaft an ihre Mitglieder stellt, auf Kosten der stolzen und freien Entwicklung der Persönlichkeit. Er glaubt an sein Talent, ein Mensch zu sein; und er zweifelt an seinem Talent, ein thätiger Staatsbürger und eine Stütze der Gesellschaft zu sein. Er blickt in eine ferne Zukunft, welche den Bestand der Welt erschüttern, Staaten zerbrechen und vielleicht gar die Idee des Staates selbst antasten wird; aber vor der gegenwärtigen politischen Bewegung in seiner Heimath zieht er sich mit vornehmer Scheu zurück und spricht heute, wie einst in Dresden, als ihn das Geräusch des deutsch-französischen Krieges umgab:

Doch mich schreckt der Lärm der Massen,
Will mir nicht vom Schmutz der Gassen
Mein Gewand bespritzen lassen,
Will in reinem Hochzeitskleide
Harren auf den Zukunftstag.

Der Gedanke mußte aufsteigen: wie hat eine so ausgeprägte Persönlichkeit sich entwickeln können? Unter welchen Bedingungen ist sie groß geworden, welche Erlebnisse haben ihr Richtung gegeben? Aus dem Versuch, die Frage zu beantworten, ist diese Darstellung entstanden.

# I.

Ibsen ist am 20. März 1828 zu Skien im südlichen Norwegen geboren worden, einer kleinen Stadt, welche lebhaften Holzhandel betreibt. Gern erinnern wir Deutschen uns, daß der Dichter durch seine Abstammung uns unmittelbar verwandt ist: sein Großvater, Johann Altenburg, war aus Norddeutschland eingewandert. Die Verhältnisse des Vaters, Knud Ibsen, waren durch verwickelte kaufmännische Unternehmungen zerrüttet worden, und als Henrik acht Jahre zählte, erfolgte eine geschäftliche Katastrophe, welche zur Insolvenz führte. Der Knabe besuchte die lateinische Schule bis zu seinem sechzehnten Jahre, dann kam er, da die Möglichkeit eines Universitätsstudiums abgeschnitten schien, als Apothekerlehrling nach dem kleinen Orte Grimstad. Nach einiger Zeit unternahm er es dennoch, auf eigene Faust sich für die Universität vorzubereiten; seine Absicht war, Medicin zu studiren. Zugleich regte sich, unter dem Eindruck der politischen Ereignisse von 1848, der dichterische Trieb in ihm: er richtete an die aufständischen Ungarn die Mahnung, in dem Kampfe gegen ihre Unterdrücker auszuhalten, er schrieb eine Sonettenreihe an König Oscar von Schweden, welche zur Unterstützung der stammverwandten Dänen im Kampfe um Schleswig-Holstein aufforderte. Und von den großen Weltereignissen wendete sich der angehende Student, der für seine politischen Gedichte einen Platz in der Oeffentlichkeit nicht eroberte, den engen Verhältnissen in seinem Städtchen zu: er dichtete scharfe Epigramme, er zeichnete bissige Carikaturen, und stand, nach seinem eigenen Bekenntniß, auf Kriegsfuß mit der Gesellschaft, deren kleinliche Lebensbedingungen ihn einengten. Der Druck, der in einer untergeordneten Stellung auf dem Jüngling lastete, hatte den Gegendruck erzeugt.

Die fortschreitenden Studien Ibsen's, die in schwer zu gewinnenden freien Stunden mit hartnäckigem Eifer gepflegt wurden, führten auf die Lectüre der lateinischen Schriftsteller; und aus Sallust und Cicero entstand dem Dichter sein erstes größeres Werk, das er in heimlicher Nachtzeit niederschrieb. Er wählte *Catilina* zum Helden eines Dramas; und mit vielen jugendlichen Uebertreibungen, mit Phrasen und gehäuften Gedankenstrichen schilderte er, in sympathischer Antheilnahme, den römischen Verschwörer, welcher der eigennützigen Gesellschaft einer kranken Zeit, ein Einzelner, entgegentritt. Catilina, wie sein Dichter, steht mit seiner Welt auf Kriegsfuß: er sieht sich von der Klasse der Herrschenden mit knirschendem Ingrimm ausgeschlossen, er findet, daß die Gerechtigkeit nicht in Rom mehr wohnt, er will die Gesellschaft neu aufbauen, aber weiß den Weg dazu nicht zu entdekken; er verstrickt sich in Schuld und schreckt zuletzt vor der Brandfakkel nicht zurück, die das Capitol entzünden soll. Er geht unter, wie der Held der »Räuber«: und so charakteristisch für Schiller, den Zögling der Karlsschule, jener Karl Moor ist, der nach des Dichters eigenem Wort »nothwendig ein Brutus oder Catilina« werden mußte, so charakteristisch ist auch Ibsens »Catilina« für den gewesenen Apothekerlehrling und werdenden Studenten, den Autodidakten ohne rechte Lebensstellung.

Schiller fand in der ganzen Welt Niemanden, der ihm die »Räuber« gedruckt hätte, und er mußte sein eigener Verleger werden; Ibsen, mit dem »Catilina«, erging es nicht anders. Er stahl seiner Armuth die Druckkosten noch ab und schickte unter dem Pseudonym »Brynjolf Barme« das Stück hinaus. Mit seinem Namen herauszutreten, schien ihm, wiederum seiner Stellung wegen, unmöglich.

Endlich, mit 22 Jahren, konnte Ibsen die Universität beziehen; er kam nach Christiania und traf dort mit dem vier Jahre jüngeren Björnsterne Björnson zusammen, über dessen Leben hellere Sterne geleuchtet hatten: strahlend von übermüthiger Lebenskraft trat Björnson dem Dichter entgegen, den er selbst, nach einer späteren Schilderung, »abgespannt, mager und bleich wie Gips hinter einem ungeheuren, kohlschwarzen Barte« fand. Die Noth blieb Ibsen's Begleiter auch hier; und manchen Tag hat er mit nichts als Kaffee und nacktem Brot sich erhalten können. Hebbel in München hat einst das trotz Allem errungene Studium mit den gleichen Entbehrungen zahlen müssen. Nur einmal kam eine kurze Periode des Ueberflusses für Ibsen heran: als er den heroischen Entschluß faßte, die ganze vorhandene Auflage seines »Catilina« bei einem Krämer als altes Papier zu verkaufen. Er hatte noch einen schönen Vorrath auf Lager gehabt; nur etwa dreißig Exemplare waren abgesetzt.

Ibsen's dichterische Pläne wurden durch solches Mißgeschick nicht aufgehalten; vielmehr verzichtete er jetzt völlig auf ein Brotstudium und war entschlossen, auf die Literatur allein seine Existenz zu gründen. Er fühlte tief in sich einen wogenden Reichthum ungeborener Gedanken und Gestalten und glaubte, inmitten aller Entbehrungen, an seinen Beruf; er verließ sich auf kein Aeußeres, einzig sein starkes Selbst, sein ungebrochener Wille sollte entscheiden. Er schrieb ein zweites Drama, das »Hünengrab«, und setzte es durch, daß das Theater in Christiania, welches den »Catilina« abgelehnt hatte, dieses neue

Werk zur Darstellung brachte; er gründete ein Wochenblatt, für welches er lyrische und epische Gedichte schrieb und eine politische Satire, die Musiktragödie: »Norma oder die Liebe eines Politikers«. Nach zehn Monaten mußte das Blatt wieder eingehen und Ibsen stand vor neuen schweren Sorgen, als ihn ein unerwarteter Ruf traf: Ole Bull trug ihm die Stelle eines Dramaturgen an dem neu begründeten »norwegischen Theater« zu Bergen an. Fünf Jahre, von 1852–57, verblieb Ibsen in dieser Stellung, welche seine Einsicht in das Wesen der dramatischen Kunst verschärfen mußte, aber seine geistige Entwicklung eher zurückhielt als förderte; er lieferte gewissenhaft jedes Jahr ein bühnengerechtes Stück, allen jedoch fehlte jene persönliche Färbung, die selbst über den unreifen »Catilina« ausgebreitet war. Ibsen hatte seinen eigenen Stil noch nicht gefunden, sondern dichtete in der Weise seiner dänischen Vorgänger: Oehlenschläger und besonders Henrik Hertz wurden ihm Muster.

Auch als der Poet 1857 in die etwas größeren Verhältnisse Christiania's zurückkehrte, um als artistischer Director das »norwegische Theater« der Hauptstadt zu leiten, befreite er sich nur langsam von den Fesseln, in welche literarische Tradition und das Bühnenbedürfniß des Tages ihn geschlagen hatten. Sein Trauerspiel »*Nordische Heerfahrt*« entstand damals, ein kräftiges und wirksames Theaterstück; aber Niemand hätte vermuthen können, gegenüber diesem abgerundeten, ruhigen Werk eines dreißigjährigen Mannes, daß hier erst der Beginn einer Entwicklung gegeben war, welche in ihrem Verlaufe der Mitwelt Ueberraschung auf Ueberraschung bringen sollte. Ein gegebener Stoff, die Sage von Brunhild und Siegfried, ist auf Grund der nordischen Ueberlieferung knapp und schlicht, mit starkem poetischen und theatralischen Können gestaltet; in der concisen Sprache, welche sich gerne sentenzartig zuspitzt, ist gegen Oehlenschläger's rollendes Pathos und die angenehme Zierlichkeit von Henrik Hertz ein Fortschritt im historischen Colorit erreicht; das Thema selbst jedoch und seine Behandlung, mit Geistererscheinungen und romantischem Zubehör, entfernt sich von der Weise der Vorgänger nicht.

Aber schon begann in Ibsen mälig das Werk zu reifen, welches ihm aus der Ferne gewesener Zeit und aus den Traditionen einer absterbenden Kunstübung in die Nähe des modernen Lebens führen sollte. Die verschütteten Quellen in seinem Innern springen auf, und ein lange zurückgehaltenes Wollen wagt sich aus der Tiefe der Seele hervor. In der »*Komödie der Liebe*« findet der Dichter zu neuen Zielen den Weg.

Ibsen greift in die Erfahrungen seines Lebens hinein, als er zum ersten Male einen Stoff aus eigenen Mitteln, ohne historische Vorlage, gestaltet. Er hatte sich, noch in Bergen, mit Susanne Thoresen verlobt; und als er nach Christiania übersiedelte, hatte er bald die Frau heimgeführt, welche seine treue Lebensgefährtin, die theilnehmende Genossin all seines Strebens geworden ist. In jener Brautzeit hatte Ibsen an sich selbst die Beobachtungen machen müssen, welche ihn früher bei den Anderen belustigt und geärgert hatten: die träumerische Seligkeit der ersten Liebe entwich vor einer feierlich proclamirten Verlobung, zu deren Zeugen Jedermann angerufen war; es kamen die Gratulanten und die Tanten; Unberufene drängten auf das junge Glück mit prosaischen Sorgen ein; die Klatschmäuler hechelten es durch und trugen es in der Stadt umher. Und nun sah der satirisch gestimmte Dichter ringsum, und Bitterkeit und Zweifel erfüllten ihm die Brust, wenn er den Ausgangspunkt und den Endpunkt, Liebe und Ehe verglich. Die Liebe schien ihm Poesie; die Ehe Prosa. Die Liebe schien ihm heilig; die Ehe komisch. Die Liebe machte frei, sie entfesselte das Innerste und Beste im Menschen; die Ehe schlug in Bande und drängte die aufstrebende Empfindung zu dem Niveau des Spießbürgers zurück.

Von solchen Betrachtungen aus schuf Ibsen die Figuren seiner Komödie: einen Pastor Strohmann, der in seiner Jugend »genial« war, Sonette dichtete und süß zur Guitarre sang, der aber jetzt, mit zwölf Kindern gesegnet und das dreizehnte erwartend, im Philisterium versinkt; einen Copisten Styer, der in den Zeiten erster Liebe gleichfalls den Dichterdrang in sich verspürte, aber seit der Verlobung nur noch an die bürgerliche Versorgung denkt und mit seiner Braut von Wechselausstellen und Indossiren spricht; einen Candidaten Lind, der sich, in währender Handlung, verlobt und sogleich, von der Höhe seiner Missionärsträume herabgezogen, zum Mädchenschullehrer gepreßt und in der Heimath festgehalten wird, mit der Aussicht, selbst dereinst ein kinderreicher Strohmann zu werden. Und diesen Gestalten setzt Ibsen den Dichter Falk entgegen: einen romantischen Schwärmer, der mit ungemessenem Spotte die Verlobten und Vermählten bekämpft, der begeistert die Seligkeit einer nicht »normalen« und bürgerlich geregelten Liebe verkündet, einer Liebe, die nicht Wissenschaft, sondern Leidenschaft ist. Ihm neigt sich die stolze Svanhild zu, aber seine jugendliche Unklarheit und seine Poeten-Selbstsucht stößt sie immer wieder ab: und als er sie den Sangesvogel nennt, ihm allein von Gott geschickt, so weist sie die Ueberhebung des stürmischen Egoisten zu-

rück und lenkt ihn von der erträumten papiernen Dichtung zu dem
Reiche lebendiger Poesie hin, das sich lockend vor ihm ausbreitet. Man
denkt an Ibsen selbst, in dem ein neuer Geist, der Geist moderner Poesie erwachen will, – wenn Falk der Mahnung begeistert folgt und dem
Kinderwerk gewesener Tage entsagt: seine Gedichte verbrennt er, seine Bücher verschenkt er und stellt sich in den Chor von Jung-Norwe-
gen mit ein. Den Kampf für die Wahrheit will er kämpfen bis aufs
Letzte: ich oder die Lüge, so lautet sein Wahlspruch.

Und Svanhild? Der Dichter hat hier die eigenthümlichste Wendung
genommen, welcher ganz zu folgen unmöglich scheint. Ein reicher alter Herr, Guldstad, der bisher in die Handlung nicht eingegriffen hat,
tritt am Schlusse plötzlich und entscheidend hervor. Mit der eindringlichen Beredsamkeit des gesunden Menschenverstandes predigt er
Svanhild und Falk die Nothwendigkeit einer Trennung: denn nicht auf
die schwärmende Liebe läßt sich eine Verbindung fürs Leben bauen,
der herzenswarme Strom der Freundschaft muß sie tragen, Achtung
und Pflichtgefühl sie zusammenhalten. Und die Liebenden lassen sich
überzeugen: sie gehen auf ewig von einander und nun erst ist Falk,
durch das schmerzlichste Erlebniß, völlig zum Dichter geworden.
Svanhild aber reicht ihre Hand dem alten Guldstad und bringt damit
einer eingebildeten Pflicht das unverständliche Opfer.

Erst der Schmerz wird in Falk den Dichter wahrhaft entwickeln,
sagt uns Svanhild am Schlusse. So viel von Ibsen's eigenem Empfinden
aus ihren Worten auch spricht, so spricht zugleich ein Nachklang der
abgelaufenen Literaturperiode aus ihnen: die Auffassung Byron's, der
ein Kainsmal auf der Stirne des Poeten erblickte, oder Oehlenschläger's, der im »Correggio« einen schwachseligen Cultus mit dem Künst-
lerthum trieb, war hier zum Mindesten gestreift. Und aus der schon
gewonnenen Prosaform war der Dichter zu der Tradition der Versko-
mödie, im Stile von Molière und Moreto, Hertz und Heiberg zurückgekehrt: er schrieb sein Stück, vermuthlich um die Schärfe der Satire
zu mildern, nachträglich in Jamben um und jetzt erst erhielt es die
spielenden Reize der Form, welche es auszeichnen, die witzigen und
graziösen Reime, die Behendigkeit der Rede in Schlag und Wider-
schlag. Drei Jahre hatte Ibsen an diesem Werke gearbeitet und der zö-
gernde Proceß erklärt manche Ungleichheit der Anlage und das Ue-
berraschende des Ausgangs: der Dichter hatte nicht unbedingt an seinen ersten Intentionen festgehalten, er hatte nicht unbedingt gewagt,
er selbst zu sein.

Dennoch erregte das Stück, als es im Jahre 1862 im Druck erschien, einen Sturm der Entrüstung. Allen voran erhob die Geistlichkeit, durch die Figur des Pastors gereizt, heftigen Widerspruch. Man antwortete auf die Satire des Dichters mit Anklagen schwerster Art, man untersuchte sein Privatleben und rückte ihm mit Verleumdungen nahe auf den Leib. Die mittelgroße Stadt, in der ein Jeder einen Jeden kannte, machte das Aergerniß noch lauter widerhallen. So hatte schon der erste Versuch Ibsen's, das moderne Leben abzuschildern, ihn von Neuem auf Kriegsfuß mit der Gesellschaft gestellt. Eine tiefe Verstimmung bemächtigte sich seiner; und als um dieselbe Zeit das von ihm geleitete »norwegische Theater« in Concurs gerieth, mochte er sich die Frage vorlegen, was ihn in den engen Verhältnissen der Heimath denn eigentlich festhalte. Die Wanderlust des Nordländers erfaßte ihn und nach dem Süden zog es ihn fort. Aber die Möglichkeit einer Reise blieb seiner Armuth doch versagt, und man dachte daran, um dem Dichter nur eine Existenz zu geben, ihn in die subalterne Stellung eines Zollbeamten zu bringen. Wie einst der Grimstader Student, so bot jetzt der gereifte Mann aller Noth gewappneten Widerstand; und er wendete sich guten Muthes einer neuen Schöpfung zu, die inmitten dieser Bitternisse ihm entstanden war.

Es ist ein geschichtlich gegebener Stoff, den Ibsen mit dem »Kronprätendenten« jetzt ergreift; und von der Schilderung modernen Lebens hatte er sich, wenigstens scheinbar, wieder zu dem Drama im alten Stil zurückdrängen lassen. Das Theatergepränge und die Mittel einer äußerlichen Spannung, die in seinen ersten Bühnenstücken auffallen und den erfahrenen Praktiker verrathen, fehlen auch hier nicht; und den Boden des historischen Schauspiels, auf den er sich als ein werdender Realist zu stellen sucht, verläßt er wieder durch die conventionellen Motive von spukenden Geistern, Wundern und Ahnungen. Vergleicht man nun aber dieses Werk näher mit seinen Vorgängern, so trifft man auf eine Fülle poetischer Erfindungen; rührender Motive, treffender Wendungen, die alles Frühere hinter sich zurückläßt; die Charaktere sind mit einer unmittelbaren Kraft angefaßt; und aus der Folge des Geschehenden blickt der Dichter zu großen, symbolischen Anschauungen empor. Seine Gestalten hat er nicht allein geschaffen, um das Bild einer bestimmten historischen Periode zu geben, sondern um die entscheidenden Mächte im gesammten Leben der Nation, wie sie sich ihm darstellen nach den eigenen Erfahrungen jüngster Tage, im Bilde zu fassen: die männliche Sicherheit genialer Naturen, die sich im König und im Dichter ausprägt, die neidische Halbheit und ohnmächtige Zerfahrenheit, die den Bischof Nikolas und den Kronprätendenten Skule antreibt. Einen Sendboten des ältesten Kronprätendenten der Welt nennt sich Nikolas, da er aus der Hölle zu Skule wiederkehrt, und er spricht den ganzen Inhalt seines Denkens aus, wenn er eine ungebrochene Macht über Norwegen durch die Folge der Zeiten sich erträumt:

> Beugt sich in Nordlands Männern der Sinn,
> Willenlos taumelnd, er weiß nicht wohin;
> Herrscht in den Herzen die Selbstsucht, die blinde
> Schwach, wie das schwankende Rohr in dem Winde;
> Können sie einzig sich darüber einigen,
> Jegliche Größe zu stürzen und steinigen;
> Stoßen die Ehre sie über die Schwelle,
> Während das Banner der Schändlichkeit flammt:
> Dann ist der Bagler-Bischof zur Stelle,
> Bischof Nikolas wartet sein Amt!

Stellt Nikolas die neidische Bosheit dar, die aus der Ohnmacht entstammt, so ist Skule der Repräsentant des Zweifels und des Schwankens, des Zwiespalts zwischen Wollen und Vollbringen, Verlangen und Können. Gleich Catilina wohnen ihm zwei Seelen in der Brust und zwischen gut und böse findet er sich gestellt. Die beiden Charaktere, Skule und Nikolas, bedrängen sich im Drama, so scharf sie auch der Dichter auseinander gehalten, und die Handlung, weil nicht eine Gestalt sie beherrscht, wird um so verwickelter. Die Erfindung Ibsen's scheint aber gerade von Skule ausgegangen zu sein, der complicirte Charakter zog ihn an mit tief innerer Sympathie und er ward ihm zu einem neuen Symbol. Die Ueberlegenheit König Hakon's muß Skule widerwillig erkennen: der »große Königsgedanke«, alle Nordländer zu einigen unter einer Herrschaft, ist Hakon's, nicht seiner; er ist der schwerfällige Eichenstamm unter dem Kiele, der das Schiff im Sturme schützt, aber Hakon ist der Mast mit dem Goldwimpel, der es hinführt zum unbekannten Strande, zu fremden Küsten und der im Werden begriffenen Sage entgegen. Was Skule unausführbar dünkt, da er es zuerst vernimmt, das ist leicht für Hakon: wie es leicht ist für den Aar, die Wolken zu zertheilen. Er ist der glücklichste Mann und der größte, er, dem das Zeitbedürfniß wie eine Fackel ins Hirn flammt, Gedanken erzeugt, die er selbst nicht faßt und ihm den Weg weist, dessen Ziel er nicht kennt. Für die Aufgabe seines Lebens zu sterben noch, ist schön; und so geht Skule, in einer großartig geführten Scene, geläutert in den Tod, den Königsgedanken zu retten.

Es liegt zu Tage, daß der Dichter mit solchen Anschauungen über das historische Drama hinausstrebte, daß ihm das geschichtliche Bild nur Mittel zum Zweck, nicht Selbstzweck war. Auch als der Skalde Jatgeir von sich bekennt: »Ich erhielt die Gabe des Leides und da war ich Dichter«, liegt die Beziehung auf Ibsen's Erlebniß zu Tage; und wenn man sich nun erinnert, daß das Schauspiel im Jahre 1864 gedichtet wurde, als Dänemark inmitten des Kampfes im Schleswig-Holstein stand, und daß Schweden und Norwegen bei feierlichen Anlässen oft und laut sich als Verbündete Dänemarks genannt hatten, so wird der halb politische, halb persönliche Sinn in dem »großen Königsgedanken« erst völlig verständlich. Als die Norweger ihn dennoch nicht verstanden oder nicht verstehen wollten, als sie Dänemark im Stich ließen und die »Kronprätendenten« kühl entgegennahmen, wuchs Ibsen's Verstimmung immer höher an; und als er zuletzt im Frühjahr 1864, doch noch die Mittel zu der ersehnten Reise erhielt, – da schüttelte er den Staub des Vaterlandes von den Füßen und brach nach Rom auf. Seither hat er abwechselnd in Italien und in Deutschland gelebt; nach Norwegen ist er nie mehr zu dauerndem Aufenthalt zurückgekehrt.

## II.

Die Gabe des Leides macht den Skalden Jatgeir zum Dichter, sie führt Falk der Reife entgegen; und die Gabe des Leides hat das Eigenste in Ibsen entwickelt, und ihn zu freier und schöner Ausbildung seiner Persönlichkeit fortgetrieben. Oft in seinen Dramen machen die Handelnden ihren Mangel an Muth sich zum Vorwurf; wir sind alle so feige, heißt es dann, so jämmerlich lichtscheu. Auch Ibsen's scheu nach innen gekehrte, spröde Natur mochte sich ein Aehnliches vorwerfen; »ich habe eine schamhafte Seele«, konnte der Dichter, der mit verkapptem Visier einst auf den Kampfplatz getreten war, mit Jatgeir von sich sagen. Nur langsam rangen sich aus dem Grunde seines Gemüthes entscheidende Worte los. Er brauchte starker Antriebe, um immer freier und kühner mit der Sprache heraus zu gehen; und so blieb er sich bewußt, wie die trüben Erlebnisse in Norwegen sein Talent hatten kräftigen helfen. Nach der Heimath richtete er darum aus dem Süden diese Verse:

Dir, meinem Volk, das in tiefer Schale
Den Heilsam bittern Stärkungstrank mir gab,

Das Kraft zum Kampf im Abendsonnenstrahle
Dem Dichter eingeflößt, schon nah' dem Grab:
Dir, meinem Volk, das mit der Angst Sandale,
Der Sorge Bündel, der Verbannung Stab
Mich ausgerüstet, mit dem Ernst zum Streite –
Dir send' ich meinen Gruß nun aus der Weite,
Für jede Gabe dank' ich tiefbewegt,
Für jede schmerzensreiche Läutrungsstunde.
Die Pflanzen, die mein Lebensgarten hegt,
Sie wurzeln doch in jener Zeiten Grunde.
Daß sie hier reichlich sprossen, üppig ranken,
Der trüben Luft der Ferne muß ich's danken.
Was Sonne löst, empfing vom Nebel Feste:
Mein Land, hab' Dank! Du schenktest mir das Beste!

Losgelöst von der Heimath, weit entrückt dem Zorn der Priester und dem Klatsch der Philister, wagte er, er selbst zu sein; und losgelöst von den Sorgen um das Theater, die ihn so lange in Fessel geschlagen hatten, entfloh er, mit dem ungestümen Drange eines neu erwachenden Talentes, auch sogleich allen Rücksichten auf die Bedingungen der Bühne und der schauspielerischen Darstellung. Er, der seit mehr als einem Jahrzehnt mit dem Theater eng verknüpft gewesen war, schrieb die Buchdramen »*Brand*« und »*Peer Gynt*«.

Die beiden Dichtungen müssen zusammen genannt werden, denn jede von ihnen ist nur die Kehrseite der andern: Brand, der Mann des starken Willens, Peer Gynt, der Mann der überschäumenden Phantasie, sind wie Pol und Gegenpol. Beide Dichtungen sind stärker nordisch gefärbt als Alles, was der Poet bisher geschrieben: wie Turgenjew, richtet auch Ibsen gerade im Exil den Blick unablässig zurück zur Heimath, und es ist nicht poetische Uebertreibung, wenn er in dem schönen Gedicht »Verbrannte Schiffe« von sich aussagt:

Zu den Hütten des Schneelands
Aus südlicher Pracht,
Reitet ein Reiter
Jegliche Nacht.

Eine thatkräftige Zeit schafft sich auch in der Poesie handelnde Helden: Shakespeare schilderte Macbeth und Richard den Dritten. Eine Zeit, die in geistigen Kämpfen lebt, wird ihr innerstes Pathos in Gedankenhelden verkörpern: Uriel Acosta kennzeichnet die Anschauung des jungen Deutschlands, Brand entstammt dem specifisch nordischen Empfinden. Aber wenn der aufklärerische Uriel Acosta zum Kampfe gegen die Religion sich geführt findet, so streitet der Priester Brand zwar gegen die Kirche als staatliche Anstalt, nicht aber gegen den Glauben; er verbleibt auf dem Boden der christlichen Weltanschauung und aus der Fülle seines religiösen Empfindens entsteht ihm das eigenartigste Pathos. Um sich herum erblickt er, wie sein Dichter, Schlaffheit und Halbheit, Lüge und Zwiespältigkeit. Leben und Glauben sind nicht Eines, die Religion bestimmt nicht das Handeln der Menschen, sondern sie wird nur an Feiertagen, beim Kirchgange, mit dem Sonntagsrocke angezogen und abgelegt. Brand aber fordert den Einklang von Lehre und Thun, von Glauben und Sein; und so sehr liebt er die Ganzen und haßt er die Halben, daß er die wilde Kraft, welche das irre Zigeunermädchen Gerd ziellos umhertreibt, höher schätzt, als die Feigheit der Andern; daß er den Diener der Lust, wenn er nur ungetheilt und voll bewußt er selbst ist, demjenigen vorzieht, der von Allem ein wenig ist: ein wenig ernsthaft und ein wenig froh, ein wenig gläubig und ein wenig treulos. Alles oder nichts! lautet die Losung Brand's und das Schwerste willig hinzugeben und frei, dünkt ihm Pflicht:

> Gäbst Alles du, doch nicht das Leben,
> So wisse, daß du *nichts* gegeben.

Eines nur gibt der Starke nicht, es bleibt ihm eigen im Drange der Zeit, in Kampf und Noth: das innere Selbst. Folg' dem Ruf des eigenen Innern! das ist das Wort, das durch das Gedicht tönt; der Sohn der Armuth spricht es aus, der selbstgemachte Mann, der, was er weiß und ist, nur sich schuldet, der die Fesseln anerzogener Vorstellungen abzuschütteln strebt und sich den Inhalt seines Lebens neu gestaltet. »Platz sich selber zu gehören«, will Brand erstreiten, wie ihn Ibsen erstritten hat.

Aber während der Pfarrer so stolze Worte spricht und durch die Macht seiner glühenden Beredsamkeit Agnes, die Braut eines lebensfrohen »Halben«, zu sich hinüberzieht, kommt keuchend, mit gekrümmtem Rücken, eine Alte gegangen: Brand's Mutter, der er seit früher Jugend entfremdet ist. Und ein neues Problem tritt mit ihr auf die Scene, das Problem der Vererbung und fortzeugender Schuld, das den Dichter, von diesem Werke an, intim beschäftigt hat, halb im Sinne der christlichen Theologie, halb im Sinne moderner Wissenschaft. Gerade der willensstarke Brand muß erfahren, daß die Freiheit seines Willens an diesem Punkte gebunden ist, daß er nur soweit »er selbst« sein kann, als angeborene Triebe die Entfaltung seiner Persönlichkeit nicht aufhalten: und in einer complicirten Folge vergangener und gegenwärtiger Ereignisse, die seine Mutter mit jener irren Gerd, Gerd wiederum mit ihm, seinem Weibe Agnes und dem frühen Tode seines Kindes in Zusammenhang stellen, wird er gewahr, wie seltsam für ihn, den einsam Alle Ueberlebenden, die Würfel gefallen sind?

> So wild verschlingt sich und so irr
> Der Schicksalsfäden bunt Gewirr.
> Mein liebes Kind, du Opferlamm
> Für meiner Mutter schnödes Thun
> Vergebens klangen uns're Harfen,
> Ein irrer Geist ließ uns nicht ruhn.
> Ihr Geist nur darum sich verirrte,
> Weil meiner Mutter Herz sich irrte.
> Gott braucht die Schuld, den ersten Keim
> Zum ew'gen Ausgleich für die Sünde,
> Und sucht der Eltern Sünde heim
> Am Kinde und am Kindeskinde.

Und als in der großartigen Schlußscene der Pfarrer, wiederum durch jene Gerd, die eine Lawine ins Rollen gebracht hat, dem Tode verfällt, sinkt er nieder mit den Worten:

> Für die Sünde im Geschlecht
> Wird dem Letzten nun sein Recht.

Das Construirte und Complicirte in all diesen sich bedrängenden Voraussetzungen und Motiven zu überwinden, konnte nur einer bedeutenden schöpferischen Kraft gelingen. Der Dichter geht nicht von der Anschauung aus, sondern er wirkt, wie schon in den »Kronprätendenten«, mit Gedankenbildern und Symbolen. Mit drei programmmäßigen Begegnungen Brand's eröffnet sich das Drama; es erscheint zuerst ein Bauer, der vor dem Unwetter zurückschreckt, ob ihn gleich sein sterbendes Kind herbeiruft; alsdann ein übermüthiger Künstler, dem das Leben Spiel scheint; zuletzt die irre Gerd: und das Zusammentreffen mit diesen Dreien, das den Inhalt des ersten Actes ausmacht, das Zusammentreffen mit der Feigheit, dem Leichtsinn und dem Wahn treibt den Pfarrer erst an, den Kampf gegen die Halben aufzunehmen. Typische Gestalten treten auf, denen die Besonderheit der Persönlichkeit mangelt und deren Namen selbst verschwiegen werden: der Doctor, der Propst, der Küster; und auch eine Figur, die so im Vordergrund der Handlung steht wie Brand's Gattin, scheint mehr den allgemeinen Typus der Frau zu verkörpern, als eine bestimmte Individualität. Aber wie ergreift uns der Dichter durch die Gestalt dieser Agnes, die von einem starken Gefühle angetrieben dem Manne ihres Herzens zustrebt durch alle Hindernisse; die dem übergewaltigen Willen Brand's und seinem eisernen Pflichtgefühl das Leben ihres geliebten Knaben selbst opfert und doch dem frommen Wahn eines körperlichen Fortlebens nach dem Tode, trotz der herben Mahnungen des Gatten, nicht entsagen kann. Gönne mir Zeit, bittet sie, habe Geduld mit meiner Schwäche; aber der eifernde Schwärmer raubt ihr die letzten Andenken an den Knaben und zerschneidet damit jedes Band, das sie ans Leben noch geknüpft hat. Der rührenden Gestalt vergleichen sich zwei andere aus den »Kronprätendenten«, Margarete, die Gattin Hakon's, und Ranhild, die Gattin Skule's: die unzerstörbare Sicherheit frauenhafter Neigung sprechen auch sie aus; und wie erst in der Stunde höchster Noth vor dem Zauberwort dieser stillen Liebe das verschlossene Herz der Männer aufspringt, so erkennt zuletzt Brand, daß er in Agnes sein besseres Theil von sich gestoßen hat. Hatte er einst zürnend ausgerufen: »Dem schlaffen Geiste dieser Zeit ziemt Haß und nicht Barmherzigkeit,« und hatte er den Versucher in der Wüste, der unter Agnes' Gestalt sich ihm näherte, den »Geist des Accordes«, der ihm sein »Alles oder nichts« entreißen gewollt, von sich gewiesen – in Todesnoth ruft ihm doch die Stimme aus Himmelshöhen das letzte Wort der Weisheit zu: »Gott ist die Barmherzigkeit«. Das harte Uebermaß seines Willens ist seine Schuld, und weil er menschliche Schwäche meistern gewollt mit finsterem Sinn, geht er unter.

Wie viel von Ibsen's eigenstem Empfinden in der Gestalt dieses priesterlichen Eiferers lebt, würde festzustellen sein, auch wenn der Dichter nicht selbst darauf hingewiesen hätte: er nennt das Stück ein Heilmittel, welches die Krankheit aus dem Körper trieb, und meint, daß ein energisches Produciren stets eine vortreffliche Cur ist. Die Cur mußte ihm so gut anschlagen, weil er die künstlerische Gabe der Objectivirung auch in dieser Schöpfung festhielt: so stark er an dem Pathos seines Helden theilnimmt, so stark er in der Sache steht, so steht er doch zugleich über ihr; und indem er den Affect auf den äußersten Grad steigert, scheidet er ihn von sich aus und vollendet das Bild eines tragischen Geschicks.

Brand's Pathos ist Ibsen's Pathos; aber dieses ganz individuelle, uns Deutschen nur allgemach verständliche Empfinden ist zugleich durch die literarische Einwirkung eines stammverwandten Schriftstellers verstärkt worden. Sören Kierkegaard, der bedeutendste Prosaist des neueren Dänemarks, kommt Einem in den Sinn, Brand gegenüber und

Ibsen gegenüber: die Verherrlichung der Leidenschaft und des »einzelnen« Individuums bei Kierkegaard, seine Abneigung gegen alle Associationen, ob sie nun Publicum, Gemeinde, Staat, Club oder Generalversammlung heißen. Der »fressenden, saufenden, kindererzeugenden Clerisei« war er am Ende seines Lebens, ein einsamer Eiferer, entgegengetreten; man kann nicht Christ *en masse* sein, hatte er gerufen, hatte, immer auf dem Boden der Religion, der Staatskirche den Krieg bis aufs Messer angesagt und schließlich jede Kirche einen »zweideutigen Ort« genannt. So endigt auch Brand im Kampf gegen die staatlich approbirte Gläubigkeit, und den Schlüssel zum neuerbauten Gotteshaus schleudert er in den Fluß. Ibsen hat, nach Poetenart, den literarischen Zusammenhang zwischen sich und Kierkegaard nicht anerkennen wollen, aber doch zugestanden, daß freie norwegische Priester, welche die Wege des dänischen Agitators nachwandelten, ihm lebende Vorbilder geworden sind. Die ganz individuelle Figur wurzelt so zugleich in dem dänisch-norwegischen Volksthum.

Von ihrem Gegenbild Peer Gynt ist das Nämliche zu sagen: und wie die Gestalt des kecken Phantasten dem Dichter aus dem Volksmärchen von dem Jäger Peer Gynt erwachsen ist, wie er die Handlung des Dramas durch Sagen der Heimath vielfach bereichert hat, so ist auch der tiefere Sinn, den er in das Gedicht gelegt hat, seinem Volke vertraut und unmittelbar verständlich. Wir können wiederum Sören Kierkegaard als ein Beispiel für dieses gesteigerte Phantasieleben nennen, ihn, der in seinen Gedanken mit Leidenschaften und selbst Verbrechen spielte, der sich in die Existenz eines Geizhalses, eines Diebes hineindichtete, der als Kind mit seinem wunderlichen Vater erträumte Spaziergänge machte und während er an der Hand des Alten das enge Zimmer an dem Kopenhagener Neumarkt abschritt, sich benahm, als marschire er nach Frederiksberg, vorüber an rollenden Wagen, an Fußgängern und der Kuchenfrau. Mit seiner Mutter Aase hat Peer Gynt genau dasselbe phantastische Spiel getrieben: der Hauskater auf seinem Stuhle ward ihnen zum Hengst, der Stock zur Peitsche und auf einem Schlitten, den Niemand sah, sausten sie dem Märchenschlosse zu. Noch als der Tod zu seiner Mutter Häupten steht, denkt der Sohn solcher Erziehung der nächsten Pflichten nicht; und statt der Sterbenden die Hauspostille zu reichen, wie sie verlangt, reitet er mit ihr in einer seltsam-schönen Scene zum Soria-Maria-Palaste, wie einst, und treibt phantastische Possen im Augenblick, da ein armes Menschenleben ausgehen will.

Seltsam-schön, das ist das Wort für die ganze bunte Dichtung. Die wirkliche und die erträumte Welt umspannt sie, sie führt uns aus dem norwegischen Dorf über das Meer und durch zwei Erdtheile zu den Berggeistern und den Kindern der Hölle. Als sie beginnt, ist Peer ein zwanzigjähriger Jüngling, dessen frische Thatenlust sich zum Fernen, Regellosen sehnt, und dessen phantastischer Sinn alle Wirklichkeit überspringt. Ich will König werden, Kaiser! ruft der aufgeregte Schwärmer; und nach zahllosen Abenteuern in der Heimath und in der Fremde, nachdem er mit der Gesellschaft, die ihn einen Lügner nennt, auf Kriegsfuß gekommen, nachdem er Sklavenhändler, Prophet, Alterthumsforscher geworden und der kecke Traum seines Kaiserthums im Irrenhaus, wohin ihn ein Wahnsinniger geschleppt hat, zerstoben ist – erkennt er zu spät, ein sterbender Mann, daß in der Liebe der treuen Solveig allein sein Glück beschlossen war:

> O Grauen! Und niemals wandl' ich's um!
> O Gott – *hier* war mein Kaiserthum!

Solveig rettet ihn von dem Bösen, wie Gretchen Faust errettet; und durch das ganze Drama hin finden sich Anklänge an das Goethesche Gedicht zerstreut, aus dem einzelne Verse selbst wörtlich in deutscher Sprache citirt werden. Ibsen wetteifert mit Goethe; und der kühne Flug der Phantasie und die frische Originalität des Tones läßt den jüngeren Dichter nicht unwerth des Meisters erscheinen. Frei beherrscht Ibsen den dichterischen Ausdruck; für das Kräftige wie das Zarte, für das Witzige und das Rührende findet er das deckende Wort, das treffende Bild und die Pointe; und mit allen Mitteln poetischer Darstellung, mit goldener Zierrath und lustigem Schnörkelwerk schmückt er seinen gothischen Wunderbau aus. Schon in der Exposition erweist der Poet die Fähigkeit des großen Dramatikers, einen stimmunggebenden Accord kräftig anzuschlagen; und wenn der erste Satz des Stückes lautet: »Peer, das lügst Du,« und wenn die Macht der Phantasie in Peer dann doch die zweifelnde Mutter zum Glauben an ein erträumtes Erlebniß zwingt, so ist sogleich der Grundton der Dichtung voll angegeben.

Peer fürchtet sich, der Macht des Bösen zu verfallen – weniger weil es der Böse ist, als weil jener ihn nur als einen mittelschlechten Gesellen anerkennen will. Es ist eine der originellsten Erfindungen des originellen Dichters, dieser Knopfgießer, der als ein Handlanger Satans, des sparsamen Meisters, die Seelen umschmilzt und zusammenrührt mit andern mäßigen Sündern, bis ein neuer, besserer Guß daraus entsteht. Aus voller Kraft wehrt sich Peer gegen solches Teufelswerk: denn all sein Leben lang war er stolz auf sein Selbst und eben dieses soll ihm nun abgesprochen werden. Gern verzicht ich auf die Herrlichkeit der Seligen, ruft er

> Doch vom Selbst geb' ich auf nicht einen Deut.
> Richtet! Ich unterwerf' mich dem, was muß sein!
> Sperrt mich zu Dem mit dem Pferdefuß ein;
> Doch jenes Andere – aufzugehn
> In 'nem Fremden *quasi* auferstehn,
> Zu denken, ich hätte mein Selbst auf Kauf nur –
> Das bringt meine Geister in höchsten Aufruhr.

Allein der Knopfgießer und alle Zeugen, die Peer anruft, bestreiten, daß er er selbst gewesen ist – gerade wie der Dichter dem norwegischen Volk, als dessen Repräsentant Peer erscheint, jene höchste Eigenschaft des Menschen abspricht; und erst in den Armen der Geliebten findet Peer sein Selbst wieder:

> Wär's möglich, daß ein Trost mir bliebe?
> Wo war ich – ich selbst, ungebrochen – ganz –
> Wie einst umstrahlt von Gottes Glanz? *Solveig.*
> Bei mir, in Glaube, Hoffnung, Liebe.

Weibliche Liebe erscheint, wie im »Brand«, als die heiligende, sühnende, reinigende Macht, vor der der Egoismus und die Herzenskälte des Mannes zu Nichts zerfällt und mit dem Bibelwort scheint der Dichter zu sprechen: Und wenn ihr mit Engelszungen prediget und hättet der Liebe nicht, ihr wäret nur ein tönend Erz und eine klingende Schelle.

In dem großen dramatischen Werk, welches das Dritte in der Reihe dieser bühnenfremden Dichtungen ist, in »*Kaiser und Galiläer*« tritt der gleiche Grundgedanke hervor. Julian, der Apostat, kann nicht lieben – und deshalb ist ihm die Religion der Liebe im Innersten verhaßt. Nur einmal hat er ein Weib liebend umfangen, das »reine Weib« wie er schwärmend träumte – und diese eine muß er als Heuchlerin und Buhlerin erkennen. Da bricht der Verzweifelnde in den Ruf aus: Galiläer!; das Wort umschließt für ihn Alles, was ihn seit früher Jugend gehemmt und geknechtet hat, was ihn nicht zu sich selbst kommen ließ und unter dem verhaßten Zwang eines außer ihm liegenden Unverstandenen festhielt. »Meine ganze Jugend«, sagt er, »war ein einziges, grenzenloses Entsetzen vor dem Kaiser und vor Christus. Er ist schrecklich, dieser räthselvolle, schonungslose Gottmensch. Ueberall, wo immer ich hinwollte, trat er mir groß und streng in den Weg mit seiner unbedingten, unerbittlichen Forderung.« Und diese Forderung lebte nicht in Julian, immer blieb sie außerhalb seines Selbst: »Ich *sollte!* Unser gesundes innerstes Fühlen empört sich gegen eine solche Zumuthung; und doch sollen wir *wollen.* Genau das Gegentheil von unserm Wollen! Wir sollen, sollen, sollen!«

Das Problem der Willensfreiheit, der Mischung vererbter und anerzogener Empfindungen mit frei gewordenen, der Bedingungen zwischen dem Individuum und seiner Zeit ist es, das Ibsen wiederum beschäftigt; und noch einmal nimmt es für den nordischen Dichter eine religiöse Färbung an. Die Gewalt der christlichen Lehre thut es seinem Helden an, noch als er sie abgestreift hat; wer einmal unter diesem Zauber gestanden hat, bekennt er, der kommt niemals mehr ganz von ihm los. Julian kann nicht zu ihm zurück, er kann aber auch nicht frei werden von ihm und so geht er unter, ohne das »dritte Reich« zu entdecken, jenes unbekannte Zukunftsland, in welchem die Versöhnung zwischen dem Reich des griechischen Naturcultus und dem weltfremden Reich der Christenheit gefunden ist. Bei solcher allgemeinen Andeutung bleibt der Dichter stehen und mit einem nebelhaften Hinweis entläßt er uns: »die Rückkehr zur Natur durch den Geist, das bleibt die Aufgabe der Menschheit.«

Unter allen Werken Ibsen's ist dieses das am schwersten verständliche und das künstlerisch am wenigsten abgerundete geblieben, trotz einer ausdauernden poetischen Hingabe, welche ein Jahrzehnt an die Vollendung setzte. Die zwei Theile des »welthistorischen Schauspiels« sind an Gehalt und Form ungleich gerathen: der erste, wichtigere, hält sich in philosophischen Höhen, der zweite gibt bunte Scenenreihen im raschen Wechsel, wie die dramatisirte Historie; aber beiden ist gemeinsam der Mangel an eigentlichen Conflicten, die psychologische Entwicklung des Helden ist Alles für den Poeten und nicht was die Dinge sind, nur wie sie auf Julian wirken, interessirt ihn. Von demjenigen, was auf der Bühne möglich war, hatte sich Ibsen mit diesem Werke am weitesten entfernt; und es mochte scheinen, als ob in der goldenen Freiheit römischer Tage der Dichter nun doch die Fühlung mit der Gegenwart seines Volkes verloren hatte.

III.

Aber noch mitten in der Arbeit an seinem grüblerischen Kaiserdrama fand Ibsen sich selber wieder, und von seinem problematischen Helden und den frommen Märtyrern zog es ihn fort zu dem modernen Treiben der Heimath. 1873 vollendete er »Kaiser und Galiläer«, aber schon 1869 erschien das Lustspiel »*Der Bund der Jugend*«. Zum ersten Mal wagt der Poet einen Stoff aus der unmittelbaren Gegenwart auch in den realistischen Formen der Gegenwart, in einer schlichten, lebenstreuen Prosa zu behandeln; und es beginnt damit für ihn eine Periode neuer Kunstübung, welche an kühn ausschreitender Entwicklung die frühere noch übertrifft. Ibsen wird der große Naturalist des Dramas, wie Zola der Naturalist des Romans geworden ist; und mit großartiger Einseitigkeit hält er an dem neu gewonnenen Stil von nun ab fest: der Dichter, der uns in der »Komödie der Liebe« durch die Molière'sche Grazie, in »Brand« und »Peer Gynt« durch die Farbe und den breiten Schwung seiner Verse hingerissen hatte, wird jetzt wortkarg und sachlich und seine trockene Bestimmtheit, die nur das Nöthige sagt, erscheint dem Leser leicht nüchtern und grau – bis man in der Darstellung erkennt, wie ein geborener Dramatiker sich hier seine eigene, vollkommen bühnengerechte Sprache geschaffen hat. Der Jambus, in dem Ibsen selbst so Großes gedichtet, dünkt ihm nun das Unglück des Dramas; und die charakteristischen Worte, in denen er seiner extremen Anschauung Ausdruck gegeben hat, dürfen an dieser Stelle nicht fehlen: »Die Versform,« so sagt er, »hat der Schauspielkunst außerordentlich viel Schaden zugefügt. Ich selbst habe während der letzten sieben bis acht Jahre kaum einen einzigen Vers geschrieben, sondern die ungleich schwerere Kunst betrieben, in einfacher, wahrer Sprache der Wirklichkeit zu dichten. Die versificirte Form wird schwerlich eine nennenswerthe Anwendung im Drama der nächsten Zukunft finden; denn die dichterischen Intentionen der Zukunft würden sich nicht damit vertragen können. Sie wird deshalb untergehen. Die Kunstformen sterben aus, ebenso wie die ungeheuren Thierformen der Urzeit ausstarben, als ihre Zeit zu Ende war.«

Ibsen hat einem seiner neueren Stücke, den »Gespenstern«, die besondere Bezeichnung gegeben: ein Familiendrama. Sieht man genauer zu, so paßt das Wort für die meisten seiner Schöpfungen aus dieser Periode: denn von der Familie geht die Betrachtung des Dichters aus, und auch wo die öffentlichen Ereignisse, politische und sociale Zustände im Mittelpunkt zu stehen scheinen, gehört doch das tiefere Interesse des Stückes der Familie, den Beziehungen zwischen Eltern und Kindern, zwischen Mann und Frau. Dem scharfen Wahrheitsdrange des Poeten erscheint auch das Leben in der Familie nicht fest genug gegründet, er erblickt Convention und Halbheit, Egoismus und Lüge selbst hier und es wird sein Ziel, immer von Neuem den »schwanken Moorboden« bloßzulegen, über dem ein scheinbares Glück errichtet ist: auf dem Fundament der Freiheit und Wahrheit mag dann der neue Glücksbau erstehen.

Gleich der »Bund der Jugend« führt uns in eine Familie hinein, die in einem Zustande ungetrübten Glückes zu leben scheint. Der würdige Chef des Hauses, Kammerherr Steilberg, hält, gegenüber der hereinbrechenden Speculationswuth in dem Geschäftsleben seines Heimathsortes, an den soliden Traditionen der alten Zeit fest, er ist stolz auf die von Geschlecht zu Geschlecht vererbte Ehrenhaftigkeit der Familie und bleibt von dem politischen Treiben der Jungen mit Ibsen'scher Vornehmheit fern. Seinen Sohn Erik, den er in den strengen eigenen Anschauungen erzogen hat, sieht er in einer geordneten, kaufmännischen Thätigkeit, in einer auf zärtliche Neigung gegründeten Ehe: da zeigt sich, daß das Fundament dieser ganzen kleinen Welt hohl ist. In das Idyll greift eine finanzielle Katastrophe hinein. Erik's Unzuverlässigkeit, die ihn bis zu einer Wechselfälschung führt, zeigt sich im grellsten Lichte und Selma, die eigene Gattin, sagt ihm die Treue auf. Denn in dem Egoismus seiner Neigung hat er sie gehalten, wie ein Kind und ein lange unterdrücktes Empfinden bricht glühend aus ihr hervor, als sie vor dem Unglücke des Mannes steht: »O, wie habt Ihr mich mißhandelt, alle mit einander,« ruft sie. »Wie hat mich gedürstet nach einem Tropfen Eurer Sorgen. Ihr zogt mich an wie eine Puppe; Ihr spieltet mit mir, wie man mit einem Kinde spielt. O, ich hätte doch mit Jubel das Schwerste getragen; ich sehnte mich so ernst nach Allem, was da stürmt und uns hebt und erhöht. Jetzt will ich nichts von Deinen Sorgen! Ich will fort!« Die Empfindung, welche hier mit so elementarer Macht zu Worte kommt, hatte auch in den früheren Frauengestalten des Dichters gelebt; auch Agnes hatte nach einem Antheil an den Kämpfen des Gatten verlangt und geklagt, daß ihrem Wirken »so wenig zugemessen«. Aber diese stillen Dulderinnen Margarethe und Ranhild, Agnes und Solveig hatten kaum zu sanfter Mahnung den Muth gefaßt; jetzt zuerst tritt der Typus der modernen Frau auf, die sich ihr Recht, die Genossin des Mannes zu sein, kraftvoll erstreitet.

Der Conflict zwischen Mann und Frau, den der Dichter, bei einer Fülle von Vorgängen, nur streifen kann, wird mit einer flüchtigen Wendung gelöst; und auch der Conflict zwischen Vater und Sohn wird zu gutem Ende geführt, und der Fälscher erhält Verzeihung. Denn der Kammerherr erkennt, daß er zwar Erik Vorträge gehalten hat, über das, was er einer ehrenhaften Familie schuldig sei, aber daß er ihn nicht so gelenkt und herangebildet hat durch sein Beispiel, daß es ihm unbewußte Nothwendigkeit ward, ehrenhaft zu handeln. »Aber das ist ja hier der allgemeine Fehler,« sagt ihm aus dem Sinne des Dichters heraus Doctor Feldmann: »man legt das ganze Gewicht auf das Lernen, statt auf das Sein. Wir sehen auch, wozu das führt; wir sehen es an Hunderten begabter Menschen, die halbfertig umherlaufen und in Gefühlen und Stimmungen ganz andere Menschen sind, als in Thaten und Handlungen.«

Der Gegensatz der Ganzen und der Halben ist es, der diesem Lustspiel zu Grunde liegt, so gut wie den dramatischen Gedichten; aber um jenen Contrast in Handlung aufzulösen, hat der Dichter hier eine übermüthige Erfindung gewagt, welche den politischen Streber und Festredner Steinhof, den Stifter des Bundes der Jugend, in den Mittelpunkt nimmt und in einer äußerst flotten und heitern Entwicklung, in vielen bunten und wirbelnden Scenen die Wirrnisse schildert, die dieser großstädtische Hecht in dem stillen Karpfenteiche einer norwegischen Landstadt anrichtet. Lachend wird am Schlusse, mit echt komödienhafter Wirkung, der Windmacher ausgetrieben, und die Luft, als er gegangen, ist rein; das Glück der Familie ist neu, und fester als zuvor, gegründet und an den lustigen Vorgängen haben sich Charaktere von einer frischen und vollen Originalität offenbart. Das unterscheidet das Stück innerlich von den Komödien im Stile Scribe's, von denen Ibsen, in der Führung der Intrigue und in den Mitteln der Motivirung, gelernt hat.

Mit dem »Bund der Jugend« hatte nicht nur für Ibsen's eigene Entwicklung, sondern für das gesammte nordische Drama eine neue Periode begonnen. Conflicte des täglichen Lebens abzuschildern, die Prosa des Geschäfts der Poesie zu erobern, ist er der Erste gewesen; und sein Rivale Björnson zögerte nicht, dem Beispiele zu folgen. Aus dem Fallissement Erik Steilberg's ging das »*Fallissement*« des Großhändlers Tjälde hervor; und Ibsen wiederum ließ sich durch Björnson's Schauspiel zu einem neuen Werke, den »*Stützen der Gesellschaft*« anregen.

Will man den tiefgehenden Unterschied zwischen den beiden großen Dramatikern des Nordens erkennen, so braucht man nur diese
zwei Werke neben einander zu halten. Björnson schildert mit gesam-
melter Kraft und vollendeter Anschaulichkeit einen einzelnen Fall: der
Bankerott Tjäldes wird in strenger Sachlichkeit dargestellt, auf der
Entfaltung der Charaktere ruht das ganze Interesse des Dichters und
kein Ausblick auf allgemeine Zustände findet statt. Dagegen weist
Ibsen's herbes Schauspiel in jedem Augenblick über das Dargestellte
hinaus: der Held, Consul Bernick, steht zugleich als der Repräsentant
eines ganzen Standes da, an seinen verwickelten Unternehmungen ist
die halbe Stadt betheiligt; er ist ein Glied, eine »Stütze« der Gesellschaft, zu welcher der Dichter, wie von frühen Tagen her, auf Kriegsfuß steht. Denn die ganze Herrlichkeit dieser Gesellschaft ruht »auf
schwankendem Moorgrunde«; und was liegt daran, ob eine solche Gesellschaft, in der der Schein und die Lüge regieren, gestützt wird oder
nicht?

Schein und Lüge regieren im Hause des Consul Bernick. Auf einer
Unwahrheit hat er in vergangenen Tagen sein Glück gebaut; und un-
wahr ist das »musterhafte« Familienleben, das er in der Gegenwart
führt. Wie kalt und fremd er seiner Frau gegenüber steht, sagt uns das
erste Wort, das er ihr gönnt; sie fragt mit liebevoller Theilnahme, was
ihn beschäftige und erhält die Antwort: »Ach, liebe Betty, wie kann
Dich das interessiren?« Die Beiden sind einander entfremdet, nicht wie
Tjälde und dessen Gattin durch die aufreibenden Sorgen des Geschäfts – sie haben sich noch nie gefunden, nie bisher hat Bernick die
treue Liebe der Frau erkannt. Und wie er die Frau nicht sein eigen
nennt, so besitzt er auch den Sohn nicht; zwar wacht er mit ängstli-
chem Eifer über den wilden Knaben, aber er achtet nicht seine Individualität, er will ihn zum Erben seiner Lebensaufgabe erziehen, statt
ihn selbst den Beruf wählen zu lassen; und erst als der Knabe dem
Zwange mit Gewalt entlaufen ist, erkennt Bernick, daß er verloren hat,
was nie sein gewesen ist.

Nur ein Bruchtheil der reichen, mit sicherer Kunst entwickelten
Handlung ist in diesen Vorgängen gekennzeichnet, derjenige Theil,
welcher auf Ibsen's Lieblingsthema zurückweist. Eine andere Gestalt
zeigt gleichfalls auf eine frühere Figur des Dichters hin: die junge
Dina, die Pflegetochter des Hauses, welche zart und behutsam von
Allen angefaßt wird, weil sie, die Tochter einer Komödiantin, der sittlichen Pflege bedarf, und welche diese ganze zaghafte Sippschaft, die
mit ihr so wehleidig umgeht, wie die Familie Steilberg mit Selma, von

Herzen haßt und verabscheut. Selbst der Mann, der sie liebt, der Prediger Rohrland, sieht mit dem ganzen Hochmuth moralischer Ueberhebung auf sie herab; er gedenkt, sie zu sich »emporzuziehen«, sie aber mag keine Sache sein, die man nimmt, sie will sich ihr Leben selbst gestalten, fern von all dieser Anständigkeit und dumpfen Ehrbarkeit. In Amerika erst hofft sie Mensch unter Menschen sein zu dürfen; denn dort über dem Wasser darf man natürlich sein, wo man in Norwegen immer nur »moralisch« ist. Selbst die arme Dulderin Martha, die ein Leben lang vergeblich auf den Geliebten geharrt hat, wie Solveig auf Peer Gynt, empfindet den Druck enger Sitten: »da draußen muß es schön sein,« ruft sie, »ein weiterer Himmel, die Wolken gehen höher als hier und eine freiere Luft umgibt die Menschen.« Und Lona, die aus dem Lande der Freiheit zurückkehrt, um den Freund ihrer Jugend aus der Lüge loszulösen, findet gar mit einer sophistischen Wendung in der Kleinheit und Enge der heimischen Verhältnisse die Erklärung für Bernick's Entartung – statt sie in der Schwäche seines Charakters zu suchen: nur so lange er in einer großen und freien Welt lebte, erkennt sie, vermochte er selbst groß und frei zu denken. So mag denn der Dichter am Schluß dem Manne, dessen Gewissen Schweres bedrückt, doch noch Verzeihung gönnen: nachdem Bernick vor den versammelten Mitbürgern ein offenes Geständniß abgelegt (nur die schlimmste Sünde, eine Gedankenschuld, verschweigt er) und nachdem er »sich selbst wiedergefunden«, wird auch das Glück seiner Familie und damit der Gesellschaft neu begründet. Kommt näher, ruft Bernick den Seinen zu, der Gattin, dem Sohne, der stillen Schwester:

»Schließt euch fester an mich. Komm', Betti! Komm' Olaf, meine Seele! Und du; Martha – mir ist, als hätt' ich dich in all' diesen Jahren nicht bemerkt!
    *Lona* Das glaub' ich gern; eure Gesellschaft ist eine Gesellschaft von Junggesellenseelen; die Frau bemerkt ihr nicht.
    *Bernick.* Auch das hab' ich in diesen Tagen gelernt: die Frauen sind die Stützen der Gesellschaft!
    *Lona.* Da hast du eine schwächliche Weisheit gelernt! Freiheit und Wahrheit – das sind die Stützen der Gesellschaft.

Der Dichter, der den bestehenden Zuständen mit so unerbittlicher Kritik gegenübersteht, erweist in solchen Wendungen, wie wenig er den Namen eines Pessimisten verdient: sein Glaube an die Wandlungsfähigkeit des Menschen, an die unzerstörbaren Grundlagen des Guten in ihm ist fast zu groß und es wird uns schwer, seinem Optimismus zu folgen. Wer die Dinge nur von Außen betrachtet, möchte in dieser

Wiederaufrichtung eines moralisch Gefallenen eher etwas von Kotze-
bue'scher Connivenz sehen; und in der That mag die Rücksicht auf den
Geschmack des Theaterpublicums den Ausgang des Stückes mit bestimmt haben. Völlig er selbst zu sein, und seine Gedanken mit absoluter Consequenz zu Ende zu denken, hat Ibsen auch jetzt noch nicht
gewagt.

Das Schauspiel »Nora«, wie es die künstlerische Entwicklung des
Dichters auf ihre Höhe bringt, bringt auch sein ethisches Wollen zur
letzten Klärung. Indem er sein stetes Grundthema, das Leben in der
Familie, abermals in den Mittelpunkt stellt, erfindet er, im Anschluß
an ein wirkliches Vorkommniß, einen neuen, tiefgehenden Conflict
und gestaltet die Gegensätze, die er in Erik und Selma nur angedeutet
hatte, mit voller poetischer Kraft in Helmer und Nora aus.

Dem ausgehenden achtzehnten Jahrhundert war ein Thema geläu-
fig gewesen, das durch Rousseau und die Sturm- und Drangperiode
emporgekommen war: das Thema des Standesunterschiedes. In unge-
zählten Romanen und Dramen, von der »neuen Heloise« bis zu »Kabale
und Liebe«, von »Kabale und Liebe« zu Iffland's »Hagestolzen« war
geschildert worden, wie Liebe aufkeimt zwischen Mann und Mädchen
aus ungleichem Stande und wie das Vorurtheil der Geburt und des
Geldes treuer Neigung den Tod bereiten will. Stets hatte auf dem
Kampf gegen die Mächte der Convenienz der Nachdruck gelegen; und
wenn die Liebenden trotz Allem den Ehehafen erreicht hatten, war das
Schauspiel zu Ende. Erst in unserm Jahrhundert fand man eine neue
Wendung des Problems: nicht vor der Ehe, sondern in der Ehe ließen
Immermann und Auerbach die Tragödie des Standesunterschiedes be-
ginnen. Eine Kluft thut sich auf zwischen Lorle und Reinhard, welche
durch keine Declamation gegen das Herkommen zu überbrücken ist;
und die sich in Liebe gefunden haben, trennen sich in Wehmuth und
Trauer.

Innerhalb der Tradition des Ehedramas findet nun aber Ibsen wiederum eine neue und ganz moderne Wendung. Kein Standesunter-
schied trennt den Advocaten Helmer von seiner Gattin Nora: aber eine
tiefe Kluft des Empfindens thut sich auch zwischen ihnen auf, und
nicht die Erinnerung an ein Zusammenleben von acht Jahren, nicht
die Rücksicht auf ihre Kinder kann die scheidende Frau zurückhalten.

Wir blicken in ein fröhliches Familienleben hinein, als das Stück
beginnt. Wie im Hause des Kammerherrn Steilberg und des Consul
Bernick scheint auch bei Helmer das Glück zu wohnen und in unge-
trübter Heiterkeit verfließen seine Tage. Mit zärtlicher Neigung ist er

der Gattin zugethan; sie bringt den Sonnenschein in seine Existenz, sie ist die Lerche, deren heller Sang seinen künstlerischen Sinn umschmeichelt. Die lustige, naive Frau erwidert seine Empfindungen aufrichtig, wenn sie auch einmal hinter dem Rücken des gestrengen Herrn unschuldige kleine Sünden begeht, und ihm die Wahrheit mit geläufiger Erfindungsgabe verheimlicht; sie fühlt sich froh und zufrieden an seiner Seite und die ganze Welt lacht ihr in ungemessener Heiterkeit entgegen: »O Gott, o Gott,« ruft sie, »es ist doch wunderschön, zu leben und glücklich zu sein.« Aber schon wetterleuchtet es an dem Horizont dieses ehelichen Idylls, und daß das Glück Nora's auf hohlem Grunde erbaut ist, muß sie erfahren. In einer Stunde der Prüfung, die über die Gatten kommt, zeigt sich Helmer so unfrei und so kleinlich, so lieblos und selbstsüchtig, daß ein Augenblick genügt, die ganze trügerische Herrlichkeit über den Haufen zu werfen; die Frau zuerst schien die Schuldige, aber plötzlich steht der Mann als der Angeklagte da, und hoch richtet sich in Nora ein neues Empfinden auf: der Drang nach Freiheit und Wahrheit. Unter der Hülle des Leichtsinns hat sich ein tapferes Herz geborgen, die gehorsame Gattin, die so spielerisch in ihrem »Puppenheim« gelebt, offenbart sich als die Schwester Selma's und Dina's, als ein echtes Kind ihres Dichters. Sie ist ein »hilfloses Ding« gewesen bis heute, sie war die Rebe, die sich Schutz suchend an dem Stab emporrankte; aber nun sie erkennt, wie dieser Stab ein dürres Holz ist, das der Liebe nicht hat, wirft sie ab, was sie band und will lernen, sie selbst zu sein. Immer ist sie unfrei gewesen bis diesen Tag: zuerst beim Vater, dessen Meinungen ihre Meinungen sein mußten, dann bei Helmer, der nach seinem Geschmack den ihren richtete. Nur lustig, nicht glücklich war sie, nie hat sie ein ernstes Wort von ihrem Manne gehört, nie an seiner Lebensaufgabe Theil gehabt. Sie ist ein Kind geblieben, aber sie will eine Frau werden: und darum verläßt sie den fremden Mann, dem sie drei Kinder geboren hat, und nichts in der Welt vermag ihren Entschluß aufhalten, weder die Rücksicht auf die Meinung der Leute, noch ein innerer Zwang der Pflichten. »Ich habe andere, eben so heilige Pflichten,« ruft sie: »die Pflichten gegen mich selbst.« Freilich, in den Büchern steht es anders, und die meisten Menschen werden ihr Unrecht geben; aber die Zeit ist vorbei, wo sie dem Herkömmlichen ohne Prüfung folgte: jetzt will sie selbst über die Dinge nachdenken, sie will sich überzeugen, wer Recht hat: die Gesellschaft oder sie.

Mit der eindringendsten Gabe der Charakteristik hat der Dichter diese Gestalt gezeichnet; es steht ihm eine Fülle treffender Züge und feiner Details scheinbar mühelos zu Gebote und auch, wo ein Vorstoß der Tendenz die Einheit der Figur zu sprengen droht, und Worte spitzfindiger Weisheit dem Kindermunde entfallen, weiß er den Grundton einer selbstgewissen Naivetät dennoch wiederzufinden. Diejenigen, welche Nora's Pathos und Ibsen's Pathos ohne Weiteres gleichsetzen, übersehen, daß der Dichter auch hier, als ein sicherer Künstler, objectivirt hat; und diejenigen, welche gar an den scharfgezeichneten Zügen der Selbstsucht in Helmer vorbeigehen und diesen ästhetischen Egoisten, der Nora's Vergehen vor allem »so bodenlos häßlich« findet, für einen Mann *comme il faut* halten, verkennen die Intentionen des bewunderungswürdigen Werkes noch gröblicher. Bei uns in Deutschland haben Irrthümer solcher Art, durch die Darstellung geweckt und die Kritik verbreitet, die Dichtung nicht zu ihrem Bühnenrecht gelangen lassen; und doch ist sie vor Allem ein Theaterstück von erstem Range, welches mit seiner spannenden Intrige, die jene inneren Vorgänge erst in Bewegung setzt, den effectvollen Dramen der Scribe und Sardou gleichkommt, und zugleich, durch die poetische Wahrheit der angeschauten Charaktere, das Tiefste im Zuschauer aufregt. Auf der nordischen Bühne bedeutete »Nora« einen entscheidenden Erfolg Ibsen's; und während er mit den »Stützen der Gesellschaft« den Ruhm des »Fallissement« nicht hatte überstrahlen können, stand er nun wieder vor aller Augen als der andere große Dramatiker neben Björnsterne Björnson siegreich da.

## IV.

Es schien jedoch Ibsen's Geschick, die volle Zustimmung seines Volkes abermals nur für eine kurze Spanne Zeit zu erwerben; und als er auf das Schauspiel »Nora« das Familiendrama »*Gespenster*« folgen ließ, sollte er noch einmal von dem »heilsam-bittern Stärkungstrank« des Leides kosten.

Ibsen's Dramen, die früheren und die späteren, sind ausgezeichnet durch den Reichthum ineinandergreifender Probleme. Der Poet strebt nach einem vollen Bilde der Wirklichkeit, jede Gestalt lebt und neben dem Grundthema der Dichtung laufen andere her, welche neue Motive anklingen machen. Und weil diese in dem Organismus des einen Kunstwerks sich nicht ausleben können, werden sie in einem zweiten abermals angepackt: verbindende Fäden laufen so vom »Bund der Jugend« zu »Nora«, von »Nora« zu den »Gespenstern«.

Seit der Dichter im »Brand« zuerst das Problem von der Vererbung behandelt hatte, war er immer wieder von einer neuen Seite zu ihm zurückgekehrt. Selbst in ganz episodischen Figuren hatte er das Thema gestreift, wie in dem »Dieb« und dem »Hehler« des »Peer Gynt«, welche mit gekreuzten Armen ihr Loos tragen:

> Mein Vater ein Dieb,
> Sein Sohn muß stehlen.
> Mein Vater ein Hehler,
> Sein Sohn muß hehlen.

Stark hatte er in »Nora«betont, wie das Erbtheil eines leichtsinnigen Vaters auf äußerlichen Eigenschaften der Heldin hafte:»so etwas vererbt sich, es liegt im Blute«; und er hatte die melancholische Gestalt des Doctor Rank eingeführt, der einem frühen Tode durch ererbte Schuld verfällt: sein armes unschuldiges Rückgrat muß für des Vaters lustige Lieutenantstage büßen. In des Dichters Anschauung ist dieser eine Fall typisch für viele; »so waltet in jeder Familie,« ruft Rank aus, »auf die eine oder andere Weise solch eine unerbittliche Vergeltung.« Und als Ibsen das Thema in den »Gespenstern« abermals gestaltet, und den Maler Oswald schildert, der durch Vatersschuld von Geburt an eine »wurmstichige Stelle« hat, der in blühendem Alter sein Talent versiegen sieht und im Wahnsinn endet – da nimmt für ihn der Zwang des Ererbten eine tief symbolische Bedeutung an, welche Helene, Oswald's Mutter, aussprechen muß:

> Aber ich glaube beinahe, wir Alle sind Gespenster. Es ist nicht allein das, was wir von Vater und Mutter geerbt haben, das in uns umgeht. Es sind allerhand alte, todte Ansichten und aller mögliche alte Glaube und dergleichen. Es lebt nicht in uns; aber es steckt in uns und wir können es nicht los werden. Im ganzen Lande müssen Gespenster leben. Mir ist, als müßten sie so dicht sein, wie der Sand am Meer. . . . Ich bin furchtsam und scheu, weil in mir etwas von diesem Gespensterartigen steckt, das ich niemals so recht los werden kann.

In dem formschönen Gedicht »Ein Reimbrief« hat Ibsen die nämliche Anschauung tiefsinnig gestaltet: ein Dampfer, auf dem Bemannung und Passagiere matten Blickes, mit trägem Fuß einhergehen, strebt fernen Küsten zu; jeder lauscht und schweigt bedrückt: denn eine Leiche ist am Bord und Niemand wagt, sie ins Meer zu versenken. Vergangenheit heißt diese Leiche; und das Schiff: Europa.

Es geht eine Verbindung von Oswald rückwärts zu Doctor Rank; und es geht eine Verbindung von seiner Mutter Helene zu Nora: die tragische Gestalt des Schauspiels ist sie. Ibsen, der Anwalt eines auf Freiheit und Wahrheit gegründeten Familienlebens, hatte in »Nora« damit geendigt, eine Familie zu sprengen: denn die Ausbildung der Persönlichkeit war in diesem Puppenheim unterbunden worden und für den Dichter blieb sie das erste. Der herbe Ausgang jedoch hatte Widerspruch gefunden, und in einer schwachen Stunde hatte Ibsen selbst dem Andrängen einer deutschen Schauspielerin nachgegeben; er flickte ein sogenanntes glückliches Ende für die Bühnenaufführung an. Die Frage mochte ihm aufsteigen: wenn Nora wirklich Helmer's Gattin geblieben wäre – welche Folgen für sie und die Anderen hätten entstehen müssen? In den »Gespenstern« kann man auf solche Frage des Dichters Antwort finden.

Helene ist eine Nora, welche in der Ehe verblieben ist. Die Charaktere der beiden Paare und die Umstände im Einzelnen sind verschieden, aber die Constellation ist dieselbe: kein inneres Band verknüpft die Gatten, ihr Zusammenleben verdient den Namen Ehe nicht. Als Helene erkennt, daß sie an einen Unwürdigen gebunden ist, an einen durch Ausschweifungen zerrütteten Schwächling, will sie die Fessel abstreifen; aber die ehrsame Beschränktheit des Pastor Manders, zu dem Neigung sie hinzieht, zwängt sie in eine Pflicht zurück, gegen die sich ihre ganze Seele empört. Helene bleibt: und die eine Lüge dieser Ehe zieht ein Gefolge ungezählter anderer nach sich, sie entfremdet die Mutter ihrem Sohne und verstrickt sie in tragische Schuld, die all ihr Glück zerstört. In einer knappen, folgerechten Handlung, die Gegenwärtiges und Vergangenes miteinander begreift, entrollt der Dichter diese Ereignisse; die innere Bewegung psychologischer Vorgänge, die wohlverzahnt ineinander greifen, ersetzt die mangelnde äußere und nie ist die dramatische Kraft Ibsen's größer gewesen als in diesem erschütternden Seelendrama.

An die Galeere der Ehe von Neuem geschmiedet, hat Helene ein Märchen erfunden, das die Welt bis heute getäuscht hat: das Märchen von der Arbeitskraft und der Mildthätigkeit des Gatten. Während sie im Stillen, mit dem äußersten Aufgebot ihres Willens, schaffte und sorgte und das ganze Haus leitete, galt ihr unwürdiger Mann als ein musterhafter Familienvater, als der Wohlthäter der Gegend. So erscheint, von außen gesehen, ihre Ehe glücklich – wie jene Bernick's und Helmer's. Auch ihren Sohn hat sie in der freundlichen Täuschung erzogen und ihn, um das Geheimniß ferner zu wahren, schon als Knaben in die Fremde geschickt. Selbst nach dem Tode des Gatten hat sie das Märchen weiter gesponnen, sie hat ein Heim für arme Kinder, »Kammerherr Alving's Asyl«, errichtet nach dem angeblichen Willen des Verstorbenen, und an dem Tage, da Oswald nach langer Abwesenheit heimkehrt und die Handlung anhebt, ist der Bau vollendet. Für Helene birgt dieser Wohlthätigkeitsact noch einen geheimen Sinn: das ganze Vermögen Alving's, die »Kaufsumme«, um die einst ihre Mutter sie hingab, ist für das Asyl aufgebracht, weil Oswald einzig ihr Erbe, nicht der des Vaters sein soll: »von nun an«, ruft sie mit herausforderndem Stolz, »wird es für mich sein als hätte der Verstorbene niemals in diesem Hause gelebt. Hier soll kein anderer sein, als mein Sohn und seine Mutter.« Da trifft sie, an diesem entscheidenden Tage, die Erkenntniß, in welch schmerzlichem Sinne Oswald des Vaters Erbe ist, einzig sein Erbe, welch grausigem Ende er entgegengeht; und Vergangenheit und Gegenwart, ihre Schuld und ihre Strafe sieht sie in Einem klar. Als sie in der Ehe mit Alving verblieb, hat sie nicht nur an der eigenen Seele Schaden genommen, sie hat auch den Sohn sich entfremdet, sie hat den Gatten unglücklich gemacht: denn nun nahm sie alle Gewalt im Hause und machte ihm die Ehe zu einem Gefängniß; sie wußte nur von Pflichten, aber sie hatte der Liebe nicht. Und wenn schon in der Enge der nordischen Existenz, in dieser Welt der Vorurtheile die überschäumende Lebenskraft Alving's in Unsittlichkeit ausarten mußte, so hat vollends sie mit ihrem kalten Pflichtgefühl dem Gatten das Heim unerträglich gemacht.

Es ist Oswald, der der Mutter die Augen über sich selbst öffnet und sie zu ähnlichen Betrachtungen forttreibt, wie sie früher Lona zu Gunsten Bernick's angestellt hatte. Heimkehrend an den norwegischen Fjord, empfindet Oswald, wie der Held der Ibsen'schen Ballade »Terje Vigen«:

Da fiel's dem Matrosen schwer auf die Brust
Von Jugendthatkraft entfacht:
Er kam von Ufern voll Glanz und Blust,
Dahinter die Welt mit Leben und Lust –
Und vor ihm Winter und Nacht!

Auch Oswald kommt aus dem Sonnenschein in den Nebel, aus dem Lande der Lebensfreude in ein Land düsterer Vorurtheile. Da draußen sieht man nicht einen Fluch in der Arbeit, nicht ein Jammerthal in diesem Erdenleben – man empfindet das bloße Dasein als etwas jubelnd Glückseliges, man wohnt in Licht und Sonntagsluft, unter strahlenden, glücklichen Menschengesichtern. Nirgends deutlicher, als in solchen tendenziösen Wendungen, tritt der Optimismus des Dichters hervor, der zu dem trüben Bilde dieser nordischen Welt den lichten Hintergrund abgibt. Ibsen, wie polemisch er auch dem Bestehenden gegenübertritt, glaubt nicht an ein unausrottbares Weltenelend; er will, daß das abgelebte Alte zusammenstürzt, auf daß ein neues freieres Sein erstehe.

Als die »Gespenster« Ausgangs 1881 im Druck erschienen, empfing sie ein gleicher Lärm der Entrüstung, wie einst die »Komödie der Liebe«. Nicht nur das Grausige des Ausganges oder das »Peinliche« der Fabel, welche bei uns eine am Stofflichen haftende Kritik dem Werke vorwirft, sondern auch gewisse negirende Aeußerungen Helene's über die Bedingtheit aller Moral und über Ordnung und Gesetz, die Stifter jeden Unheils, erregten den Unwillen der Gutgesinnten. War Ibsen bisher, freilich ohne sein Zuthun, ein Lieblingsdichter der Conservativen gewesen, so vereinigten sich jetzt die Parteien im Kampf gegen seinen »Nihilismus«. Man empfand, wie viel von des Dichters eigenem Pathos in Helene lebt; aber man übersah, daß er auch hier objectivirt hatte. Man übersah, daß das Uebermaß ihres Freiheitsdranges sich tragisch ahndet, wenn der Sohn solcher Mutter zuletzt auch an dem heiligsten der Gefühle, an der Kindesliebe, zweifelt; wenn Oswald, Helenens einziges Gut auf Erden, spottend fragt: »Hältst Du wirklich noch an diesem Aberglauben fest, Du, die Du doch sonst so aufgeklärt bist?« Erläuternd hat Ibsen später selbst bemerkt, wie Helene, »weil sie eine Frau ist, bis zu der äußersten Grenze geht, wenn sie einmal auf dem Wege ist«.

Aus der Stimmung, in welcher die Aufnahme der »Komödie der Liebe« ihn zurückgelassen hatte, waren dem Dichter einst die »Kronprätendenten« entstanden; und aus der Stimmung, in welche die Aufnahme der »Gespenster« ihn versetzte, entstand ihm jetzt der »Volksfeind«. Er hatte ein gutes Werk thun wollen, hatte ein Stück wirklichen Lebens, ganz so wie er es sah, festgehalten und seinen Landsleuten gezeigt – und statt des Dankes, den sein Idealismus sich erwartete, hatte eine Fluth von Schmähungen und bitteren Anklagen geantwortet. So gestaltete er sein eigenes Erlebniß in dem Schicksal des Badearztes Stockmann: und wenn er einst in Brand ein eigenes Wollen zu tragischer Schuld anwachsen ließ, so hat er jetzt in einer Molière'schen Stimmung sich selbst ironisirt und in wehmüthiger Laune den Kummer von seiner Seele fortgelacht. »Der Menschheit Tragödie und Komödie zugleich«, die nach eigenem Geständniß die weltweite Empfindung dieses Poeten am lebhaftesten anzieht, hat er hier in einer originellen Erfindung gestaltet.

Ein Idealist und ein Schwärmer, tritt Stockmann vor uns: kein Ascet wie Brand, ein heiterer, echter Mensch vielmehr, der lebt und leben läßt, der an das Gute in der Welt glaubt und die Wahrheit und das Recht, so wie er sie erkennt, auch unverzüglich verwirklichen will. Für seine große Entdeckung: daß die Badeanstalt der Stadt eine Pesthöhle ist, der Sammelplatz unzähliger Bacterien, erhofft er darum den Dank der Mitbürger; und als sein eigener Bruder, der Bürgermeister, ihm mit egoistischen Erwägungen in den Weg tritt, will der weltfremde Mann durch die Zeitungen die Wahrheit aussprechen. Im Uebermuth seines Entdeckerstolzes spottet er den weisen Amtsherrn aus; und während schon die Philister über ihm sind, träumt er noch von den Ehren einer stolzen Zukunft. Und nun wird sein verstiegener Wahrheitsdrang Schritt für Schritt enttäuscht; die Freunde fallen von ihm ab, der Weg durch die Presse verschließt sich ihm; und als er in einer Versammlung, für die nur in einem Privathause ein bescheidener Platz zu finden war, seine Sache vortragen will, setzt man nach allen Künsten parlamentarischer Taktik ein Präsidium ihm zum Richter und entreißt ihm die Rede. Da wallt es in ihm auf, maßlos und groß: und nicht der Sumpf, in dem die städtische Badeanstalt steckt, der ganze Sumpf gesellschaftlicher und politischer Verrottung wird der Gegenstand seiner flammenden Worte. Unter Lärmen und Höhnen, unter dem Zischen und Toben der entfesselten Menge und der Zustimmung Eines Betrunkenen tritt er der Lüge von der alleinseligmachenden Majorität entgegen, verkündet er das Recht der vornehmen Individualitäten, der einsamen Freien, die für die jungen keimenden Wahrheiten auf Vorposten stehen; und wie der leidenschaftlich fortgerissene Mann lieber den Untergang des ganzen Landes erzwingen, als das Fortbestehen der pestschwangern Lüge dulden will, tönt ihm aus der Menge der Ruf entgegen: Volksfeind!

Und: Volksfeind! gellt es durch alle Gassen, man wirft ihm die Fenster ein, man schneidet ihm seine menschliche und seine bürgerliche Existenz ab. Er aber geht mit überlegenem Sinne einer ungewissen Zukunft entgegen, denn in sich fühlt er die Kraft, den Kampf mit einer ganzen Welt aufzunehmen. Wie Nora einst, will er ergründen, wer Recht hat, die Gesellschaft oder er; und wenn er jetzt auch gelernt hat, daß man nicht in seinen besten Kleidern für die Wahrheit streiten soll, er wird nicht aus dem Lande gehen wie sein Dichter, er trotzt, ein Einzelner, der compacten Majorität; denn »der stärkste Mann der Welt ist derjenige – welcher allein steht.« Das nämliche stolze Wort, das das Recht der Individualität frei ausspricht, hatte einst Schiller für seinen Teil gefunden: »Der Starke ist am Mächtigsten allein«; und der große nordische Dramatiker trifft hier wie öfter, mit dem großen deutschen im Geiste zusammen.

Die Figur des sanguinischen Wahrheitsschwärmers, die der Dichter im »Volksfeind« so meisterhaft gestaltet und in den Mittelpunkt einer mannigfach belebten Handlung gesetzt hat, nimmt er in seinem jüngsten Schauspiel, der »wilden Ente« abermals, und mit noch schärferer Selbstironie, auf; und er vertieft den Charakter des radicalen Idealisten Gregers, indem er ihm einen radicalen Pessimisten, den Mediciner Relling, entgegensetzt. Ein nordischer Schauspieler hat bei der Aufführung des Stückes den wunderlichen Mißgriff begangen, diesen Pessimisten Relling in Ibsen's Maske zu spielen; weit mehr lebt in Gregers des Dichters Empfinden, mit wie souveränem Humor er der Figur auch gegenübersteht.

Gregers, sagt Relling, leidet an einer nationalen Krankheit: einem akuten Rechtschaffenheitsfieber. Die Wahrheit will er, überall, zu jeder Zeit; und daß das Ideale das »Secundäre« jemals werden könne, will er so wenig zugeben, wie der Romantiker Falk. Und so entzündet er das Licht der Wahrheit auch einem armen Gesellen, seinem Jugendfreunde Ekdal, dem es in der Finsterniß wohl ergeht; er sagt ihm, daß das Glück seiner Ehe auf schwankem Moorgrunde ruht, daß seine Familie, wie die wilde Ente, die sie im Hause hegen, auf einem moralischen Sumpfboden vegetire, mit zerschossenen Flügeln. Und weder der Umstand, daß sein eigener Vater der Jäger ist, der die Ente angeschossen hat, noch die Erwägung, ob Ekdal die sittliche Kraft aufbringen kann, sich sein Leben neu zu gestalten, hält den vom Rechtschaffenheitsfieber Umgetriebenen auf. Mit strahlendem Antlitz erwartet er den Dank für seine Enthüllungen, und ist aufs Schmerzlichste betroffen, als die erhoffte Wirkung nicht eintrifft. Ekdal bleibt, der er ist, der Gatte einer gefallenen Frau, und nur das arme Kind der Sünde, in einer Ekstase des Opfermuthes, gibt sich selbst den Tod. In wehmüthiger Stimmung, hin- und hergezogen zwischen Gram und Zorn, schildert der Dichter diese Vorgänge; in einer consequent entwickelten Handlung von starker innerer Bewegung ziehen originelle Gestalten an uns vorüber und ein neues »Familiendrama«, wenn das Schauspiel zu Ende ist, hat sich aufgerollt. Wie einst beim »Brand«, hat Ibsen auch jetzt in zwei bedeutenden Schöpfungen für seine erregte Stimmung den poetischen Ausdruck gefunden;und es ist zu hoffen, daß ein energisches Produciren ihm zum anderen Male das Heilmittel geworden ist, welches die Krankheit aus dem Körper jagte. Fremden Küsten wird es ihn nun von Neuem zutreiben, auf der Höhe seiner Kunst und Kraft;denn je älter dieser Dichter geworden ist, desto jünger wird er, und Großes noch birgt er auf dem Grunde seiner Seele.


## V.


Mit einem Drama hatte Ibsen seine jugendliche Production begonnen und Dramen, nichts als Dramen zu schaffen hat er Zeit seines Lebens fortgefahren. Selbst als er sich von allem Bühnenmöglichen in »Kaiser und Galiläer« entfernte, ist ihm die dramatische Form die adäquate geblieben. Nie hat er eine Erzählung, einen Roman geschrieben;und einzig in einer knappen Folge von Gedichten hat er für die Anschauungen, die er im Drama nicht gestalten konnte, sich den poetischen Ausdruck gesucht. Wie eine Novelle entsteht, ist ihm weder verständlich, noch interessant;und während er selbst von deutschen Bühnenhandwerkern noch mit Respect redet, fragt er, wenn man ihm von Gottfried Keller erzählt:hat der auch Dramen geschrieben?

In der Einseitigkeit des Dichters wurzelt seine Größe. Von früh auf der Bühne mit leidenschaftlichem Interesse zugewendet, ist er absoluter Meister der dramatischen Form, in der Tragödie, wie im Lustspiel geworden;und wenn der Reichthum seiner Gestalten und Probleme für den Leser sich bedrängen will, so steht der scheinbar undurchsichtige und verschnörkelte Bau im Bühnenlicht dennoch als ein wohlgegliedertes, architektonisches Kunstwerk da. Jede Figur ist angeschaut und gewinnt die volle Existenz;sie ist individualisirt in entscheidenden Charakterzügen wie in kleinen Eigenheiten, und es thut dem Dichter wehe, wenn manche Uebersetzer ihm seine Kunstform verwischen:sie verfehlen die Abstufung der Personen im Dialog, klagt er, und lassen Alle reden – wie Uebersetzer. Ibsen hat mit seinen Personen gelebt und so leben auch sie, losgelöst von ihrem Urheber, aus eigener Kraft weiter. In das stille römische Haus ruft er die Gestalten seiner starken Phantasie;von ihnen umgeben, ist er nicht einsam, sie sind ihm Freunde und Gesellschafter, und in immer wiederholten Unterredungen, in immer neuen dichterischen Anläufen und Entwürfen ruht er nicht, bis er in ihres Herzens geheimste Falte geblickt hat. Wie sein Bergmann strebt er in die Tiefe der Seelen:

> Brich den Weg mir, schwerer Hammer,
> Zu der Tiefe Herzenskammer.

Schweigend bewahrt der Dichter das Große in seiner Seele, so lange die Stunde nicht gekommen ist, es zu offenbaren, und wie jener Dichterschwan, von dem er gesungen, geht er still seine Bahn:

> Aengstlich behütend
> Den schlummernden Sinn,
> Tief in dir brütend
> Zogst du dahin.

In heimlicher Nachtstunde gewinnt das Werdende Gestalt: denn kein Lied, sagt Jatgeir, wird bei hellem Taglicht geboren; man kann es wohl aufzeichnen im Sonnenschein, aber es dichtet sich in stiller, nächtlicher Stunde. Der Lärm des Lebens verwirrt den Poeten, die scharfe Helle blendet ihn:

> Doch birgt mich mit nächt'ger Hülle
> Der Finsterniß düstrer Flor, .
> So rüstet sich all' mein Wille
> So adlerkühn wie zuvor.

Dieser adlerkühne Wille hat den Dichter vorwärts und immer vorwärts geführt: aus den Banden der absterbenden Romantik zu neuen Kunstformen. Nicht schnell ist die Entwicklung gewesen, vielmehr schwer und zögernd; aber von einer innern Nöthigung getrieben, hat sich der Mensch und der Poet mit consequenter Sicherheit Schritt für Schritt zur Freiheit emporgearbeitet. Die Ausbildung des Menschen, einer stolzen und vollen Persönlichkeit, fordert der Dichter; seine Production, wir hörten es schon, ist ihm ein Heilmittel, eine Cur. Zwar im Anfang, wenn es ihn zum Schaffen antreibt, empfindet er nur eine ungemessen wogende Stimmung, die nach Gestaltung verlangt; und oft ist der Ausgangspunkt verschieden von dem Ziel, bei dem er anlangt, – wie Traum und Wirklichkeit verschieden sind. Aber wenn der schöpferische Proceß beendigt ist und der Dichter seinem Werke nun bewußter gegenübersteht, erkennt er den Zusammenhang zwischen dem Gedicht und dem eigenen Leben, der ihm früher verschleiert war; und er wird inne, wie jedes einzelne Drama nur ein Moment seiner geistigen Entwicklung ist. Auch andern Poeten gegenüber beschäftigt ihn wohl die Frage: wie mag seine Dichtung mit seinem Leben zusammen hängen? Solche mündlichen Bekenntnisse Ibsen's werden durch schriftliche ergänzt, in denen er zusammenfassend sich also ausspricht: »Alles, was ich gedichtet habe, hängt aufs Genaueste mit Dem zusammen, was ich durchgelebt, wenn auch nicht erlebt habe. Jede neue Dichtung hat für mich den Zweck gehabt, als ein geistiger Befreiungsproceß zu dienen; denn man steht niemals ganz ohne Mitverantwortlichkeit und Mitschuld in der Gesellschaft, zu welcher man gehört. Deshalb schrieb ich einmal als Zueignungsgedicht folgende Verse:

> Leben, das heißt bekriegen
> In Herz und Hirn die Gewalten;
> Und dichten: über sich selber
> Den Gerichtstag halten.

In den hier so bestimmt angedeuteten Zusammenhang von Sein und Dichten näher einzudringen, bleibt, einem Lebenden gegenüber, dem Essayisten versagt; aber ein künftiger Biograph Ibsen's wird diese inneren Erlebnisse näher zu ergründen haben, jene zumal, welche den Poeten in seinen vorwärtsschreitenden Anschauungen über Liebe, Ehe, Familie beeinflußten.

Als eine Befreiung, gleich Ibsen, als eine Confession empfand auch Goethe einst sein Schaffen; aber hält man in Gedanken seine Art der poetischen Beichte neben Ibsen's poetische Curen, so ist der Unterschied gewaltig. Goethe will sich, rein als Künstler, aussprechen; Ibsen will heilen. Ihm selbst nicht nur, auch seinen Landsleuten soll der bittere Stärkungstrank der Schmerzen zu Theil werden; und der ehemalige Medicinbeflissene aus Grimstad tritt nun als ein Seelenarzt auf. Der Ethiker in Ibsen schlägt überall vor, der nordisch strenge, unter dem starken Einfluß christlicher Anschauungen aufgewachsene Moralist. Dessen dunkle Brille setzt er sich auf, wo Goethe die Dinge unmittelbar aus seinen Sonnenaugen anschaut. Ibsen gleicht Emile Zola darin, dem andern großen Naturalisten dieser Tage; und die Anschauung, welche der französische Dichter jüngst aussprach, gilt auch für den norwegischen: beiden ist das Kunstwerk »ein Winkel Natur, angeschaut durch ein Temperament«. Und zwar angeschaut durch ein ethisch-ästhetisches Temperament: der Moralist und der Künstler sind untrennbar zu Eins geworden, und nur in künstlerischen Formen mag ein sittliches Wollen sich aussprechen.

In Ibsen's Heimath ist der »Gespenster«-Lärm längst verhallt und während der Dichter selber zweifelte, ob das Werk in der nächsten Zukunft dargestellt werden könne, ist es mit der stärksten Wirkung bereits im ganzen Nordland, von Kopenhagen bis Christiania, aufgeführt worden. Für völlig unmöglich aber hält es Ibsen, daß eine deutsche Bühne sein Stück spiele; und dieser Glaube ist bis jetzt nicht widerlegt. Die deutschen Theater, auch das führende in der Hauptstadt, verhalten sich kühl zu der gesammten Production des Dichters; sie gehen an den verlockenden Aufgaben der Inscenesetzung und der schauspielerischen Gestaltung, welche hier geboten sind, fremd vorüber und die befruchtende Wirkung, die von so kühnen Schöpfungen auch auf die deutsche Production ausgehen müßte, wird aufgehalten. Die schöne Pflicht, ein ganzes Publicum in planmäßigen Zusammenhang in den Gedankengang des Dichters einzuführen, und durch eine Darstellung seiner modernen Schauspiele, vom »Bund der Jugend« an gerechnet, die deutschen Theaterbesucher Ibsen reif zu machen, hat bisher Niemand eingelöst. Aber näher oder ferner, die Zeit muß kommen, in der die Erkenntniß solcher Pflicht unter uns aufsteht. Denn hier ist ein Dichter erwachsen, der, allem Epigonenthum entsagend, zum unbekannten Strande den Mast richtet; den es mit wehenden Wimpeln einer im Werden begriffenen Kunst entgegen zieht.

Literatur:

Henrik Ibsen. Von L. Passarge. Leipzig, 1883.

Henrik Ibsen. Von Georg Brandes. Nord und Süd, November 1883.

Sören Kierkegaard. Ein literarisches Charakterbild von Georg Brandes. Leipzig 1879.

Moderne Geister. Literarische Bildnisse aus dem neunzehnten Jahrhundert von Georg Brandes. Frankfurt a. M., 1882.

Das geistige Leben in Dänemark. Von Adolf Strodtmann. Berlin, 1873.

Nordische Heerfahrt. Trauerspiel in vier Acten von Henrik Ibsen. München, 1876.

Die Kronprätendenten. Historisches Schauspiel in fünf Acten. Berlin, 1872.

Brand. Dramatisches Gedicht in fünf Acten. Cassel, 1880, und Reclam's Universalbibliothek Nr. 1531/32.

Peer Gynt. Ein dramatisches Gedicht. Leipzig, 1881.

Der Bund der Jugend. Lustspiel in fünf Aufzügen. Berlin 1872 und Reclam's Universalbibliothek Nr. 1514.

Die Stützen der Gesellschaft. Schauspiel in vier Aufzügen. Reclams Universalbibliothek 958.

Nora. Schauspiel in drei Aufzügen. Reclam's Universalbibliothek. 1257.

Gespenster. Ein Familiendrama in drei Aufzügen. Reclam's Universalbibliothek. 1828.

Ein Volksfeind. Schauspiel in fünf Aufzügen. Reclam's Universalbibliothek. 1702.

Gedichte von Henrik Ibsen. In deutschen Neubildungen von Herm. Neumann. Wolfenbüttel. 1886.

Die Originalausgaben der Ibsen'schen Werke erscheinen bei Gyldendal in Kopenhagen.

THEODOR FONTANE

## Noch einmal Ibsen und seine »Gespenster«
(1887)

P. S. hat in der Montag-Abendnummer liebevoll eingehend über die Sonntagsaufführung von Ibsens »Gespenstern« berichtet und die Redaktion ihrerseits hat in aller Form in einer Schlußnote Veranlassung genommen, ihre Nicht-Übereinstimmung mit dem Referat ihres Referenten auszusprechen. Es ist damit eigentlich alles geschehen, was geschehen konnte: P. S. ist dem eminenten Talente des Dichters, die

Redaktion der im Publikum vorherrschenden Anschauung gerecht geworden, und so hat es denn in der Tat sein Mißliches (weil Anspruchsvolles), nachträglich noch als dritter in diesen Meinungsstreit einzutreten. Die hervorragende Bedeutung Ibsens und seines Werkes aber, über welch letzteres ein Wort zu sagen, es jeden Mann von Fach drängen muß, läßt mich auf Indemnität bei den Lesern der Zeitung rechnen.

Was will Ibsen? Es sind zwei Sätze, die, wenn ich sein Stück recht verstanden habe, von ihm wie Thesen an seine neue Wittenberger Schloßkirche geschlagen werden. *Erste These:* Wer sich verheiraten will, heirate nach Neigung, aber nicht nach Geld. *Zweite These:* Wer sich dennoch nach Geld verheiratet hat und seines Irrtums gewahr wird, ja wohl gar gewahr wird, sich an einen Träger äußerster Libertinage gekettet zu haben, beeile sich, seinen faux pas wieder gut zu machen, und wende sich, sobald ihm die Gelegenheit dazu wird, von dem Gegenstande seiner Mißverbindung ab und dem Gegenstande seiner Liebe zu. Bleiben diese Thesen unerfüllt, so haben wir eine hingeschleppte, jedem Glück und jeder Sittlichkeit hohnsprechende Ehe, darin im Laufe der Jahre nichts zu finden ist als Lüge, Degout und Kretinschaft der Kinder. Physisches und geistiges Elend werden geboren, Schwächlinge, Jammerlappen, Imbeciles.

So die Thesen, die das Ibsensche Drama, dessen Kunst und Technik ich rückhaltlos bewundere, zur Anschauung bringt.

Sind diese Thesen richtig?

Ich halte sie für falsch.

Solange die Welt steht oder solange wir Aufzeichnungen haben über das Gebaren der Menschen in ihr, ist immer nach den »Verhältnissen« und nur sehr ausnahmsweise nach Liebe geheiratet worden. Die vorchristliche Zeit kannte den Luxus des Nach-Liebe-Heiratens kaum, jedenfalls war es Ausnahme, nicht Regel. Jacob, der Rahel liebte, begann, wohl oder übel, mit Lea; Ruben, Simeon, Levi, Juda und zwei andere noch (schon die Zahl imponiert) wurden ihm aus dieser vergleichsweisen Gleichgiltigkeits-Ehe geboren, Hervorbringungen, die hinter Benjamin und selbst hinter der ägyptischen Exzellenz Joseph in nichts, am wenigsten in Kraft und Gesundheit, zurückblieben. Ist anzunehmen, daß die Spartaner nach Liebe geheiratet haben? Vermählen sich die Fürsten, in der großen Mehrzahl der Fälle, nach Liebe? Heiratet man in den reichen Bauerndörfern aus purer Passion? Umgekehrt, alles ist Pakt und Übereinkommen. »Die Liebe findet sich« und wenn sie sich nicht findet, so schadet es nicht. Die Herrnhuter schlossen, bis vor wenigen Jahrzehnten, ihre Ehen nach dem Los, und nirgends, soviel ich weiß, ist Degenerierung die Folge davon gewesen. Im Gegenteil, die Herrnhuter sind nicht nur ehrenfeste, sondern auch feste, gesunde Leute. Beaconsfield, befragt, weshalb er nach Geld geheiratet habe, gab zur Antwort »um Ruh' und Friedens, also um Glükkes willen«, denn alle »aus Liebe« geschlossenen Ehen habe er mit Tätlichkeiten oder Untreue enden sehn. Das ist scherzhaft zugespitzt aber sehr ernsthaft gemeint, und es verlohnt sich wohl, diesen Satz des berühmten englischen Staatsmanns dem Satze des berühmten norwegischen Dichters gegenüber zu stellen. Hie Welf-Beaconsfield, hie Waibling-Ibsen. Wenn ich mich entscheiden soll, bin ich, in *diesem* Fall, ein entschiedener Welf. Unter allen Umständen aber bleibt es mein Credo, daß, wenn von Uranfang an, statt aus Konvenienz und Vorteils-Erwägung, lediglich aus Liebe geheiratet wäre, der Weltbestand um kein Haarbreit besser sein würde, als er ist.

Aber wie steht es mit These II? Ist Ehescheidung, Übertritt aus dem einen in das andre Lager ein für allemal unabweisliche Pflicht, wenn sich im weiteren auch noch die Zusatzbemerkung erfüllt und in der Ehe die Wahrnehmung gemacht wird »sich an einen Träger äußerster Libertinage«, ja geradezu an Laster und Sünde gekettet zu haben?

Über diese These II ließe sich streiten, wenn dieser Streit nicht längst durch unser Ehescheidungsgesetz gelöst wäre. Wo Schuld, gleichviel auf welcher Seite, nachgewiesen wird, wird dem Verlangen einer Trennung nirgends widerstritten, wenigstens nicht innerhalb der protestantischen Welt. Weder das Gesetz noch die Sitte behindern das siegreiche Durchkämpfen einer freien und wohlmotivierten Entschließung. Und so scheint es denn, daß wir in den Ibsenschen »Gespenstern« nicht einen Ansturm gegen törichte, vom Gesetz errichtete Schranken, sondern einfach einen eindringlichen Appell an das Individuum haben, an jeden einzelnen in der Zuhörerschaft, dem an dem Beispiele dieser einst so schönen Kammerherrin Alving gezeigt werden soll, wie ihm, dem einzelnen, nicht bloß das Recht, sondern in gleichem Falle die *Pflicht* der Losreißung obliegt, eine Pflicht, ohne deren Erfüllung das physische und moralische Verderben mit unerbittlicher Naturnotwendigkeit über ihn und in der millionenfachen Vielheit der Fälle über die Menschheit hereinbrechen muß.

Habe ich These II hierin richtig definiert, ist Trennung der Ehe, wo Laster und Sünde vorliegen, nicht bloß persönliches Recht, sondern unabweisliche Menschenpflicht, so kann, meines Erachtens, auch These II nicht bestehen. Das Hin und Her vom einen zum andern, das

Lieben auf Abbruch, die souveräne Machtvollkommenheit ewig wechselnder Neigungen über das Stabile der Pflicht, über das Dauernde des Vertrages, all das würde die Welt in ein unendliches Wirrsal stürzen und eine Verschlimmbesserung ohne gleichen sein. Und wenn diesem Satze, der, wie zugestanden werden mag, über bis dahin Unerprobtes spricht, die Beweiskraft fehlen sollte, so läßt sich doch, retrospektiv und historisch, mit aller Bestimmtheit *der* Beweis führen, daß trotz alles Sünden-Elends, das uns durch die Jahrhunderte hin begleitet und sich selbstverständlich auch in unsrem intimsten Leben in hundertgestaltiger Häßlichkeit betätigt hat, daß trotz all dieses Elends, trotz entnervter Männer und entarteter Frauen, trotz Schein, Komödie, Lüge die Welt nicht rückwärts sondern vorwärts gekommen ist. Wie war, um nur die letzten Jahrhunderte zu befragen, England unter den letzten Stuarts, wie war Frankreich unter der Regentschaft? Der Wechsel, der sich seitdem vollzogen hat, verzeichnet einen moralischen Fortschritt, nicht einen Niedergang. Alle die Millionen Ehen, die, von damals bis heute, auf nichts anderes als auf Gold und Glanz hin geschlossen wurden, alle die Wüstlinge, die von damals bis heute die Hoffnungen junger Herzen getäuscht und zur Elends- und Widerlichkeitsgeschichte der Menschheit ihr ehrlich Teil beigetragen haben, alle diese Geld-Ehen, alle diese trauermäßig auf Halbmast herabgelassenen Lebenskräfte haben weder die Verdummung der Generationen noch ihre physisch-moralische Versumpfung zur Folge gehabt. Wo war Entartung, als die Altenfritz-Grenadiere die Höhen bei Prag stürmten, wo war Entartung, als die pommersche Landwehr die Marine-Bataillone bei Möckern niederschlug, wo war Entartung, als die Halberstädter Kürassiere die französischen Carrés durchbrachen? Ein frischer Zug geht durch die Welt, gerade auch jetzt wieder, und ein moderner Mensch sein, heißt ein Mensch sein voll Spannkraft und Nerv (jedenfalls mehr noch voll Nerv als voll Nerven), und wenn es sicherlich nicht wohlgetan wäre, den Blick gegen unsere Gebrechen und Schwachheit verschließen zu wollen, so verbietet es sich doch mehr noch, all das, was uns von Schuld und Sünde durchs Leben hin begleitet, unter ein vergrößerndes Zerrglas zu tun. All das, womit wir in diesen »Gespenstern« geängstigt und zum Wechsel unserer sittlichen Anschauungen gedrängt werden sollen, ist uralten Datums. Sardanapale, kleine und große, historische und private, sind, durch alle Jahrhunderte hin, auf Thron und Lotterbett aufeinander gefolgt, ohne daß es die Menschheit sonderlich geschädigt hätte, sie hat es überdauert und wird es weiter überdauern. Alles ruht in einer ewigen, immer neue Lebensströme spendenden Erhaltungshand, der es ein leichtes ist, die Sünden eines norwegischen Kammerherrn, und noch vieler anderer Kammerherrn, aus ihrer Kraft- und Gnadenfülle wieder wettzumachen. Das alles ist nur der schwarze Fleck am Apfel, der in der Weltenwaage nicht aufwiegt. Unsere Zustände sind ein historisch Gewordenes, die wir als solche zu respektieren haben. Man modle sie, wo sie der Modlung bedürfen, aber man stülpe sie nicht um. Die größte aller Revolutionen würde es sein, wenn die Welt, wie Ibsens Evangelium es predigt, übereinkäme, an Stelle der alten, nur scheinbar prosaischen Ordnungsmächte die freie Herzensbestimmung zu setzen. Das wäre der Anfang vom Ende. Denn so groß und stark das menschliche Herz ist, eins ist noch größer: seine Gebrechlichkeit und seine wetterwendische Schwäche.

Georg Brandes

# Henrik Ibsen und seine Schule in Deutschland
(1890)

Das neue deutsche Reich gab in den ersten zehn bis fünfzehn Jahren nach seiner Errichtung nicht viele Lebenszeichen von sich, die darauf hindeuteten, daß sich, der großen Umwälzung in den politischen Verhältnissen entsprechend, ein neues geistiges Leben entfalten würde.

Freiligrath sang vor 1848: Deutschland ist Hamlet. Er meinte: unentschlossen, ohne Thatkraft, in steten Gedankenerzeugen und steter Melancholie lebend. Deutschland ist in unseren Tagen mit jenem *Fortinbras* verglichen worden, der Shakespeares Tragödie abschließt, dem Mann mit dem starken Arm, sicher, entschlossen, mit dröhnenden Schritten auftretend. Man hatte in patriotischen Kreisen nach 1870 einen außerordentlichen Aufschwung auf litterarischem und künstlerischem Gebiet erwartet. Man bedachte nicht, wie viel Kräfte das Heer, die Diplomatie, der Beamtenstand verschlang. Der Aufschwung blieb aus. Lange Zeit mußte man sich mit den alten Größen begnügen, die ihr Bestes thaten, aber nicht genug neue Möglichkeiten in sich trugen, um einen Neuanfang zu unternehmen. Und so bewahrte die schöne Litteratur eine Zeitlang ihr altes Gepräge.

Neue Anfänge sind in den letzten Jahren zum Vorschein gekommen. Eine geistige Einwirkung hat stattgefunden von drei Seiten: von Frankreich, von Rußland und vom Norden, was man bereitwillig anerkennt. Man hat sich überflügelt gefühlt, und man ist bei den Fremden in die Schule gegangen. Der skandinavische Einfluß interessiert natürlich uns Nordländer am meisten. Er ist zu gleicher Zeit von verschiedenen Persönlichkeiten der nordischen Litteratur ausgegangen, aber eines Mannes Einfluß ist hier überwiegend – der Einfluß Henrik Ibsens. Er beschäftigt lebhaft einen großen Kreis des deutschen Publikums, er hat allmählich bei einer großen Anzahl deutscher Bühnen Einlaß gefunden, ja, er spielt jetzt eine Hauptrolle auf den Theatern, wo Kotzebues Geist in Mosers, Schönthans, Bürgers und Lindaus Gestalt lange Zeit die Alleinherrschaft besaß. Und merkwürdig ist es, daß Ibsen, zu dessen Entdeckung die Deutschen so lange Zeit brauchten – er wurde erst verstanden, als er bald an sechzig Jahre war – zur Zeit vielleicht sogar die Gemüter der Schaffenden in noch stärkere Gärung versetzt, als Zola oder irgend ein anderer lebender Schriftsteller. Das aufblühende deutsche Schauspiel ist im Augenblick sichtlich von ihm beeinflußt.

Worauf beruht dies? Man macht sich die Antwort zu leicht, wenn man sich einfach auf Ibsens Talent, auf seine technische Meisterschaft im Aufbau des Schauspiels beruft.

Um außerhalb des eigenen Landes durchzudringen, bedarf es mehr als der Stärke des Talentes. Sören Kierkegaard gehört zu den Genies seines Zeitalters und war sicherlich ein weit ideenreicherer Geist als Ibsen; trotzdem erstreckte sich sein Einfluß zu seinen Lebzeiten doch nicht weit über Seeland und Schonen.

Es muß außer dem Talent auch Empfänglichkeit dafür vorhanden sein. Unter seinen eigenen Landsleuten schafft der hervorragende Geist sich diese Empfänglichkeit entweder langsam selbst oder er fühlt nervös voraus und benutzt die Strömungen in den Gemütern, die er vorfindet oder die unmittelbar kommen werden. Aber Ibsen konnte diese Empfänglichkeit innerhalb eines fremden Sprachkreises, der nichts von ihm wußte, nicht schaffen, und selbst wo er etwas Kommendes vorausgeahnt zu haben scheint, fand er früher keinen Anklang.

Herrschte jetzt der »Kulturkampf« in Deutschland und veröffentlichte Ibsen jetzt, bei seinem Ansehen, »*Kaiser und Galiläer*« so würden die Katholiken vielleicht das Buch in fünfzigtausend Exemplaren fortreißen. Aber es erschien vor dem Kulturkampf, und als es übersetzt wurde, erregte es gar kein Aufsehen.

Die Erklärung liegt auch nicht einfach darin, daß ein paar junge Männer – der dänische Gelehrte Julius Hoffory, die Deutschen Otto

Brahm und Paul Schlenther, die von verschiedenen Ausgangspunkten sich zu ausgeprägten Bewunderern Ibsens entwickelt haben, durch eine mit ungewöhnlicher Hartnäckigkeit planmäßig geführte Campagne seinen Namen bekannt gemacht haben. Dieser Feldzug hat den gegenwärtigen Zustand in hohem Grade beschleunigt, hat quantitativ viel ausgerichtet, aber nicht qualitativ den Ausschlag gegeben.

Wenn Ibsen für weite Kreise Deutschlands nun in die Klasse der unfehlbaren Litteraturpäpste aufgerückt ist, so beruht dies darauf, daß sein Wesen dem vorgeschrittenen modernen Bewußtsein in dem großen Reiche genau entspricht.

I.

In diesem Lande, wo die Uniform herrscht, ja triumphiert, liegt nichtsdestoweniger Individualismus in der Luft. Das deutsche Bewußtsein hat die gewaltsame Entfaltung der Individualität hinter sich, die in der Sturm- und Drangperiode bei dem jungen Goethe, bei Lenz und Klinger stattfand, sich im Klassizismus abklärte, aber zum zweitenmal in den Tagen der Romantik bei Jean Paul, bei Tieck, bei Fr. Schlegel, später bei Hoffmann durchbrach, endlich zum drittenmal in dem Sturmlauf des jungen Deutschlands gegen alle Autoritäten und bei einzelnen der bedeutendsten Männer des Jahres 1848 einen Anlauf nahm. Diese Strömung ist *ein* Element in Deutschlands modernem Bewußtsein.

Und überhaupt: alter, in unseren Tagen von neuem aufgefrischter Tradition zufolge ist der Individualismus die treibende Grundkraft allen Deutschtums. Der Individualismus ist es, von dem nach der Auffassung vieler das Heil für Deutschland kommen soll. Ein ungewöhnlich selbständiger deutscher Schriftsteller, Paul de Lagarde, hat heutzutage folgende Worte geschrieben: »Humanität, Nationalität, Stammeseigentümlichkeit, Familiencharakter, Individualität, bilden eine Pyramide, deren Spitze dem Himmel näher ist, als ihre Grundlage.« Das heißt Individualität ist mehr als Humanität und begreift sie in sich. Unter Individualität ist hier nicht persönliche Willkürlichkeit zu verstehen, sondern die Persönlichkeit dermaßen entwickelt, daß sie Gesetzgeber für sich selbst und dadurch auch Vorbild auch Gesetzgeber für andere wird. (Vergl. die Schrift *Rembrandt als Erzieher*.)

Man hat, mit anderen Worten, die Notwendigkeit gefühlt, dem deutschen Volke neue Inspirationen, neue Anregungen zu geben, um Selbständigkeit und Geistesfreiheit anzustreben. Man hat also Verwendung für Henrik Ibsen.

Der erste Schritt zu Freiheit und Größe ist, Person zu haben. Wer wenig Person hat, ist nur ein Bruchteil eines Menschen, wer gar keine hat, ist eine Null. Aber nur die Nullen sind sich gleich. Man hat im heutigen Deutschland von neuem Leonardo da Vincis Worte bestätigt: »Alle Nullen der Welt sind, was ihren Inhalt und Wert anbetrifft, gleich einer einzigen Null.« Hier allein ist das Gleichheitsideal erreicht. Und man glaubt nicht an das Gleichheitsideal in den denkenden Kreisen Deutschlands. Henrik Ibsen glaubt nicht daran. Man ist in Deutschland vielfach der Ansicht, daß nach der Zeit des Majoritätsglaubens die Zeit des Minoritätsglaubens kommen wird, und Ibsen ist der Mann des Minoritätsglaubens. Viele behaupten endlich, daß der Weg zum Fortschritt durch die Isolierung der einzelnen geht. Henrik Ibsen schlägt in diesen Gedankengang ein.

Die zweite große Strömung durch die deutschen Gemüter ist der Sozialismus, der in den niedrigeren Schichten der Bevölkerung den Charakter einer Religion angenommen hat, und der auch die Spitzen der Gesellschaft beschäftigt. Er tauchte in Deutschland 1847 bei Karl Marx und Friedrich Engels auf, fand, stark mit Liberalismus vermischt, seinen Niederschlag in den deutschen Hauptstadtrevolutionen, versank dann beim Siege der Kontrarevolution in die Erde, quoll aber, erst als eine sparsame Quelle, allmählich als ein stets mächtigerer Fluß wieder hervor während Ferdinand Lassalles großartiger, wenn auch kurzer Agitation, die nur zwei Jahre (1862–1864) umspannt, aber seitdem für den ganzen sozialen Zustand entscheidend geworden ist, indem sie die ungeheure deutsche Arbeiterpartei erzeugt und organisiert, sodann dem norddeutschen Bund und nachher dem Reiche das allgemeine direkte Wahlrecht geschaffen und spät aber sicher Bismarcks 1881 verkündeten Staatssozialismus hervorgerufen hat.

Individualismus und Sozialismus sind die beiden großen entgegengesetzten Strömungen unserer Zeit. Aber im einzelnen und bei den einzelnen sehen wir Individualismus und Sozialismus vermischt. In der deutschen Litteratur ist beispielsweise Heine vielleicht die ausgeprägteste Figur des Individualismus, aber kaum in Paris angekommen, nimmt er den ganzen Ideeninhalt des Saint-Simonismus an, wird also ein reiner Sozialist im Sinne seiner Zeit. Und wie er, so sind später eine Menge Demokraten von 1848 mehr oder weniger ausgeprägte Sozialisten. Umgekehrt ist Lassalle, der Einführer des deutschen Sozialismus in die Wirklichkeit, der Typus eines aristokratischen Individualisten. Dies deutet an, daß ein Zusammenfassen von Sozialismus und Individualismus sich in Zukunft unter einer oder der anderen Form als möglich erweisen wird.

Einer von Ibsens deutschen Bewunderern, Hermann Bahr, hat sehr treffend nachgewiesen, daß das deutsche Bewußtsein sich gegenwärtig aus drei Elementen zusammensetzt:

Es enthält all die Gefühle und Gedankenreihen, die sich aus dem Individualismus entwickelt, alle diejenigen, die sich aus dem Sozialismus entfaltet haben, und alle die, die auf eine Verbindung beider abzielen.

Das individualistische Element in diesem Bewußtsein liegt im Streit mit der Gesellschaft, wie wir sie kennen, weil diese Gesellschaft den Persönlichkeiten Gewalt anthut. Das sozialistische Element darin liegt im Streit mit der bestehenden Gesellschaft als einer kapitalistischen, einer antisozialen. Insofern ist das moderne Bewußtsein rein negativ. Aber positiv ist es erstens in seiner Forderung einer Vereinigung der beiden widerstreitenden Elemente, in seiner Hoffnung, daß sich die wirklichen Verhältnisse in Stuart Millschem Geiste entwickeln und gleichzeitig eine Richtung einschlagen werden, von der man Freiheit für den einzelnen, Zufriedenheit für alle erwarten kann, zweitens: in seinem Glauben daran, eine steigende Annäherung an sein Ideal in Wirklichkeit finden zu können.

Das positive Element, es lebt in den Augen vieler als eine Sehnsucht nach besseren Zuständen, als ein Zukunftsglaube, ein naiver und optimistischer, als der Glaube daran, daß diese alte Gesellschaft, die Lüge und Heuchelei jetzt aufrecht erhalten, von einer neuen abgelöst werden wird, in der Freiheit und Freude herrschen. Aber daß dies *nur* Wunsch und Sehnsucht, *nur* Zukunftsglaube ist, das ist der große Schmerz des Zeitalters, das macht zugleich seinen Pessimismus aus.

Henrik Ibsens Macht über deutsche Gemüter beruht darauf, daß er fast all diesen Elementen in dem modernen Bewußtsein Deutschlands dichterischen Ausdruck gegeben hat.

Er ist vor allem in hohem Grade Individualist. Von Catilinas Trotz gegen die römische Gesellschaft bis zu Noras »ich muß vor allen Dingen untersuchen wer Recht hat, die Gesellschaft oder ich«, oder Doktor Stockmanns Ausfall gegen die verfluchte kompakte u. s. w. Man erinnert sich auch ein paar privater Aussprüche, die ich mit Ibsens Erlaubnis veröffentlichte, wie: »die Minorität hat immer Recht«, oder des scherzhaften, aber entschiedenen: »ich habe kein Talent zum Staatsbürger«.

Prüft man aber diesen Individualismus genau nach, so wird man in ihm einen verborgenen Sozialismus entdecken, der schon in »Stützen der Gesellschaft« zu verspüren ist, und der in Ibsens begeisterter Erwiderung an die Arbeiter in Drontheim während seines letzten Besuches im Norden zum Ausbruch kam: »Die Umformung der sozialen Verhältnisse, die man jetzt draußen in Europa vorbereitet, beschäftigt sich wesentlich mit der zukünftigen Stellung der Arbeiter und der Frauen. Sie ist es, auf die ich hoffe und warte, und für sie will ich wirken und werde ich wirken mein ganzes Leben lang, so viel ich vermag.«

Er ist, wie ich es schon vor längerer Zeit entwickelt habe, keineswegs prinzipieller Pessimist. Indignationspessimist habe ich ihn genannt. Seine Personen sind nicht in dem Sinne einsame Naturen, daß sie keine Nachbarschaft ertragen, so wie die Typen der Byronschen Geistesrichtung. Nein, sie sind oft stille und schlichte Menschen, zuweilen größer oder groß veranlagt, die aber ein einfaches, stilles Glück begehren. Wie es der oben erwähnte Schriftsteller Hermann Bahr, richtig gefühlt und ausgesprochen hat: »Gerade daß selbst dieses geringe Recht ihnen verweigert wird, daß die Gesellschaft in ihrem Streben alles in Zucht zu halten, Unglück verbreitet; durch ihre Gesetze, ihre Regeln, ihre Moral und ihren Klatsch das Glück unmöglich macht, das ist es, was bei Ibsens Menschen den Aufruhr hervorruft und die leidenschaftliche Kritik der bestehenden Gesellschaft erweckt.«

Aber hierin kann der Sozialismus einstimmen. Das können selbst sozialistische Durchschnittsmenschen verstehen. Auch Fürsprecher des Sozialismus haben die sozialen Institutionen: Kirche und Königtum, Ehe und Besitz erprobt und haben, gleich Frau Alving, gefunden, daß es alles Maschinennäherei war.

Ja es sind wohl sogar hauptsächlich die sozialistisch beeinflußten Naturen, bei denen das revolutionäre Pathos in Ibsens Werken eine Resonanz gefunden hat.

Sein Individualismus gleicht nicht dem eines Byronschen Manfred, der in die Alpeneinsamkeit hinaufflieht, oder dem eines Nietzsche, der die großen Städte verabscheut und in Zarathustras Höhle flüchtet. Nein, er sehnte sich früh »nach den Sommerreichen des Lebens«.

Er zweifelt, bürgerlich wie er eigentlich ist, niemals an der Möglichkeit des Glückes.

In *Stützen der Gesellschaft* und in *Der Volksfeind* wird auf Amerika hingewiesen, als auf das Land der Lebensfreude und der Freiheit, in *Gespenster* auf Paris. In *Stützen der Gesellschaft* wird im allgemeinen von den großen Staaten gesprochen, als von denen, die noch Platz für große Thaten haben – immer wird dort die Möglichkeit einer Gesellschaft betont, die voller Sonne ist, und in der man Spielraum und Zufriedenheit findet.

Ibsens Individualismus kämpft also nicht gegen die Gesellschaft an und für sich, nein, umgekehrt: in dem Gefühl der durchgehends naturnotwendigen Abhängigkeit des Individuums von der Gesellschaft – am stärksten ausgedrückt in *Gespenster* – wird für die Revolutionierung der Gesellschaft gekämpft, bis sie dermaßen umgeformt ist, daß die Möglichkeit glücklich zu werden für alle besteht. Wie dieses Glück nun von neuem verteilt werden, wie es sich mit Freiheit und Größe vereinen soll, diese Frage wird von ihm, wie von anderen offen gelassen.

Aber durch diese Verbindung von Idealismus und Sozialismus haben Ibsens Werke Eindruck in Deutschland gemacht. In Stockholm sagte er 1887:»Ich bin Pessimist, insofern als ich nicht an die Ewigkeit der menschlichen Ideale glaube, aber ich bin auch Optimist, insofern als ich fest und sicher an die Fortpflanzungsfähigkeit der Ideale und an ihre Entwickelungstüchtigkeit glaube. Namentlich und näher bestimmt, glaube ich, daß die Ideale unserer Zeit, indem sie zu Grunde gehen, dem zusteuern, was ich in meinem Drama *Kaiser und Galiläer* unter der Bezeichnung »das dritte Reich« angedeutet habe.«

Das dritte Reich, – das heißt nicht bloß für Ibsens Bewußtsein die Verschmelzung von Heidentum und Christentum, von Hellas und Palästina, nein, es ist unbewußt auch die Vereinigung von Individualismus und Sozialismus. [...]

IX.

In den letzten Jahren ist Ibsen das passiert, was vielen anderen sehr hervorragenden Künstlern und Dichtern auf der Grenze des Alters geschehen ist, und was einem französischen Dichter geschah, der einige Parallelen mit ihm darbietet, dem jüngeren Dumas: nämlich, daß er aus einem Schilderer der Wirklichkeit ein Symboliker geworden ist. *Rosmersholm* und Die Frau vom Meere, entsprechen in Ibsens Dichtung dem, was *L'Étrangère und La femme de Claude* in Dumas' Produktion sind. Eigentlich ist alles in diesen Stücken Symbolik; man sagt eins und meint ein anderes, umfassenderes.

Montégut hat irgendwo geschrieben, daß Shakespeare, als er sich den Fünfzigern näherte, in dem Drama *Der Sturm*, wo alles symbolisch ist, seinem Dichtergenius den Abschied gab, indem er Prospero Ariel den Abschied geben ließ. »Es ging Shakespeare,« sagt er, »wie es Michelangelo, Goethe und Beethoven gegangen ist. Indem er älter wurde, ließ er sich weder an den allgemeinen Anschauungen der Natur noch den allgemeinen Gefühlen des Herzens genügen. Er verlieh der Welt die Farbe seiner Träume. Seine Auffassung wurde sinnreicher, subtiler und feiner, doch das Stoffliche und Feste in den Gestalten war in Gefahr, abhanden zu kommen; er verlor sich in Abstraktionen. Noch ein Schritt, und er stand außerhalb der Natur.«

So ist es Dumas gegangen. Sein fremdes Weib ist die Zigeunerweiblichkeit, Gérard die ideale Liebe, schon als solche berechtigt, der Herzog von Septmonts die Verdorbenheit infolge von Ausschweifungen, Césarine das Kaisertum, Claude der französische Genius, Cantagnac Preußen. So ist es auch Ibsen gegangen. Rosmersholm, wo die Kinder nicht schreien, wenn sie klein sind und nicht lachen, wenn sie groß werden, ist kein gewöhnliches Heim, sondern der symbolische Ausdruck für einen Ort, wo die unbefangenen Lebensäußerungen erwürgt werden, wie in Norwegen. Der Karauschenteich in der Nähe des Meeres, zu dem aber der Strom des Weltmeeres nicht gelangt, ist mehr als ein gewöhnlicher Teich; die Bewohner des Nordens können sich fast alle in ihm spiegeln. Und so ist der fremde Mann in *Die Frau vom Meere* der Gegenstand der Sehnsucht in die Ferne, des kühnen Verlangens.

Wenn bei Dumas Rebekka und ihr Vater Daniel in die weite Welt hinausziehen wollen, um Israels verlorene Stämme zu finden und ihre Landsleute zu einem Volk zu machen, so liegt hierin ein Idealismus, mit dem wir uns außerhalb der Wirklichkeit befinden.

Wenn bei Ibsen zuletzt die Vorstellung von »Freiheit, Freiheit unter Verantwortung« zu einer Art Zauberformel geworden ist, die hinreißt, selbst wenn sonst alles bleibt, wie es war, so liegt hierin wiederum ein Spiritualismus, der nicht viel mit der Wirklichkeit zu thun hat. Denn ob eine Frau ihren Mann liebt oder nicht liebt, das beruht auf Naturmächten, die von der Frage der Verantwortung oder Nichtverantwortung ganz und gar nicht angefochten werden, nicht einmal von der Frage: Freiheit oder Nichtfreiheit.

So finden sich in Ibsens letzten Werken nicht wenig Züge, denen gegenüber es schwer halten sollte, gerade jetzt in seinem Namen eine Losung des Realismus oder des Naturalismus zu erblicken. Und doch übt er jetzt, als typischer Realist aufgefaßt, die weiteste Wirkung ringsumher.

Die Anzahl der nordischen Gelehrten, die in die Weltentwickelung eingegriffen haben, ist nicht ganz gering. Weit weniger nordische Schriftsteller, die der schönen Litteratur angehören, haben außerhalb der skandinavischen Lande einen nennenswerten Einfluß ausgeübt, selbst wenn sie ihren Namen weit umher bekannt gemacht haben. Seit Holbergs Zeit hat wohl nur ein nordischer Schriftsteller außerhalb des Nordens Einfluß in größerem Stil ausgeübt, und dieser eine ist Ibsen. Er hat teils durch seine Kunst gewirkt, die man allgemein bewundert, teils durch seine relativ große Vorurteilslosigkeit, die sich nicht von seiner Kunst trennen läßt, die aber nicht in derselben Ausdehnung gewürdigt worden ist.

Er hat das ungewöhnliche Glück verdient, das nach einer schweren Jugend ihm jetzt in seinen älteren Tagen zu teil geworden ist.


EMIL REICH

## Ibsen und das Recht der Frau
(1891)

Wer in den letzten Tagen die Ankündigungen der Wiener und Berliner Bühnen durchsah, der konnte sich keineswegs daran erinnert fühlen, daß in dieser Woche knapp nacheinander die Geburtstage zweier der größten Dichter unseres Jahrhunderts fallen. Nichts mahnte daran, daß am 18. März Friedrich Hebbel, am 20. Henrik Ibsen die schwere Pilgerschaft durch das Leben angetreten. Bisson, Feuillet, Sardou, Meilhac las man auf den Theaterzetteln, sie waren in dieser Woche die »Stützen der Gesellschaft«, vor welchen die beiden volksfeindlichen, umheimlichen Gespenster verschwinden mußten, als ob man ihnen die Tarnkappe des hürnenen Siegfried aufgesetzt, oder den Ring des Gyges an den Finger gesteckt hätte. Dem vornehmen Achselzucken Jener, welche sich über derartige Kleinigkeiten leicht hinwegsetzen und es ganz gleichgültig finden, ob solche Gedenktage gefeiert werden oder auch nicht, in der Meinung, es sei genug geschehen, wenn ein Dichter sich überhaupt nur auf dem Jahres-Spielplan befinde, gleichviel, wann seine Werke gegeben würden, ihnen halte ich das Wahrwort Grillparzers entgegen:

»Die Liebe knüpft sich gern an feste Zeichen,
Der Leichtsinn liebt, was schwankend, so wie er.«

Das aber ist es eben! Wenn wir die Namen nordischen Klanges, Hebbel wie Ibsen, auf unseren Theateranzeigen finden, so war es meist nicht die Liebe, welche sie hinschrieb, es war

>Die ungestüme Presserin, die *Not*,
Der nicht mit hohlen Namen, Figuranten
Gedient ist, die die *Tat* will, nicht das *Zeichen*,
Den Größten immer aufsucht und den Besten,«

wie Gräfin Terzky zu ihrem Bruder spricht, und so ist es noch heute, wie sie fortfahrend meint:

>Denn lange, bis es nicht mehr kann, behilft
Sich dies Geschlecht mit feilen Sklavenseelen
Und mit den Drahtmaschinen seiner Kunst.«

Die gewaltigen Nordlandsrecken, sie sind unsern kleinen Geistern zu groß, die beben nun vor ihnen zurück oder betrachten sie mit scheuem Staunen aus der Ferne, aber ein rechtes Herz zu ihnen zu fassen, das vermögen sie nicht, sie klagen oder spotten über die schwere Verständlichkeit dieser Dramen und flüchten willig zu jenen allerdings ohne viel Mühe aufzufassenden Nichtigkeiten, welche der Tag verschlingt, wie er sie gebar. Hebbel und Ibsen sind keine eigentlich populären Dichter, sie sind es nicht, weil sie beide ebensosehr Philosophen als Poeten genannt werden dürfen und weil sie es immer stolz verschmähten, sich zu der Menge herabzulassen, die Schiller mit den verachtungsvollen Worten charakterisierte:

>Schreckt
Sie alles gleich, was eine Tiefe hat,
Ist ihnen nirgends wohl, als wo's recht flach ist.«

Unsere beiden Dramatiker haben wie jeder echte und rechte Dichter stets die Zumutung mit Entrüstung zurückgewiesen, um des Erfolges willen Stücke zu schreiben, welche dem Publikum gefallen würden, ihnen selbst aber mißfallen müßten. Weder Hebbel noch Ibsen buhlte um die Gunst der Menge, sie ließen die Versucherstimmen vergeblich locken und wandelten unbeirrt den Pfad, welchen ihr Genius sie wandeln ließ. Ihr Genius oder ihr Dämon, denn jeder Genius ist zugleich ein Dämon. Beiden gemein ist wie die nordische Abkunft, so auch die nordische Zähigkeit und Willenskraft und auch das gleiche Mißgeschick, denn ebenso unrichtig und oberflächlich wie man damals Hebbel mit dem sogenannten »jungen Deutschland« identifizierte, ebenso würfelt man heute Ibsen mit dem »jüngsten Deutschland« zusammen, über welches Wilhelm Liebknecht, der Führer der Sozialdemokraten, seine Annäherungsversuche abwehrend, vor wenigen Wochen das (in dieser Allgemeinheit wohl zu harte) Verdammungsurteil gesprochen

hat: »Das einzig Junge am »jüngsten Deutschland« ist sein Name.«
Lesen Sie heute Urteile, welche Ibsens Stücke als krankhaft, nerven-
überreizt, wohl gar als unsittlich brandmarken, dann erinnern Sie sich
mit Überraschung, daß man vor 60, ja noch vor 50 Jahren Hebbel
gegenüber vielfach denselben Ton anzuschlagen liebte. Gegenwärtig
ist Hebbel freilich ein Mann, dessen Ruhm so unantastbar fest steht,
daß jene überstrengen Kritiker es sind, die durch ihre am Äußerlichen
haftenden, in den Kern der Sache gar nicht eindringenden Urteile dem
Fluch der Lächerlichkeit verfielen und nicht besser (soll ich sagen
fürchte ich oder hoffe ich) wird es bald auch den Gegnern Ibsens er-
gehen. Von manchen bizarren Absonderlichkeiten abgesehen, welche
den beiden allerdings eigen, die jedoch mit zu ihrer gerade deswegen
so eigenartigen Begabung gehören, paßt das Epigramm Hebbels
»Selbstkritik meiner Dramen« auf diese, sowie auf jene Ibsens:

> »Zu moralisch sind sie! Für ihre sittliche Strenge
> Steh'n wir dem Paradies leider schon lange zu fern
> Und dem jüngsten Gericht mit seinen verzehrenden Flammen
> Noch nicht nahe genug. Reuig bekenn' ich euch dies.«

Es ist übrigens sehr interessant, unter den vielen Stimmen, welche sich
bald nach Hebbels Tode erhoben, eine zu vernehmen, welche den
Hauptgegenstand der Hebbelschen Dichtungen in der Behandlung
der Frauenfrage zu finden glaubte. Robert Zimmermann, der Profes-
sor der Ästhetik an der Wiener Universität, welcher mit dem Dichter
persönlich bekannt gewesen, er war es, der in einem 1865 veröffentlichten Aufsatz diese Meinung aussprach, und zwar definiert er den
Konflikt der Frauengestalten Hebbels dahin, daß sie sich dagegen em-
pören, dort als Sache gebraucht zu werden, wo sie als Person geachtet
sein wollen. Eben dies aber, was Zimmermann als Programm der Dichtungen Hebbels angibt, es ist dasselbe, was in Ibsens späteren Dramen den Hauptinhalt bildet, vor allem in der »Nora«. Auch darin also
betätigt sich die geistige Verwandtschaft der beiden Poeten, daß beide
Dichter der Frauenfrage sind. Wie weit sich die Ähnlichkeit zwischen
ihnen sonst erstreckt, wo die tiefgreifenden Unterschiede beginnen,
darauf einzugehen ist heute nicht unsere Absicht, wo es sich ja nur
darum handelt, ein flüchtiges Bild der Stellung zu skizzieren, welche
Ibsen der Frauenfrage gegenüber einnimmt. Nur die eine Bemerkung
gestatten Sie mir noch, daß wir die ganze Schwere des Verlustes, welchen die Literatur durch Hebbels vorzeitiges Hinscheiden erlitt, am
besten fühlen, wenn wir bedenken, wie viel kleiner Ibsen vor uns stün-

de, falls er im selben Alter gestorben wäre, also ehe er »Nora« und die
darauf folgenden epochemachenden Stücke geschrieben. Wer kann
wissen, was der Sänger aus Dithmarschen uns noch alles zu sagen hatte, da ihm der unerbittliche Tod den Mund verschloß? Am »Demetrius«
arbeitend, starb er wie Schiller, viel zu früh wie dieser; es gibt, wie es
scheint, Stoffe, die ihre Dichter töten.

Hebbel war in seiner Jugend ein revolutionärer Poet, in noch stär-
kerem Maße trifft dies bei Ibsen zu. Jener hat die bürgerliche Gesellschaft gehaßt mit dem Ingrimm des von Geburt an zum Leiden und
Entbehren verdammten Proletariers, noch tiefer und schneidender
aber war der Haß bei diesem, denn es war der Haß des Deklassierten,
und dieser ist der gewaltigste. Die Deklassierten des Adels und der
Geistlichkeit gaben dem dritten Stande einst die Führer, welche die
Bollwerke der Tyrannei des Wappenschildes brachen, die Deklassierten der Bourgeoisie sind heute die Vorkämpfer des vierten Standes bei
seinem Bestreben, die Herrschaft des Geldsackes abzuschütteln. Es wäre jedoch unrichtig, Ibsen etwa als Sozialdemokraten zu bezeichnen;
er gehört keiner Partei an, kann es nicht, weil er eine viel zu scharf
ausgeprägte Persönlichkeit ist und weil sein offener Blick die Schwächen der einen sowohl, wie der andern erspäht. Man könnte am ehe-
sten sagen, er läute zwar nicht die Sturmglocke, welche den Proletarier
auf die Barrikaden ruft, wohl aber die Totenglocke der zu Ende ge-
henden Macht der Bourgeoisie. Der dritte Stand saß wie König Belsa-
zar siegesfroh und übermütig beim Mahle, er verspottete wie jener die
heiligen Tempelgeräte, so alles Hohe und Ideale, er hielt seine Macht
für unerschütterlich wie der König von Babylon, da erschien eine
Hand, welche dem erbleichenden Sünder das Mene Tekel in Flammen-
zeichen an die Wand schrieb. Mitten in den Taumel des volkswirt-
schaftlichen Aufschwungs der 70er Jahre entstanden Ibsens »Stützen
der Gesellschaft«, das Buch, in welchem der Dichter Abrechnung hält
mit allen Sünden der Herrschenden und Bevorrechteten, in welchem
er ihnen die heuchlerische Maske vom Gesicht reißt und sie zeigt, wie
sie sind, und in demselben Stück betrat der Dichter zum ersten Male
das Gebiet der Frauenfrage.

Ibsen war nicht der Erste, welcher der vormals herrschenden
Weltanschauung den Krieg erklärte, aber er tat es in der wirksamsten
Form, in jener der blutigen Satire; vormals herrschend nannte ich jene
Auffassung und so muß man sie heute wohl bezeichnen, wo all unser
Tun und Lassen im Zeichen der Sozialreform steht, wenn jene alten
Ansichten aber noch zu herrschen scheinen, so sind es doch nur ihre

Gespenster, die noch umgehen. Uns Jungen wird es leicht, von solchen Theorien loszukommen, die niemals recht fest in uns gewurzelt haben, den Alten aber fällt das schwer; um so bemerkenswerter ist es, wenn ein Mann wie Ibsen als Fünfziger zum eifrigsten Verfechter neuer Lehren wird, und man geht kaum fehl, wenn man in dieser Bekehrung von Saulus zu Paulus das überzeugende Kennzeichen der Macht der Wahrheit erblickt. Der Kampf zwischen der Lüge, auf welcher unser gesellschaftliches Leben aufgebaut ist, und der Wahrheit, die verpönt und geächtet wird, er bildet ja das Grundthema aller Stücke Ibsens, und als dieser in vorgerückten Jahren erkannte, daß jenes Frauenideal, welches ihm bis dahin vorgeschwebt hatte, auch nur Lüge sei, da besann er sich nicht, sondern bekannte sich laut zu der neuen Wahrheit, die ihm aufgegangen war. Er hat drei Stadien der Entwicklung durchgemacht, er schrieb als Jüngling romantische, als Mann historische Dramen und erst spät wandte er sich dem modernen Leben zu, das er so meisterhaft schildern sollte. In jenen beiden ersten Perioden nun war sein beliebtester Typus die sanfte, sich still aufopfernde Weiblichkeit. Die wilde Hjördis in der »Nordischen Heerfahrt«, das Abbild der Brünhilde in der Edda, entspricht zwar diesem Schema nicht, aber sie wird in der Tragödie auch wenig sympathisch dargestellt. Immerhin findet sich in ihr schon für den Schärfersehenden der erste Ansatz zu des Dichters jüngster Frauengestalt, zu Hedda Gabler, sowie in Thea Elvsted eine Variation des Dagny-Charakters erblickt werden kann. Nebenbei bemerkt, hat Ibsen hier zu selben Zeit (1857) denselben Stoff wie Hebbel behandelt, die Siegfried-Sage. Auch die »Komödie der Liebe« richtete bereits vor 30 Jahren scharfe Angriffe gegen die übliche Ehe, doch herrscht hier noch die Auffassung, welche in Fräulein Elster und der Pastorin Maren verkörpert erscheint, daß es die Frauen sind, welche die Poesie der Liebe nur zu rasch durch die Prosa des Lebens ersetzen, eine Auffassung, die ja gewiß in vielen Fällen berechtigt ist, im letzten Grunde aber, wie Ibsen später erkannte, nur in der falschen Erziehung des weiblichen Geschlechtes, wonach die Ehe vor allem als Versorgungsanstalt erscheint, ihre Ursache hat. Freilich! Wenn dort die Damen unter Führung des Fräulein Elster dadurch ihre Frauenrechte wahren, daß sie den jungen Theologen Lind, den Bräutigam Annas, bestimmen, statt als Missionär nach Amerika zu gehen, seinem innern Trieb entsagend, eine einträgliche Pfarrstelle zu suchen, dann wird man mit *diesen* Frauenrechtlerinnen wenig Sympathie hegen. Gerade dieses Stück aber läßt uns schon den künftigen Reformator sehen, denn was dort satirisch durchgehechelt wird, das ist eben das alte Recht der Frau, von ihrem Manne ernährt und infolgedessen auch in jeder Beziehung bevormundet zu werden, wodurch sie natürlich bald ein jeden idealen Aufschwung hemmender Ballast wird. Es war eine notwendige Konsequenz des natürlichen Entwicklungsganges, daß derselbe Mann, welcher sich gegen dieses alte Recht auflehnte, später ein neues Recht der Frau verteidigte, das auf wirtschaftlicher und infolgedessen auch moralischer Selbständigkeit beruht. Die Frau, welcher alle Berufszweige geöffnet sind, die zeigen darf, was sie zu leisten vermag, sie wird kein Bleigewicht mehr sein, das den Mann hindert, sondern eine klar sehende, verständige Gehilfin, welche der Mann schlimmsten Falles getrost ihrer eigenen Kraft überlassen kann. Das ist die wahre Ehe, die Ibsen sucht und die zu finden er damals noch verzweifelte, und von dieser Ehe wird dann nicht mehr der Notschrei gelten, der heute vielfach auch in der Literatur ertönt: Das ewig Weibliche zieht uns *hinab*.

Noch aber war Ibsen zu diesem neuen Ideal der Frau nicht durchgedrungen. In seinem nächsten Drama, den »Kronprätendenten«, findet sich vielmehr die entschiedenste Verherrlichung des selbst willenlosen, alles duldenden und alles verzeihenden Weibes, so sind Inga, Ragnhild und Margarethe, so vor allem Ingebjörg, die treulos verlassene Geliebte Skules, die dennoch nie aufhörte, den zu lieben, und für den zu beten, der sie verführt und verraten. In der größten Verehrung für seinen Vater hat sie ihren Sohn Peter erzogen und den Jüngling bringt sie dem kinderlosen König, als dieser einer solchen Stütze, an der sich sein schwindendes Selbstvertrauen emporranken kann, am dringendsten bedarf. Und Skule nimmt den Thronerben so freudig auf, daß ihm keine Regung für die Mutter übrig bleibt: »Lieben – alles opfern und – vergessen werden, das ist mein Los«, mit diesen entsagungsvollen Worten scheidet Ingebjörg.

Im »Peer Gynt« bildet Solveig das Gegenstück zu Ingebjörg. Sie harrt in unerschütterlichem Glauben auf die Heimkehr des Geliebten und als der mit weißen Haaren zurückkommt, der mit braunen gegangen, springt keine Klage über ihre Lippen. »Dank«, spricht sie, »Dank, daß du kamst, währt's noch so lang!« In demselben Drama freilich künden sich schon schwache Ansätze zu der veränderten Auffassung von der Bestimmung der Frau an, so, wenn Peer Gynts Mutter Aase klagt, wie ihr Familienleben durch die Trunksucht ihres Gatten zerstört worden sei:

»Wir wußten nichts Bess'res als zu vergessen –
Mit dem Manne zu kämpfen fehlte der Mut;
Vielleicht war ich auch zu schwach, zu gut,«

und auch wenn der Dichter seinen Helden höhnisch parodierend die naive Sucht der kleinen Anitra (auch eine der ironisierenden Verspottungen des alten Frauenideals) nach Schmuck und Steinen mit den Worten begrüßen läßt: »Das ewig Weibliche zieht uns an.«

So gedankentief und bedeutsam die doppelteilige Tragödie »Kaiser und Galiläer« ist, wir müssen ihren Inhalt hier unberücksichtigt lassen und dürfen nur das eine hervorheben, daß sie als Grundgedanken die Idee von dem dritten Reich enthält, dessen Verwirklichung dann die späteren, die Zeitdramen Ibsens zustreben. Auf den hellenischen Schönheitskultus ist die Religion der Entsagung, der Abwendung vom Irdischen gefolgt, die Menschheit wird aber erst im dritten Reich Frieden finden, in welchem christlicher Opfermut und hellenischer Schönheitsdurst zum Wohle der Sterblichen in eins verschmolzen sein werden. Es ist die höhere Einheit, welche Ibsen da ähnlich wie der Philosoph Hegel sucht, welche die Gegensätze in sich aufnehmend über denselben schwebt, zwar ihr Entwicklungsprodukt, aber wertvoller als sie selbst. Diesem dritten Reich gilt von nun ab das Schaffen des nordischen Dramatikers. Er will es vorbereiten, indem er alles zerschmettert, was ihm im Wege steht, deshalb zeigt sich das Ideal, welches ihm vorschwebt, uns bloß einmal positiv, in der Lebensanschauung Johannes Rosmers, sonst aber negativ in zersetzender, ätzender Kritik des Bestehenden. Ibsens Zeitdramen sind wie die apokalyptischen Reiter, Vorboten des tausendjährigen Reiches des Friedens, die jedoch selbst nur Tod und Zerstörung bringen.

In den »Stützen der Gesellschaft« führte Ibsen die ersten, zermalmenden Streiche gegen alles Bestehende. Er hatte mit früheren Anschauungen gebrochen und so waren ihm an diesem Wendepunkte seines Lebens, als er selbst in das dritte Reich eintrat, indem auf die romantischen und historischen Tragödien, nunmehr seine Zeit- und Streitdramen folgten, auch über die Frauenfrage die Augen aufgegangen. Vier weibliche Charaktere bringt er uns hier zur Anschauung, zwei von ihnen gehören der alten Schule der Entsagung, zwei der neuen des Kampfes an. Es ist jedoch nicht bei dieser grob schematischen Einteilung geblieben, die Übergänge und Schattierungen sind fein, aber deutlich herausgearbeitet. Da ist Frau Bernick, die nie einen anderen Willen gekannt hat, noch kennen wollte, als den ihres Gatten und die es erleben muß, daß dieser Mann, ohne auch nur zu ahnen, wie schwer er sie damit kränkt, ihr sagt, er habe keinen Menschen, mit dem er sprechen könnte, an dem er eine Stütze hätte. »Nicht einen, Gustav?« erwidert sie und in diesen drei Worten liegt die Tragödie ihres Lebens. Des Konsuls Schwester, Martha, sie zählt zu den Frauen, deren Typus Solveig ist, fünfzehn Jahre hat sie auf Johann Tönnesen geharrt und als er heimkehrt, ist sie vergessen und er wählt Dina Torp. Martha aber besitzt Selbstüberwindung genug, trotzdem diesen Bund zu segnen und sie besitzt Widerstandskraft genug, um Dina das zu raten, was sie selbst nie gewagt hätte, der Stickluft dieser kleinlichen Umgebung zu entfliehen und mit Johann im fremden Weltteil sich selbst eine Existenz zu gründen. So steht Martha in ihren Ansichten doch schon beträchtlich weiter links als ihre Schwägerin, noch mehr ist dies bei Dina der Fall. Die will heraus aus diesen unleidlichen Verhältnissen um jeden Preis, in ihrer Verwirrung greift sie zwar erst nach der Hand des Hilfspredigers Lundt, weil es die erste ist, die sich ihr hilfreich entgegenstreckt, bald aber wird ihr dieser Irrtum klar und sie flieht entschlossen nach Amerika, sie sucht ein Land, wo die Menschen »nicht gar so anständig und moralisch«, wo sie natürlich sind. Es ist eine gesunde und sittliche Natur, die sich in Dina Torp gegen die konventionelle und heuchlerische Moral aufbäumt, darum findet sie in Martha und Lona bereite Helferinnen, in Martha, deren Leben diese Sitten und Bräuche vernichteten, wie in Lona, die sich gleich Lessings Derwisch im »Nathan« Knall und Fall entschloß, ihr eigener Herr zu leben und so die Rettung fand, welche Dina sucht. Lona Hessel vertritt sozusagen die äußerste Linke, sie ist eine Emanzipierte, vor der alle gutgesinnten, frommen Seelen des Städtchens zurückschaudern, als sie aus Amerika heimkehrt, und schließlich triumphiert sie und bekehrt alle zu sich, nicht bloß Dina und Martha, die von vorneherein mit ihr sympathisieren, auch Bernick und seine Frau. Sie siegt durch die Macht der Wahrheit, die schließlich jeden zwingt. »Eure Gesellschaft«, meint diese Lona zum Konsul, »gleicht einer Gesellschaft von Hagestolzen; die *Frau* seht ihr nicht.« Das Weib ist in diesem Kreis ein Wesen zweiter Ordnung, auf seine Stimme hört man nicht, und erst, als die Moral dieser Leute den jämmerlichsten Schiffbruch erlitten hat, da proklamiert es Bernick als neue Heilslehre: »Ihr Frauen seid die Stützen der Gesellschaft,« aber Lona weist diese Übertreibung ebenso entschieden zurück wie die frühere Unterschätzung. Gerade sie, die verschriene Emanzipierte, ist der Anwalt der Gerechtigkeit und eben sie hat in ihrer aufopfernden Fürsorge für ihren Halbbruder Johann Tönnsen bewiesen, daß auch das in seiner Lebensauffassung freigewordene Weib desselben Opfermutes fähig sei wie irgend ein anderes. Das entscheidende Wort aber, soweit in diesem Stück die Frauenfrage behandelt wird und nur von diesem Gesichtspunkte aus betrachten wir es ja, spricht Dina Torp aus, als sie Johann erwidert: »Ja, ich will die Ihre sein. Doch erst muß ich arbeiten, selber etwas werden – wie Sie. Ich will nicht eine Sache sein, die genommen wird.« Wir erinnern uns sogleich der ähnlichen Wendung, mit welcher Robert Zimmermann das Problem bei Hebbel feststellte. Nicht mehr als Sache geschätzt, als Person geachtet werden: darin liegt der Kernpunkt der Frauenfrage.

Viele werden das übertrieben finden und sagen, auch gegenwärtig werde die Frau in der Ehe um ihrer selbst willen geachtet. Ibsen aber ruft: »Nein, euch ist die Frau nur eine Puppe, die ihr tändelnd schmückt, ein Spielzeug, nicht die Teilnehmerin von all euren Angelegenheiten, die Mitdenkerin all eurer Gedanken, eine Frau aber, die sich als Mensch betrachtet, muß diesen Zustand entwürdigend finden.« Und aus diesem Gedanken erwuchs »Nora«. Schon zehn Jahre früher im »Bund der Jugend« hatte der Dichter Selma Brattsberg verzweifelnd aufschreien lassen: »Wie hat mich nicht gedürstet nach einem Tropfen eurer Sorgen! Aber wenn ich bat, so hattet ihr nichts anderes als einen feinen Scherz, um mich abzuweisen. Ihr zogt mich an wie eine Puppe. Ihr spieltet mit mir, wie man mit einem Kinde spielt.« Damals besaß er jedoch noch nicht den Mut, seine Gedanken bis ans Ende zu denken, aus seinen Prämissen die Schlußfolgerungen unerbittlich zu ziehen und deshalb gab er dem »Bund der Jugend« wie den »Stützen der Gesellschaft« einen sogenannten guten Schluß, wie ihn ein schwachmütiges Publikum fordert, der aber in Wahrheit oft ein schlechter, weil ein dramatisch fehlerhafter Schluß ist. In »Nora« scheute der Autor vor dem unausweislichen Endergebnis nicht mehr zurück. Nora verläßt Helmers Haus; nicht in einem »Puppenheim«, wie das Drama bezeichnenderweise eigentlich heißt, will sie ferner leben, als Spielzeug, sondern in der realen Welt. Diese Nora, die es wirklich über das Herz bringt, von ihrem Gatten zu gehen, ist deshalb von der großen Masse der Durchschnittstheaterbesucher scheel angesehen worden. Sie meinten alle wie Krogstad und wie dann in »Hedda Gabler« Rat Brack: So etwas sagt man wohl, aber man tut es doch nicht. Ein bißchen Emotion wegen leichtsinnig gefälschter Schuldscheine, viel Rührung und endlich allseitige, milde Verzeihung, sobald ein glücklicher Zufall, hier das Eingreifen der Frau Linde, den hartherzigen Gläubiger erweicht oder sonst unschädlich gemacht hat. Das war

man seit Ifflands tränenreichen bürgerlichen Schauspielen gewohnt.
Die meisten Leute können es auch jetzt noch keineswegs begreifen, daß
die Hauptsache in dem Stück gar nicht die 4800 Kronen sind, welche
Nora brauchte, um ihrem Manne die Reise nach dem Süden zu ermöglichen, an der sein Leben hing, und um derentwillen sie die Unter-
schrift ihres sterbenden Vaters auf dem Schuldscheine fälschte, damit
sie ja nur das Geld von Krogstad geliehen erhalte, daß nicht diese
Summe und ihr Fehlen die Hauptsache ist und daß deshalb das Stück
nicht dadurch aus einer Tragödie in eine Komödie verwandelt werden
kann, wenn Dr. Rank das Geld hergibt oder Krogstad freiwillig darauf
verzichtet, wie dies in den ehrsamen Ifflandiaden der Fall ist. Hier aber
handelt es sich nicht so sehr um dasjenige, was Nora tat, als um die
Ursachen ihrer Handlungsweise und auch da nicht um die unmittelbaren, naheliegenden, die Krankheit des Gatten usw., sondern um die
letzten Wurzeln, aus welchen ihr Tun entsprossen ist und abgeleitet
werden muß. Diese aber sind in der durchgängig üblichen Auffassung
des Verhältnisses der Geschlechter zueinander zu suchen und diesen
großen Prozeß führt das Drama in einem Einzelfalle vor. Für Helmer
war seine Frau nie etwas anderes als ein Luxusgegenstand, ein Ge-
nußmittel, in ihrer Ehe hatte sie tatsächlich jene Stellung, welche sie
in der letzten Szene des Dramas schildert, in dieser letzten Szene, welche das ganze Programm Ibsens über die Frauenfrage am bestimmte-
sten ausspricht und welche Ihnen deshalb heute abends vorgeführt
werden soll.[1] »Nora« ist, wie ich glaube, noch bestimmt, einen wichti-
gen Einfluß auf die Entwicklung der Frauenfrage auszuüben, dieses
Stück ist bisher die beste dichterische Tendenzschrift im Kampfe gegen die Hörigkeit der Frau. Nora will anfangs gar nichts sein als das,
wozu sie ihre Erziehung gemacht hat, eine kleine Singlerche, deren
einziger Beruf es ist, ihrem Manne, wie früher ihrem Vater, durch ihr
hübsches Aussehen und die Possen, die sie treibt, zu gefallen, aber alles
ängstlich zu meiden, was ihn ahnen lassen könnte, daß sie auch eigene
Ansichten habe, wodurch sein männliches Selbstbewußtsein sich ge-
kränkt fühlen könnte. Ihre Beschäftigung muß die sein, das rein sinn-
liche Wohlgefallen Helmers wachzuhalten, ihm stets begehrenswert zu
erscheinen. Mit geheimem Schauder denkt sie an die Zeit, wo diese

---

[1] Fräulein Therese Hebbel vom Hofburgtheater, eine Enkelin des Dichters,
verkörperte hiebei die Nora in vorzüglicher Weise, den Helmer stellte Herr
Gustav Nissel, ein Sohn des Dichters der ›Zauberin am Stein‹, Franz Nissel,
dar. Siehe den ›Vorwärts‹ vom 5. Oktober 1890.

Künste nicht mehr vorhalten werden, aber dann hat sie ja noch das Geständnis ihres Opfers für ihn, durch die Aufnahme und Abtragung jener Geldschuld, in der Hinterhand, wie sie zu ihrer Freundin Christine Linde meint, und überdies bis dahin muß das Wunderbare doch eingetreten sein, welches sie längst erwartet. In diesem Harren auf das Wunderbare liegt ein sehr feiner Zug, er zeigt, wie Nora im Laufe der acht Jahre ihrer Ehe zwar kein klares Bewußtsein, aber doch eine Ahnung davon bekommen hat, daß diese Art des Zusammenlebens nicht die rechte Ehe sei. Nur weil es in ihr schon leise dämmerte, kann der Eintritt der Katastrophe sie dann in jener, ihr Wesen von Grund aus verändernden Weise beeinflussen, wie dies die letzte Szene darstellt. Das Benehmen Helmers, das so klein und niedrig ist, wo sie es sich groß und heldenhaft gedacht hatte, es wirkt wie der Blitz, der das Gewölk zerreißt und die nächtliche Landschaft mit schauerlicher Helle beleuchtet. Nora hat gefehlt, aber sie tat es wie ein unerfahrenes Kind, das keine Vorstellung von der wahren Tragweite seiner Handlungen besitzt. Sie spricht über die Gesetze wie Otto Ludwigs knorriger Erbförster, sie ist eben ein Stück Natur wie dieser und vermag nicht mit den Satzungen der Menschen zu rechnen. Wer aber wollte, daß sie so sei und bleibe? Wer anders als der Mann, welcher, als sich das unwissende, der Gefahren unkundige Kind dann verirrt, in roher, fast brutaler Weise über sie herfällt, nur *ihre* Schuld sehend, aber nicht die seine. Er schwärmte ja stets für die weibliche Hilflosigkeit, welche nicht auf eigene Hand vorzugehen versteht und kaum daß die Gefahr vorüber, ist diese alte Schwärmerei auch wieder da. Bitterer, sarkastischer und treffender war die so oft besungene und gefeierte holde Weiblichkeit, welche des Schirmes und Schutzes des überlegenen Mannes bedarf, um sich durch die Welt zu finden, nie *ad absurdum* geführt worden als in diesem Schauspiel. Helmer selbst gibt, als er wieder ruhig ist, weil nichts mehr zu fürchten steht, zu: »Du hast mich geliebt, wie ein Weib seinen Gatten lieben soll. Es fehlte dir nur an der nötigen Einsicht, die Mittel beurteilen zu können.« Aber die einzig richtige Schlußfolgerung daraus zieht er nicht, daß nur eine ganz veränderte Erziehung des Mädchens, eine ganz andere Stellung der Frau ihr diese Einsicht verleihen könne, nein, Nora soll gar nicht einsichtig werden, sie soll bleiben, was sie war, ein unentschlossenes, hilfloses Wesen, dessen Gewissen und Willen der Gatte so repräsentiert. Weil Helmer so denkt, deshalb muß Nora von ihm gehen, um das aus eigener Kraft zu werden, was sie an seiner Seite nicht werden kann, weil sie es nach seiner Ansicht gar nicht werden soll, ein selbst denkender, selbst urteilender Mensch, kein schwaches, unerzogenes Kind. Nora verläßt ihren Mann, mit dem sie nur in sinnlicher Gemeinschaft, nicht in geistiger Ehe lebte, aber sie verläßt auch ihre Kinder, und dies dünkt selbst vielen von denen empörend, die es billigen, daß sie von diesem Gatten scheidet. Was bleibt ihr jedoch sonst übrig? Ihr, welcher der Vater dieser Kleinen wenige Minuten zuvor sagte: »Die Kinder darfst du nicht erziehen; die wage ich dir nicht anzuvertrauen.« Sie fühlt sich ja nicht als gekränkte Heilige, welche empört ob erfahrener Unbill aus dem Hause geht; sie hat das Bewußtsein, keineswegs so zu sein, wie sie sein sollte, sie selbst wagt es nicht, die Kinder zu erziehen. Sehr gut erleichterte Ibsen seiner Heldin diesen Entschluß, indem er uns in den ersten Akten zeigte, wie die Kleinen tatsächlich bei der Kinderfrau, die schon Nora aufgezogen hat, ebenso wohl bewahrt sind, als bei einer wirklichen Mutter, damit fällt jeder Einwand fort. Nora tut, was sie tun muß und gerade diese entschlossene Haltung ist es, welche auf Helmer wirkt und ihn an seinen bisherigen Anschauungen schließlich zweifeln macht. Das drücken die letzten Worte des Stückes aus, das Wunderbarste kann noch geschehen, er und sie vermögen sich voneinander getrennt so umzuändern und zu läutern, daß aus dem Getrenntsein, welches auf ihr Zusammenleben folgt, endlich (als drittes Reich könnte man sagen) die wahre Ehe sich ergäbe.

Besonders bemerkenswert ist übrigens die leise, aber schneidende Ironie, welche in dem Stück in bezug auf die leitende Stellung des Mannes als Schützer seines Weibes und seiner Kinder waltet. Helmer hat sich, als der Moment der Entscheidung kam, nicht fähig gezeigt, Nora die Stütze zu sein, welche sie an ihm erwarten durfte, der Gedanke, sich für sie zu opfern, wie sie felsenfest geglaubt hatte, ist ihm gar nicht gekommen, Christine Linde hingegen wird für Krogstad das, was nach der durchgängig üblichen Ansicht der Mann der Frau sein woll, sie wird ihm die sichere Stütze, an welcher er sich wieder emporrichten kann. Eben Frau Linde aber will nichts von einem faulen Frieden zwischen Helmer und Nora wissen. Der Brief muß Helmer zukommen, in dem Krogstad ihm die Geschichte jenes gefälschten Schuldscheins mitteilt, und so findet ihn Noras Gatte denn, als beide um Mitternacht vom fröhlichen Maskenfest heimkehren – zugleich mit der Visitkarte mit dem schwarzen Kreuz, durch welche sein bester Freund und täglicher Hausgenosse Rank selber sein nahes Ende anzeigt. Ranks Vater tritt in dem Stück nicht auf, aber sein Gespenst geht um, die Krankheit, welcher der Sohn schuldlos erliegt, sie ist ein Erbteil von seinem lebenslustigen Vater, einem Manne, der wohl auch der

Ansicht war, die Frau habe zu schweigen und sich zu fügen. So sehen wir in diesem Drama die falsche Ehe in allen Formen, die unechte Liebesheirat bei Helmer und Nora, die Ehe durch Verkauf in Frau Lindes erster Verbindung, die Ehe des vom Gesetz geschützten Wüstlings bei Ranks Vater, aber der Dichter zeigt auch die erhebende Aussicht auf eine später mögliche, wahre Ehe zwischen Krogstad und Frau Linde, wie zwischen Helmer und Nora.

Als »Nora« der Öffentlichkeit übergeben wurde, entbrannte sofort ein heißer literarischer Streit. Die überwiegende Mehrheit verlangte den »guten Schluß« und erklärte sich daher gegen das Stück, welchem Übertreibungen in jeder Beziehung vorgeworfen wurden. Helmer sei im letzten Akt roh, Nora handle unrecht, ihre Ehe zu lösen, die Figur des Dr. Rank sei widerlich: das waren die drei Hauptbeschuldigungen, welche der Dichter zu hören bekam. Er mischte sich nicht in den Streit der Parteien, sondern antwortete dem Spruch Goethes:

»Bilde, Künstler, rede nicht,
Deine Tat sei dein Gedicht,«

getreu, durch eine neue, noch weit kühnere Tat. Die »Gespenster« erschienen, und ihr Inhalt bewies einerseits, wie unberechtigt die gegen das »Puppenheim« erhobenen Angriffe waren, andererseits wie wenig Ibsen gesonnen erschien, sich durch irgendwelche Beschuldigungen von der betretenen Bahn ablenken zu lassen, wie er vielmehr entschlossen sei, die einmal für wahr erkannten Grundsätze unter allen Umständen und mit unerschütterlicher Festigkeit zu vertreten. Gerade jene Figur, welche man am meisten angefochten hatte, die des Sohnes, welcher die gar zu heitere Lebensauffassung seines Vaters mit einem verpfuschtem Leben, mit dauerndem Siechtum und frühem Tode büßen muß, sie stellte er mit einer gewissen trotzigen Absichtlichkeit in den Mittelpunkt des Werkes. Er trieb dies so weit, daß bei den gereizten Gegnern das Mißverständnis entstehen konnte, als sei wirklich Oswald Alving die Hauptperson und seien demnach die »Gespenster« eine neue Gattung der Schicksalstragödie, in welcher wir einen Theaterabend lang durch den Anblick des Schauspieles gemartert würden, wie ein junger, talentvoller Künstler dem ihm durch Vererbung unabwendbar vorher bestimmten Wahnsinn entgegenwanke. In Wahrheit aber spielt Oswald zwar die zweite, aber nicht die erste Rolle in dem Drama. Sein Geschick ist so wenig die Hauptsache als das seiner natürlichen Schwester Regine Engstrand. Was das Stück uns zu enthüllen hat, das ist die Lebensgeschichte der Frau Alving, diese ist die tragische Heldin und bei ihr folgt die Strafe der Schuld, an ihr erfüllt sich kein vorbestimmtes Los, wohl aber die Frucht ihrer Taten. Alle anderen Personen des Werkes haben nur insoferne Bedeutung, als sie mit dem Geschick dieses Weibes verknüpft sind und sucht man durchaus nach einem männlichen Helden des Dramas, dann wäre dies nicht so sehr Oswald als sein Vater, der die Ursache aller Ereignisse darstellt, welche nun vor sich gehen. Es ist in den »Gespenstern« eben auch ein Gespenst, das den Verlauf der Handlung beherrscht. Vor allem aber muß man daran festhalten, daß die »Gespenster« stets im engsten Zusammenhange mit dem »Puppenheim« zu betrachten sind. Man hatte den Helmer bereits zu roh gefunden, nun zeichnet Ibsen in Leben und Taten des Kammerherrn Alving das Bild eines wirklich rohen Gatten, und erst nachdem dies geschehen war, erkannte man, wie vorteilhaft der Ehemann sich noch in dem Bilde des skrupulös-gewissenhaften, das Durchschnittsmaß bürgerlicher Anständigkeit in seinen Anschauungen sogar übertreffenden Helmer ausgenommen hatte. Der Bankdirektor kannte doch geistige Interessen, wenn er dieselben auch nur mit seinem Freunde, nicht mit seiner Frau teilen wollte, seine Sinnlichkeit war noch durch sein ausgeprägtes Schönheitsgefühl geadelt, in eine höhere Sphäre gehoben. Helmer ist ein Egoist, aber nicht in höherem Grade als die meisten Menschen; seine Moral ist zwar nur eine Scheinmoral, wie die des Pastor Manders; was die Leute dazu sagen werden, ist beider oberstes Sittengesetz, aber wie unendlich höher steht er noch als Hauptmann Alving. Und dabei ist auch dieser keine Ausgeburt der Hölle, kein Franz Moor etwa, sondern ein Mensch, wie ihn jeder kennt, weil er jedem schon begegnet ist, ja noch mehr, der Autor trägt ausdrücklich Sorge dafür, daß seine Lebensweise aus seinem Milieu, den Einflüssen der Erziehung und Umgebung erklärt werde. Er wollte keine absonderlichen Ausnahmen auf die Bühne stellen, was man ihm weit öfter als zutreffend vorgeworfen hat, im Gegenteil, ihm lag daran und mußte daran liegen, ein typisches Menschenschicksal zu zeigen, eine Geschichte, wie sie alle Tage vorkommen kann, uns in der grellen Beleuchtung des Theaters vorzuführen, denn nur so konnte er seinen Zweck erreichen. Den Zuschauer zu tiefem Mitempfinden zu vermögen, ist der Autor nur dann imstande, wenn in seinem Werke bei aller Leben und Frische verleihenden Individualisierung des Falles ein Kern von Allgemeingültigkeit vorhanden ist. Ibsen aber wollte in den »Gespenstern« wie in »Nora« nicht einzelne, unglückliche Ehen schildern, er wollte das Publikum mit fortreißen bei einem grandiosen Sturmlauf gegen die konventionellen Begriffe von der Ehe und der Stellung der

Frau überhaupt, ganz ähnlich wie Ludwig Anzengruber im »Vierten Gebot« und wie vor einem halben Jahrhundert Friedrich Hebbel in »Maria Magdalene«. Besonders die Ähnlichkeit zwischen unserem Wiener Volksdichter und dem ideenschweren Norweger ist unverkennbar. Christine Linde im »Puppenheim« hat sich einem Manne, den sie nicht liebte, als Gattin verkauft, um eine kranke Mutter und zwei kleine Brüder zu retten, Helene hat dem Leutnant Alving ihre Hand gereicht mit der Liebe zu einem andern im Herzen wie Christine, weil ihre Mutter und ihre Tanten sie dazu beredeten, und diese haben sie dazu bestimmt, wie Hedwig Hutterer zu August Stolzenthaler gezwungen wird, weil der Bewerber eine »gute Partie« war. Und wie der junge Priester Eduard Schön im »Vierten Gebot«, so handelt auch Pastor Manders, als er die sich zu ihm flüchtende Frau zu ihrem Gatten zurückzukehren bestimmt. »Du sollst Vater und Mutter ehren«, an diesen Satz in seiner abstrakten Allgemeinheit klammern sich beide Geistliche und beide leiden mit ihm Schiffbruch, weil sie auf dies Bibelwort gestützt, einseitig entschieden und das Recht der Eigenpersönlichkeit mißachteten. Für dieses Recht aber kämpft Ibsen von jeher, daß er es nun auch auf die Frauen ausgedehnt wissen will, ist das charakteristische Merkmal seiner Zeitdramen. Weil man dem Weibe dies Recht, sein Geschick selbst zu bestimmen, verweigern zu dürfen glaubt, deshalb ist die Ehe in so vielen Fällen zu einem Handelsgeschäft erniedrigt worden, bei dem der Mann die Ware, die ihn reizt, ersteht. Verkauft fühlen sich Helene Alving wie Hedwig Hutterer und beide Dichter lassen diese Empfindung eines vernichteten Daseins sich in der allerschärfsten Form aussprechen. Hedwig sagt zu Josefa Schalanter: »Ob an einen oder an mehrere. Verkauft sind wir ja doch beide«, und Frau Alving meint, sie könne keine große Verschiedenheit zwischen ihrer Magd Johanna, der Mutter Reginens, und sich finden als nur den Unterschied im Preise, »lumpige dreihundert Taler und ein ganzes Vermögen«. Helene Alving war von Haus aus nichts weniger als ein Freigeist, aber sie ist allmählich einer geworden, als all' die bitteren Erfahrungen an sie herantraten und Kirche wie Gesellschaft keinen Trost für sie hatten, sondern ihr nur zu williger Unterwerfung unter die eingesetzte Ordnung, nach welcher der Mann fast alle, die Frau fast keine Rechte besitzt, zu raten wußten. Der Mann, den sie liebt und zu dem sie mit dem Aufschrei flüchtet: »Nimm mich hin!«, er geißelt sich selbst, um sie zu ihrer Pflicht und zu ihrem gesetzlichen Gatten zurückzuführen. Der Theologe Manders ist ein Don Quixote der formellen Legalität. Und auch sie selbst, Helene, wird in dem nutzlosen Kampf mit ihrem Gatten endlich soweit stumpf und müde, daß auch sie ihr Opfer des Intellekts bringt und wo die Sache verloren ist, doch den Schein zu retten sucht. Das gelingt ihr. Alle Welt glaubt, Alving habe seine Lebensweise geändert und sei ein Vorbild und Wohltäter für die ganze Gegend geworden, und eben das glaubt auch der Sohn dieser unseligen Ehe, den seine Mutter schon als Kind fortsenden mußte, um ihm diesen Irrwahn von der Vortrefflichkeit seines Vaters einpflanzen zu können. Hier aber tritt die strafende Nemesis in ihre Rechte, welche man sehr mit Unrecht in Ibsens Drama zu vermissen meint; gerade das, was Oswald nach der Absicht seiner Mutter retten sollte, die fromme Lüge zu gutem Zweck, sie verdirbt ihn. Helene log, als sie mit Leutnant Alving am Altar stehend ihr Ja sprach, und diese erste Lüge bezahlte sie mit ihrem Eheglück, sie log wieder, als sie ihrem Sohne sein Ideal des Vaters vordichtete, und diese zweite Lüge zahlt sie mit ihrem Mutterglück. Wäre sie wahr gewesen, hätte sie Oswald rechtzeitig eingeweiht in das Geheimnis ihres Lebens, es wäre möglich, daß er sich vor dem Schicksal zu bewahren vermocht hätte, welches ihn so ereilt. Wenn Frau Alving verzweifelnd neben dem blödsinnig gewordenen Sohne steht, eine Niobe, dann rächt sich eigene Schuld an ihr. Die aufgehende Sonne bescheint die Vernichtung der Lüge: Kammerherr Alvings Asyl haben die Flammen verzehrt und die Lebenslüge, welche Helene ihrem Kinde eingeprägt, hat dieses ins Verderben gestürzt. Über Schutt und Trümmer der alten, zerschmetterten Weltanschauung aber erhebt sich langsam und leuchtend das Gestirn eines neuen Tages. Das Werk der Lüge muß erst vertilgt werden, ehe die Sonne der Wahrheit einem glücklicheren Geschlecht strahlen kann.

Diese Lüge aber findet Ibsen vor allem in den altüberlieferten Anschauungen von dem Verhältnis der Geschlechter zueinander, wonach unter allen Umständen dem Manne die führende Rolle gebühre und Vergehungen, die bei dem einen Teil zu verabscheuungswürdigen Verbrechen gestempelt, bei dem andern als kaum der Entschuldigung bedürftig betrachtet würden. Er fordert die Gleichberechtigung der Geschlechter, er ist einer der allerentschiedensten Verfechter des Rechtes der Frau, ja er geht soweit, für gewisse Fälle dem Weibe sogar die maßgebende Stellung in der Ehe zuzuweisen, und er zeigt uns an zwei charakteristischen Beispielen, wie notwendig dies unter Umständen sein kann. Frau Linde vermag ihren Jugendgeliebten Krogstad vom moralischen Untergange zu erretten, weil sie von vorneherein als gleichberechtigte Genossin neben ihm steht, der er in ihrer Ehe gern ein gewisses leises Übergewicht einräumen wird, Frau Alving kann ihrem Gatten den gleichen Dienst nicht erweisen, weil er sich stets als der geborene Gebieter fühlt, wenn auch als zeitweilig depossedierter, da seine Frau ihm wider seinen Willen die Gewalt im Hause entwindet. Dieser Kammerherr Alving ist derselbe Typus wie der Vater des Dr. Rank, aber auch derselbe wie August Stolzenthaler im »Vierten Gebot«. Es besteht eine auffällige Gleichheit der Schilderung dieser Verhältnisse bei Anzengruber und bei Ibsen, um so merkwürdiger, als zu jener Zeit keiner von ihnen vom andern wußte, und wenn zwei so hervorragende Geister unabhängig voneinander zu ziemlich gleichartigen Ergebnissen kommen, dann spricht dies wohl für die Wahrheit der von beiden vertretenen Ansicht. Nichts fehlt, selbst der von Geburt an krankhaft veranlagte Oswald findet sein Seitenstück in dem kränklichen, lebensunfähigen Kinde der Eheleute Stolzenthaler, und wenn dennoch dieselben Stimmführer des Publikums das »Vierte Gebot« preisen und die »Gespenster« verwerfen, dann haben sie eines der beiden Werke oder noch wahrscheinlicher beide nicht verstanden. Konsequenter schon handelten jene, welche beide Stücke für unmoralisch erklärten und von der Bühne verbannt wissen wollten, eine Ansicht, der auch die in ästhetischen Dingen allerdings nicht ganz kompetente Polizei huldigte, welche seinerzeit das »Vierte Gebot« in Wien und die »Gespenster« in Berlin verbot; Anzengruber mußte erst sterben, die Ibsen-Bewegung übermächtig anschwellen, bis beide Stücke freigegeben wurden. Werke, welche durch eine glänzende Sophistik zur Unsittlichkeit verleiten, werden auf unsern Bühnen gern geduldet, bei solchen jedoch, welche den Teufel schwarz, wie er ist, an die Wand malen und so von Verirrungen abschrecken, erinnert man sich plötzlich der jungen Mädchen, für die so etwas nicht passe. Das ist die Moral der Pharisäer und Zöllner, und wenn man all' diesen Vorkämpfern der »guten Sitte« mit den Worten des Heilands zurufen wollte: »Wer sich frei von Schuld fühlt, der werfe den ersten Stein auf sie«, die Steine würden jetzt wie damals hübsch liegen bleiben. Die richtige Antwort auf alle solche falsche Moral, welche der wahren, ernsten Sittlichkeit den Weg vertritt, hat schon Augier im »Haus Fourchambault« gegeben, wo Bernard auf den Einwurf des Bankiers: »Aber so etwas sagt man einem jungen Mädchen nicht«, erwidert: »So? dann tut man verteufelt unrecht daran.« Der Ansicht ist auch Ibsen, er glaubt, daß es unter jeder Bedingung besser sei, die Wahrheit zu sprechen, als sie um angeblicher Ideale willen zu verheimlichen. Er weiß, daß es keinen gefährlicheren Feind des echten Idealismus gibt als den falschen, der Götzenbildern den Platz einräumt, der nur den Götterstatuen gebührt.

Zu diesem falschen Idealismus zählt er auch die bisherigen Anschauungen über die Stellung der Frau, er will keine ideale Madonnenverehrung für sie, er wünscht, daß ihr statt der sinnumnebelnden Weihrauchwolken, hinter welchen sich letztes Endes doch eine mitleidige Geringschätzung birgt, ihr nüchternes, klares Recht zuteil werde. Ibsens »Nora« wie seine »Gespenster«, sie fordern laut die Anerkennung der gleichen Menschenrechte der Frau.

Alle späteren Dramen Ibsens konnten diesen schon hier so scharf ausgeprägten Standpunkt natürlich nur in neuen Variationen zum Ausdruck bringen. Ich kann mich daher bei diesen Werken auf die, ohnedies durch die mir zur Verfügung stehende Zeit gebotene, gedrängteste Kürze beschränken, denn es ist ja nicht meine Aufgabe, Ihnen hier ein erschöpfendes Bild von Ibsens Dichtungen zu entwerfen, sondern nur sein Verhältnis zur Frauenfrage zu erörtern. Der Kampf gegen die Lüge, den Ibsen auf seine Fahne geschrieben, wird im »Volksfeind« in ernster, in der »Wildente« in satirischer Form fortgeführt. Wie die »Gespenster« die Antwort auf die Angriffe waren, welche »Nora« hervorgerufen, so enthüllt sich in jenen beiden Stücken die Erbitterung des Schriftstellers über die Aufnahme, welche den »Gespenstern« zuteil geworden war. Uns interessiert dabei hauptsächlich die Figur der Petra. In dieser Gestalt hat Ibsen ein Vorbild des jungen Mädchens, wie es seiner Ansicht nach sein soll, geschaffen. Sie raucht keine Zigarren und trägt keine Männerkleidung, kurz, sie ist keine äußerlich Emanzipierte, aber, was viel wichtiger, sie ist innerlich emanzipiert. Ihr Blick reicht weiter, als man es bei den Frauen der alten Schule gewohnt ist, die nur für ihre eigenen Interessen, also für ihre eigene Familie Sinn besitzen. Petra beschäftigt sich mit all' den großen Fragen der Menschheit, welche die Begabteren unter den Männern bewegen, sie hat ihre eigene Meinung und sie hat auch den Mut ihrer Meinung und dieser moralische Mut ist seltener und deshalb höher anzuschlagen als jener der Faust. Sie braucht nicht auf einen Mann zu warten, der die Verpflichtung übernimmt, für sie zu sorgen, sie hat selbst einen Beruf und unterwirft sich freudig den Anstrengungen und Mühen, durch welche sie ihre Selbständigkeit wahrt. Sie verabscheut Heuchelei und Unwahrheit und bricht mit Hovstad, sobald ihr seine niedrigen Beweggründe klar werden. Ein Mädchen der alten Schule würde sich dadurch geschmeichelt fühlen, daß jener um ihretwillen die Sache ihres Vaters zu der seinen mache. Petra empfindet dies als eine herbe Enttäuschung, die ihr Vertrauen zu Redakteur Hovstad vernichtet und ihr den Mann, der sie so erkaufen wollte, verächtlich macht.

Wahr und klar, so ist sie in allen Dingen, fest und entschlossen; die berühmte holde Schwäche und Hilflosigkeit würde man bei ihr vergeblich suchen. Dabei kommt aber kein Wort über ihre Lippen, das auch der strengste Moralist der alten Schule für unweiblich, für emanzipiert im schlechten Sinne halten könnte, und, ohne daß uns dies durch eine Liebesszene gezeigt würde, scheiden wir von ihr mit der sichern Überzeugung, sie, das Kind einer neuen Zeit, habe deshalb keineswegs die Fähigkeit eingebüßt, zu lieben und geliebt zu werden, sie habe die Erweiterung ihres geistigen Gesichtskreises nicht mit der Verengerung ihres Herzens bezahlt, was so viele Schwarzseher als notwendige Folge einer höheren Bildung und größeren Selbständigkeit der Frau darstellen möchten, und wir brauchten den Mann, dem sie einmal ihre Hand reichen wird, deshalb nicht zu bedauern, weil er eine Frau findet, deren Blick nicht auf ihre Kochtöpfe allein gebannt ist und der eine wissenschaftliche Entdeckung interessanter dünkt als das neueste Modejournal.

Ibsen ist aber gerecht, und hat er uns in Petra das Mädchen nach seinem Herzen geschildert, so zeigt er uns in Rebekka West auf Rosmersholm das freigewordene Weib, wie es nicht sein soll. Ich darf hier auf dieses merkwürdige Stück nicht näher eingehen. Zwischen Rebekka und Johannes Rosmer stehen zwei Dinge: Sie hat eine Vergangenheit, darüber könnte er sich noch hinaussetzen, wie er meint, aber sie hat die Frau Rosmers, Beate, systematisch in den Tod gehetzt, sie auf jene Wege gelockt, »die zum Mühlbach führten«, und Johannes »kommt niemals über den Mühlbach«; deshalb enden die beiden lieber vereint. »Die selige Frau hat sie geholt.« Was aber ist der tiefste Grund dieser Vorgänge? Rosmers Ehe mit Beate war keine echte, diese, die Schwester des Rektor Kroll, des Vertreters des Alten und Überlebten, war eine der verschüchterten, zaghaften Naturen, wie sie etwa Alexander Kielland in seinem Roman »Schnee« in der Pfarrersfrau schildert, und wie sie dem alten Ideal der Hausfrau entsprechen mochten, geistige Genossin konnte sie ihrem Manne nicht sein, deshalb fand Rebekka so leicht Zugang zu seinem Herzen, das sie auf dem Umweg über den Kopf eroberte. Das geistesmächtige Weib verdrängt das geistig unentwickelte. Krolls Ansichten sind es, die in seiner Schwester unterlegen sind, und er selbst unterliegt in seinem eigenen Hause. Seine Kinder stehen zu den neuen Ideen, und die geduldige Frau, die er sein Leben lang unterjochte, sie hält es jetzt mit den Kindern. Indem Rosmer und Rebekka durch gemeinsamen freiwilligen Tod ihr Unrecht sühnen, feiert endlich der Geist der Neuerung, der sich damit als ein sittlicher erweist, seinen schönsten Triumpf. So etwa stellt sich dieses Stück dar, wenn man es ausschließlich unter dem Gesichtspunkte der Frauenfrage betrachtet, womit seine weittragende Bedeutung lange nicht erschöpft erscheint.

In erster Linie dieser Frage gewidmet ist, von manchen störenden Wunderlichkeiten abgesehen, »Die Frau vom Meere«. Ellida hat sich von dem Witwer Wangel heiraten lassen, weil sie den angelernten Konventionsbegriffen folgte. »Ich stand ja da, hilflos und ratlos und so ganz allein. Es war ja so selbstverständlich, daß ich einschlug – als du kamst und mir antrugst, mich lebenslänglich zu versorgen.« Seither aber lernte sie anders denken: »Ich hätte mich nicht selbst verkaufen sollen! Lieber die niedrigste Arbeit – lieber das ärmlichste Leben in – in Freiwilligkeit – und nach eigener Wahl!« Dies ist das mit krankhafter Zähigkeit immer wiederholte Leitmotiv der Frau vom Meere. Solange Ellida keinen Willen haben soll als den Wangels, so lange steht sie unter der Macht des stärkeren Willens des unheimlichen Fremden, des Steuermannes, mit dem sie sich einst verlobt hatte und der nun nach vielen Jahren kommt, sie abzuholen. Zugleich lockt sie an diesem eben das Verbotene, und auch dies wirkt stark auf sie ein, daß jener fremde Mann stets betont, nur wenn sie ihm freiwillig folge, nehme er sie. Seit ihr mit Entsetzen klar geworden ist, welches Verbrechen sie an sich selbst begangen, indem sie des Witwers Gattin wurde, um versorgt zu sein, seitdem gilt sie zwar noch für Wangels Weib, aber sie ist es nicht mehr, und in ihren Träumen baut sie sich ein Idol des Mannes nach ihrem Herzen auf, dem sie ganz willkürlich die Züge des Fremden, der schon einmal in ihre Bahn getreten, leiht. Die Freiheit lockt sie mit zwingender Gewalt, sie glaubt dem Fremden folgen zu müssen, aber wie Nebelgewölk vor den Sonnenstrahlen, so zerfließen diese Regungen ins Nichts, sobald Wangel sich den Entschluß abringt, ihr volle Freiheit der Wahl zu lassen. Sobald er sie nicht mehr halten will, weil er ihr gesetzlicher Gatte ist, sobald er nicht mehr für sie entscheiden, sondern sie unter eigener Verantwortlichkeit handeln lassen will, hat er das Herz seiner Frau zurückgewonnen. Nun schwankt Ellida nicht länger, sie bleibt bei ihm, um nun erst ihm Gattin und seiner Hilde Mutter zu werden. Bolette bedarf dessen nicht mehr; sie, in welcher sich der Trieb des modernen Weibes nach Teilnahme an geistigen Fragen besonders stark regt, fand in Arnholm den Mann, der diesem Triebe nach geistiger Selbständigkeit volle Rechnung zu tragen bereit ist. Sie schließt ihre Ehe nicht deshalb, weil sie dadurch auch ihre Versorgung findet, man könnte es vielmehr eine geistige Ehe nennen. Als komische Verkörperung des männlichen Egoismus läuft der Bildhauer Lyngstrand durch das Drama, der allen Ernstes wünscht, die ältere der Schwestern möge sich in ihn verlieben, weil ihm der Gedanke während seiner Studienjahre wohl tun würde, seien diese beendet, dann wolle er sich aber mit der jüngeren verloben, die ihm dann besser dem Alter nach passen könnte. Dieser in seiner naiven Brutalität unübertreffliche Jüngling meint auch, in der Ehe müsse die Frau stets die Gedanken des Mannes annehmen, ganz sein geistiges wie körperliches Eigentum sein. Es ist eine erneuerte und vermehrte Auflage Helmers, die Ibsen in Lyngstrand mit beißendem Spotte persifliert.

Und nun nur wenige Worte über das jüngste Drama unseres Autors. »Hedda Gabler« ist erst vor kaum drei Monaten erschienen und trotzdem hat sich schon ein ganzer Kreis von Mythen und Sagen, ebenso hochtrabenden als falschen Auslegungen gebildet. Gehen wir unbefangen an das Stück heran, so erscheint die Sache klar genug: wie in Lyngstrand der männliche, wird uns in Hedda der weibliche Egoismus kraß vor Augen geführt. Hedda soll nichts weniger sein als ein Frauenideal, vielmehr wird an diesem Beispiel mit schneidender Schärfe gezeigt, wohin die bisher herrschende Methode der Mädchenerziehung mit einer gewissen Notwendigkeit gerade bei begabteren Naturen führt. Wäre die Tochter des Generals Gabler eine Frau gewöhnlichen Schlages, dann brauchte die Versorgungsehe, welche sie mit Jörgen Tesman einging, nicht tragisch zu enden. Hedda aber ist ein wahres Prachtexemplar von moralischen Defekten, die sich alle aus der falschen Bahn, in welche die heutige Gesellschaft die Frau fast gewaltsam hineinstößt, erklären. Der Grundsatz »Dem Reinen ist alles rein« gilt ja nicht, man setzt alles daran, den jungen Mädchen eine Welt vorzumalen, wie sie nicht ist; die aber fühlen wohl den Widerspruch zwischen dem, was man ihnen sagt und dem, was ist. So kommt Hedda dazu mit einer lüsternen Neugier, wie sie etwa einer Petra stets fremd wäre, von Eilert Lövborg durch verschleierte Fragen sich über das berichten zu lassen, was man vor ihr verborgen hält. »Finden Sie es so ganz unerklärlich, daß ein junges Mädchen – wenn es so geschehen kann – so ganz verborgen – daß man dann gern ein wenig hineingucken möchte in eine Welt, um die – um die man nicht Bescheid wissen darf?« Verbotene Früchte schmecken süß. Der Geist der Lüge hat damit Gewalt gewonnen über Hedda Gabler, die nach außen heuchelnd die Naive spielen muß, indes sie eine sündig Wissende geworden ist. Und dieses heimliche, versteckte Wissen vergiftet ihr Wesen und ihre Phantasie. Sie hat vielleicht Talente, aber keinen Weg, um diese zu betätigen, die alte Gesellschaft kennt ja nur eine Art für das Weib, um in die Höhe zu kommen, eine möglichst vorteilhafte Heirat. Dieser strebt denn Hedda mit aller Energie nach, sie will sich verkaufen, aber den erreichbar höchsten Preis erzielen, so wird sie 29 Jahre und begnügt sich schließlich, da nichts Besseres zu haben ist, damit die Frau des trockenen Buchgelehrten Tesman zu werden, weil sie meint, daß dieser Karriere machen werde. Wie ihr in dieser Ehe bald die Augen aufgehen, die grenzenlose Enttäuschung, die über sie kommt, als sie den nüchternen Fachmenschen durch einen genialen Nebenbuhler überflügelt und damit ihre Aussichten auf ein glanzvolles Leben bedroht sieht, das schildert dies Drama mit kalter, boshafter Freude möchte man sagen. Dieser Rivale aber ist Eilert Lövborg, der einzige Mann, den Hedda geliebt hat, soweit sie überhaupt zu lieben vermag. Und Eilert hat in Thea Elvsted die Muse gefunden, welche ihn begeisterte, in dieser kleinen, unbedeutenden Thea, die sich auch erst verkaufte wie Hedda, dann aber den Mut fand, dieser Verbindung, in welche sie mehr hineintaumelte, die nicht wie bei Hedda auf schlau berechnender Absicht beruhte, zu entfliehen, um Lövborg in geistiger Ehe zu folgen. Das ist mehr, als Hedda ertragen kann, und als sie sich gar noch Mutter werden fühlt, da ergeht es ihr wie Ellida im gleichen Fall, das Bewußtsein, welches die Frau mit Stolz und Glück beseelen soll, drückt auf sie als Scham und Schmach. Die ganze Unwahrheit dieser Ehe wird ihr erst recht deutlich, die Erkenntnis, wie sehr sie selbst sich in ihrer Menschenwürde erniedrigte, als sie mit klarem Verstande einem Manne als Weib folgte, der ihrem Herzen ein Fremder war, vernichtet sie. Jörgen kann ihr nichts sein, er ist ihr widerlich von nun ab, in Eilert und Thea haßt sie ihr zerstörtes Leben, vor dem Kinde Jörgen Tesmans schaudert ihr; in diesem krankhaften Zustand, wie ihn übrigens, wenn auch in anderer Weise, schon Hebbel in Maria Magdalene auf die Bühne zu bringen wagte, verbrennt sie schadenfroh das Kind jener geistigen Ehe zwischen Thea und Lövborg, das Manuskript seines neuen Buches. Sie treibt Eilert in den Tod, und schließlich, da Thea und Tesman zusammen an die Arbeit gehen, jenes Buch aus Zetteln und Notizen wieder aufzubauen, als sie ihre volle Überflüssigkeit neben den beiden bemerkt, die Öde eines trostlosen Daseins ihr entgegenstarrt und zu alledem noch die zudringlichen Bewerbungen des Rates Brack – auch ein Prachtstück der männlichen Gesellschaft – hinzukommen, da erfaßt sie Überdruß und Verzweiflung, ein wohlgezielter Pistolenschuß durch die Schläfe endet ihr Leben.

Hedda Gabler enthält durchaus keine Verurteilung der berechtigten Emanzipationsbestrebungen der Frauenwelt, eine Anschauung, die mit allem, was Ibsen in den letzten 15 Jahren schrieb, im Widerspruch stehen würde, dieses Drama, über dessen poetischen Wert ich mich ja hier nicht zu äußern habe, ist vielmehr ein ungemein schneidig geführter Angriff gegen die Stellung, welche unsere Gesellschaft der Frau zuweist, ein Angriff, dem an Schärfe der Kritik, welche dabei an unserer Mädchenerziehung geübt wird, nur noch einige Seiten aus Tolstois »Kreutzersonate« ebenbürtig sind. In Hedda Gabler hat unser Dramatiker gezeigt, wohin die falsche Einschränkung des weiblichen Geschlechtes auf die Familie führen kann, in vielen Fällen führen wird.

Ibsen bekämpft mit rastlosem Eifer die Auffassung der Ehe als einer Versorgungsanstalt, in welcher der Mann als der Brotgeber auch der Herrschende zu sein beanspruchen darf. Er geißelt die Frau, die sich, wie er es immer nennt, ohne Liebe verkauft, auf ihr heiliges Menschenrecht verzichtet, zufrieden ist, Sache zu sein, wo sie Person sein könnte. Diese falsche Ehe, die Kaufehe, greift er an in »Nora« sowohl wie in den »Gespenstern«, in der »Frau vom Meere« wie in »Hedda Gabler«, jenen vier Dramen, die für seine Stellung zur Frauenfrage am bezeichnendsten sind, in welchen diese von allen Seiten beleuchtet wird. Krankhaft und unerquicklich, ja abstoßend und ekelerregend hat man Ibsens Dramen gescholten; alle diese Epitheta treffen auch zu, aber nicht bei dem Autor, welcher die Stücke niederschrieb, sondern bei den Zeitverhältnissen, welche sie ihm diktierten. Ein weicher Arzt macht faule Wunden; ein solcher ist Ibsen nicht, mit glühendem Eisen brennt er unbarmherzig die eiternden Schwären aus. Er will nicht neuen Wein in alte Schläuche füllen, er fordert eine vollständige Umwälzung auf allen Gebieten, vor allem aber auf dem der Frauenfrage. Er ist ein Revolutionär, der vor nichts zurückschreckt, kein tendenziöser Dichter zwar (und nur das wäre ein Vorwurf), aber ein Tendenzdichter. Und die Tendenz seiner Zeitdramen ist die Verteidigung des Rechtes der Frau, er tritt ein für ihre geistige Selbständigkeit, er fordert, daß ihr die Möglichkeit geboten werde, auf eigenen Füßen durchs Leben zu gehen, denn er weiß als ein moderner Dichter, daß die sittliche Selbständigkeit auch durch die ökonomische begründet sein muß. Er zeigt uns all die unheilvollen Ergebnisse der unbedingten Herrschaft des Mannes und wenn uns dies schaudernd inne wird, wie bei den »Gespenstern«, so dürfen wir nicht den Dichter anklagen, der sich in heiligem Zorn aufbäumt gegen die Herrschaft der Lüge, sondern die kranke Zeit, welche die Lüge auf den Thron erhob. Daß Ibsen nicht

nur zerstören, sondern auch aufbauen kann, zeigt die helle und lichte
Gestalt seiner Petra, des Weibes, wie es ihm vorschwebt. Ibsen verficht
das Recht der Frau, weil er überzeugt ist, daß erst, wenn dieses allgemein anerkannt wird, jenes dritte Reich kommen kann, dessen Prophet
er ist, das Reich, in welchem alle übereinstimmen werden mit Lona
Hessel, wo die neue Gesellschaft sich gründen wird auf den Funda-
mentalsatz, der allen Schriften Ibsens die Signatur gibt: »Der Geist der
Wahrheit und der Freiheit – das sind die Stützen der Gesellschaft!«

FRANZ MEHRING

Ibsens »Baumeister Solneß«
(1893)

Am 19. Januar wurde Ibsens neuestes Schauspiel »Baumeister Solneß«
zum ersten Male – nicht nur in Deutschland, sondern überhaupt zum
ersten Male – im Lessing-Theater aufgeführt. Die Aufnahme war eine
geteilte in dem Premierenpublikum, der absonderlichsten und alles in
allem unerquicklichsten Mischung der hiesigen Bourgeoiselemente.
Die einen zischten heftig aus Ärger über diesen querköpfigen Poeten,
der ihnen da allerhand mystisch-unheimliche Dinge auftischte; die andern klatschten heftig, weil es nun einmal eine »geistreiche« Mode ist,
etwas von Ibsen zu bewundern, um so mehr, wenn man es nicht versteht. Am treffendsten spiegelt sich dieser holde Zwiespalt in dem
Leibblatte der hiesigen Bourgeoisie wider, der »Vossischen Zeitung«,
die sich gleich zwei Theaterkritiker hält, um allen geistigen Bedürfnis-
sen ihrer Inserenten zu genügen: einen Verhimmler und einen
Herunterreißer von Ibsen. Jener pries den »Baumeister Solneß« als
eine geniale, psychologische Studie oder so etwas, dieser verhöhnte ihn
als eine ebenso verrückte Schicksalstragödie wie Platens »Verhängnis-
volle Gabel«. Der geistreiche Mann – es ist derselbe, der jüngst die
Schauspieler des Lessing-Theaters schmähte, weil sie vor den Arbeitern der Freien Volksbühne mit Feuer und Hingebung spielen – hält
nämlich Platens blutige Satire auf die Schicksalstragödie selbst für
eine Schicksalstragödie. Das geht beinahe noch über Julian Schmidt,
der den »Schwabenspiegel«, das mittelalterliche Rechtsbuch, für eine
Sammlung lyrischer Gedichte der schwäbischen Dichterschule ansah,
oder über Erich Schmidt, der »Minna von Barnhelm« als eine Verherrlichung des alten Fritz ausposaunt. Aber sie bleiben sich nun einmal

immer gleich, die Leibliteraten der Bourgeoisie, ganz so wie Lassalle sie geschildert hat: »zu jeder bürgerlichen Hantierung zu schlecht, zu ignorant zum Elementarschullehrer, zu unfähig und arbeitsscheu zum Postsekretär und ebendeshalb sich berufen glaubend, Literatur und Volksbildung zu treiben«.

An unserem Teile halten wir es mit Engels, der einmal über die Dramen von Ibsen sagte: »So etwas ziehe ich vor, gründlich kennenzulernen, ehe ich aburteile.« Ìbsen ist der letzte große Dramatiker der bürgerlichen Welt, und es hat schon seine guten Gründe, daß er ein Norweger und kein Deutscher ist. Norwegen ist das Land, das sich nach dem Siege der europäischen Reaktion bei Waterloo allein in unserem Weltteile eine demokratische Verfassung zu wahren wußte, dank dem urwüchsigen Kleinbauern- und Kleinbürgertum, das seit mehreren Jahrhunderten die herrschende Klasse der norwegischen Gesellschaft gebildet hatte.

»Der norwegische Bauer war *nie leibeigen*, und das gibt der ganzen Entwicklung, ähnlich wie in Kastilien, einen ganz andren Hintergrund. Der norwegische Kleinbürger ist der Sohn des freien Bauern und ist unter diesen Umständen ein *Mann* gegenüber dem verkommnen deutschen Spießer.«[1] So Engels, der damit in treffender Weise den Unterschied bloßlegt zwischen den bürgerlichen Klassen von Deutschland, die ihren eigentümlichen Charakter von Beschränktheit und Feigheit, von Hilflosigkeit und Unfähigkeit zu jeder Initiative durch den Dreißigjährigen Krieg und die ihm folgende Zeit erhalten haben, und den bürgerlichen Klassen von Norwegen, die niemals gewaltsam in überlebte Zustände zurückgeworfen sind und durch Jahrhunderte sich in normalem Zusammenhange mit ihren ökonomischen Produktionsbedingungen auch geistig entwickelt haben. Freilich hatte diese kleinbürgerliche Welt, die der Entwicklung der großen Industrie, die der Börse und allen sonstigen Hebeln der Kapitalkonzentration keinen Raum bot, auch einen geistig beschränkten Horizont, eben den Horizont eines Kleinbauern- und Kleinbürgertums; was darüber hinaus lag an geistigen Anregungen und Interessen, das konnte zunächst nur als künstlich eingeführte Treibhauspflanze gedeihen. Aber je mehr die moderne Produktionsweise auch Norwegen in ihre Kreise zog, um so tiefere Wurzeln schlugen die fremden Reiser in dem noch frischen und jungfräulichen Boden. Dies ist der Grund, weshalb sich in Norwegen

[1 Vgl. Friedrich Engels, Brief an Paul Ernst vom 5. 6. 1890. In: Marx-Engels Werke. Bd. 37. Berlin 1967, S. 411–413.]

und den skandinavischen Ländern überhaupt – daneben auch in Rußland, wo unter wesentlich andern tatsächlichen Vorbedingungen sich doch ebenfalls die Bourgeoisie kräftig entwickelt – eine letzte, in ihrer Art klassische Periode der bürgerlichen Literatur entfaltet hat.

Gerade das dichterische Schaffen von Ibsen ist vorbildlich für die Embryologie der norwegischen Literatur. Er hat, unterstützt freilich dadurch, daß er frühzeitig den beschränkenden Verhältnissen seines Heimatlandes entrann und einen großen Teil seines Lebens im Auslande, namentlich in Deutschland, zubrachte, in abgekürztem Verfahren die wechselnden Phasen der bürgerlichen Literatur im neunzehnten Jahrhundert durchlaufen: erst die Romantik, dann den kleinbürgerlichen Radikalismus, endlich all den Hypnotismus, Mystizismus, Spiritismus, in dem die großbürgerliche Gesellschaft von Europa den St. Veitstanz ihrer Auflösung vollzieht. Nur einer dieser Phasen, ihrer widerwärtigsten und namentlich in Deutschland am wildesten aufgewucherten, ist der kräftige und knorrige Poet immer fern geblieben: der Liebedienerei vor dem Despotismus und dem Kapitalismus. Höchst bezeichnend dafür ist das wenig bekannte Gedicht »Ballonbrief«, das er im Dezember 1870 aus Dresden in seine skandinavische Heimat sandte. Zerniert von »schweren deutschen Phrasenhelden, die sich prahlend heiser schreien mit der ewigen Wacht am Rhein«, lebte Ibsen in trauriger Einsamkeit:

> Wenn ich schau' die Hoffnungsminen
> Unsrer Zukunft roh gesprengt;
> Wenn Verzweiflung mich umfängt
> Auf des schönsten Traums Ruinen.

Ein Dichter, ein Seher, sagte er seinem zweiten Vaterlande voraus:

> Grad' im Sieg liegt der Verlust
> Und das Schwert wird bald zur Rute.

Er spottete bitter der Tagesgötzen, die der Sturm bald mit Schichten von Sand bedecken werde:

> Denkt, wie die ägyptischen Götter
> Sitzen starr als Memnonssäulen,
> Ohne Klang, ein Sitz der Eulen,
> Mythenhaftes Ziel der Spötter.

Und abermals ein Dichter, ein Seher, erkannte er, daß sich in diesem Reiche der Waffen die rauhen Arbeitslarven nicht zu Schmetterlingen entpuppen würden:

Seide können sie wohl spinnen,
Doch sie sterben auch darinnen.

Die Übersetzung von Passarge, nach der wir zitieren, ist mittelmäßig genug, aber selbst in dieser fadenscheinigen Hülle wiegt der »Ballonbrief« zehnmal die ganze deutsche Kriegspoesie des Jahres 1870 auf.

Wir können uns hier nicht ausführlicher bei der ersten romantischen Periode Ibsens aufhalten, als sein mächtig gärendes Talent noch wesentlich unter fremdem, nicht zuletzt auch deutschem Einflusse stand, bei seinen mittelalterlichen Historien und den faustisch-mystischen Dichtungen »Brand« und »Peer Gynt«. Sie sind auch schon, ebenso wie die Dramen von Ibsens zweiter, bürgerlich-radikaler Periode, im Jahrgang 1885 der »Neuen Zeit« ausführlich besprochen. Aber über diese zweite Periode müssen wir wegen ihres engen Zusammenhanges mit der dritten, die im »Baumeister Solneß« gipfelt, noch einige Worte sagen. »Nora«, die »Stützen der Gesellschaft«, der »Volksfeind«, auch noch die »Gespenster« sind die dramatischen Meisterwerke, die Ibsens Namen am längsten erhalten werden. Hier steht er ganz auf seinem mütterlichen Boden; er ist der geniale Sprecher eines alten, kernigen, kräftigen Kleinbürgertums, das seine Herde mannhaft, aber hoffnungslos gegen das mit kapitalistischer Wucht hereinbrechende Mittel- und Großbürgertum verteidigt. Es ist wenig oder nichts damit gesagt, wenn man diese Dramen wegen ihres Pessimismus preist oder verurteilt. So ein ideologisches Schlagwort gewinnt erst wirklichen Inhalt und Sinn, wenn man den sozialen Untergrund prüft, den es im gegebenen Falle hat. In allen untergehenden Klassen greift der Pessimismus mehr oder weniger um sich, aber im einzelnen Falle kommt es immer darauf an, *welche* Klasse und *wie* sie untergeht. Der Pessimismus des deutschen Spießbürgers Schopenhauer ist ganz etwas anderes als der Pessimismus des norwegischen Kleinbürgers Ibsen. Bei all seiner Größe ist Ibsen ein bürgerlicher Dichter; er sieht und kann keine Rettung sehen vor dem Untergange seiner Klasse, insofern ist er Pessimist und muß Pessimist sein; der herbe Ausgang seiner »Nora« ist viel wahrer als der versöhnende Schluß der sonst so vortrefflichen »Stützen der Gesellschaft«, wo der profitwütige Kapitalist nach allen möglichen gelungenen und versuchten Schandtaten zu den ehrenfesten Sitten des Kleinbürgertums zurückkehrt – mit Worten nämlich. Der norwegische Kleinbürger empört sich und kämpft, während der deutsche Spießbürger sich duckt und duldet. Dieses Kampfelement gibt den Werken von Ibsens zweiter Periode eine so mächtige dramatische Spannung. Mit wie sicher treffendem Hasse geißelt er die alles vergiftende Lüge, die im Gefolge der Bourgeoisie heranzieht, das feile Strebertum in der Politik, die Entwürdigung der bürgerlichen Ehe, wie wenig schont er seine eigene Klasse, wo sie sich von dem hereinbrechenden Goldstrome blenden läßt und in kurzsichtiger Verblendung in ihn untertaucht. Aber wie weiß er auch die im Untergange noch kämpfenden Elemente seiner Klasse mit sicherer Hand zu pakken und zu gestalten! Welche Prachtweiber seine Lona und Nora, welch Prachtkerl sein »Volksfeind« Stockmann! Und wo Ibsen selbst in den Illusionen seiner Klasse befangen ist, wo er, wie in den »Gespenstern«, sich den sozialen Zusammenhang der Dinge nach kleinbürgerlicher Art durch ein angebliches Naturgesetz verschleiert, da schöpft er das Vererbungsmotiv ungleich freier und gründlicher aus als seine deutschen Nachahmer, die es zur reaktionärsten Schrulle entseelen und sich dabei noch wunder was für Revolutionäre dünken.

Die »Gespenster« leiten in die dritte Periode Ibsens über, die durch »Rosmersholm«, die »Frau vom Meere«, »Hedda Gabler« und namentlich »Baumeister Solneß« gekennzeichnet wird. Der Boden des Kleinbürgertums verschwindet unaufhaltsam, und eine Flut von Sünden bricht immer unwiderstehlicher mit der kapitalistischen Sintflut herein. Ibsen ist ein bürgerlicher Dichter, und über den Bannkreis der bürgerlichen Gesellschaft kann er nicht hinaus; was ein ökonomischer Prozeß verschuldet, den er nicht versteht und nicht verstehen kann, das schiebt er dunklen und unerforschlichen Gewalten zu, die den Menschen zum Spielball ihrer Launen machen. So wandelt sich Ibsens kampffreudiger Pessimismus in einen visionären um. Ibsen wird immer »verrückter«, sagen die satten Geldsäcke und ihre literarischen Soldschreiber, die wenig ahnen, wie entsetzlich der Verwesungshauch einer untergehenden Gesellschaft auf die tausend feinen Nerven eines großen Dichters fällt. In dieser dritten Periode seines Schaffens ist Ibsen weit mehr ein europäischer als ein norwegischer Poet; er wird vermutlich mehr gelesen in England, Frankreich und namentlich in Deutschland als in seiner skandinavischen Heimat, wo das Kleinbürgertum noch am wenigsten untergraben ist. Wer schon in den drückenden Kerker des Kapitalismus eingesponnen ist, aber ihm entweder nicht entfliehen kann oder nicht entfliehen mag, der sucht in dem Ibsen der dritten Periode seinen Tröster.

In Deutschland hat man diesen Ibsen oft mit Nietzsche verglichen. Ja, einige verkannte und deshalb sehr verdrießliche Genies aus Gründeutschland haben aus Ibsen und Nietzsche einen Wunderbalsam zusammengebraut, den sie obendrein noch als unfehlbaren Sozialistentod feilbieten, als »reines Mittel« gegen die »Herdentiere« usw. Und insofern mag zwischen Ibsen und Nietzsche eine gewisse Ähnlichkeit bestehen, als beide an der Fäulnis der bürgerlichen Gesellschaft erkrankt sind und in vierdimensionalen Regionen verzweifelt nach allerlei neuem und wunderbarem Gemenschel suchen. Aber so besteht auch ein kleiner Unterschied zwischen Nietzsche und Ibsen. Nietzsche ist ein wildgewordener Stubenhocker, Ibsen ein genialer Poet, der fest in seinen Bauernschuhen steht und sich mancherlei Wind hat um die Nase wehen lassen. Nietzsche träumt von »freien, sehr freien Geistern«, die, jenseits von Gut und Böse, die Masse ihrer Mitmenschen ausbeuten und unterdrücken, schinden und verstümmeln und dazu sprechen: das ist die Gerechtigkeit selbst; Ibsen dagegen zeigt uns, daß diese Kraftmeier des Kapitalismus tatsächlich brutale und feige Lümmel sind, boshafte Geschäfts- und Haustyrannen, die alle von ihnen ökonomisch abhängigen Menschen mit den plumpsten Mitteln niederhalten, schielende Neidhammel, die den Kampf mit jeder wirklichen Kraft wie die Pest scheuen, unfähige Großmäuler, die im günstigsten Falle einmal einen hysterischen Backfisch hypnotisieren, und wenn sie von diesem Opfer nun bis aufs Blut gequält werden, eine kindische Großtat zu vollbringen und ein von ihren Arbeitern erbautes Turmgerüst hinaufzuklettern, mit Hängen und Würgen das entsetzliche Wagnis versuchen, aber nun auch den Hals brechen bei einem Beginnen, das für jeden der von ihnen ausgebeuteten Proletarier zur täglichen Beschäftigung gehört. Mit Nietzsche im Leibe kann man bismärckischer Packund Preßknecht werden; Ibsen aber bleibt auch in seinen Visionen ein Mann und schildert das ekle Zerrbild kapitalistischer Übermenschheit im – »Baumeister Solneß«.

Damit wären wir bei Ibsens neuestem Schauspiele endlich angelangt, aber nun wüßten wir auch nicht, was noch viel darüber zu sagen wäre. Mag die bürgerliche Kritik an dem rätselhaften Baumeister herumrätseln, sie versteht ihn nicht und darf ihn auch gar nicht verstehen; wehe dem Unglücklichen, der es zufällig verstände und dies Geheimnis nicht in seines Herzens innersten Schrein verschlösse! Für uns darf es genügen, die Stellung zu untersuchen, die Ibsens neuestes Schauspiel in dem sozial-psychologischen Entwicklungsgange des Dichters einnimmt. Dann gibt es kein Rätsel mehr oder vielmehr: es hat nie eins gegeben.

Die Darstellung des Schauspiels im Lessing-Theater war im Ganzen und Großen gelungen. Was ein Meister der realistischen Schauspielkunst aus einem visionären Übermenschen, der im Grunde ein ganz kleines Schufterle ist, nur immer machen kann, das machte Emanuel Reicher aus dem Baumeister Solneß. Vortrefflich war der erste Akt; in einer Reihe fesselnder Szenen enthüllte sich der angebliche Titan als boshafter Peiniger der in Geschäft und Haus von ihm abhängigen Menschen. Aber der zweite und dritte Akt, in denen ein verrücktes Frauenzimmer den Schwindler, der am Schwindel leidet, nach langem Sträuben auf das Baugerüst des von seinen Arbeitern erbauten Turmes hinaufschwatzt, ermüdeten auf die Dauer. So viel irres Gerede um das bißchen Kletterei! Dazwischen läuft dann noch manch schönes und tiefes Wort unter; auch fehlt es nicht an ansprechenden Strichen feiner Seelenmalerei, aber die fieberhaften Phantasien gehen weit über das Maß hinaus, das die Bühne verträgt. Wir überlassen abermals der bürgerlichen Kritik, zu untersuchen, ob ein symbolischer Sinn in diese Phantasien hineingeheimnißt worden sein soll. Ibsen ist kein Grübler, sondern ein Dichter; er hat sein neuestes Drama in Jammer und Not und Schmerzen geboren; er raunt und stammelt mit dunkeln Lauten vom Untergange einer Welt, die er nur noch hassen, aber doch nicht lassen kann. Von diesem Trauerspiel im Schauspiele merkte das Premierenpublikum der Bourgeoisie freilich nichts. Das klatschte und zischte und verbiß sich mit der Cliquenwut der Blauen und Grünen im Zirkus von Byzanz, derweil sich das Hirn seines letzten großen Poeten in düsterem Brande verzehrte.

Hugo von Hofmannsthal ( = Loris)

## Die Menschen in Ibsens Dramen
(1893)

Man ist wohl nie in Versuchung gekommen, einen Vortrag zu überschreiben: von den Menschen in den Dramen Shakespeares, oder Otto Ludwigs, oder Goethes. Ebensowenig als »Über die Menschen im wirklichen Leben«. Der Titel würde gar nichts sagen: es gibt ja dort nichts als Menschen, plastische, lebendige Menschen, die sich handelnd und leidend ausleben, und in diesem Ausleben liegt alles. Sonst wird nichts gewollt und nichts vorausgesetzt. Bei Ibsen hat sich die Diskussion, haben sich Begeisterung und Ablehnung fast immer an etwas außerhalb der Charakteristik Liegendes angeknüpft: an Ideen, Probleme, Ausblicke, Reflexionen, Stimmungen.

Trotzdem gibt es in diesen Theaterstücken auch Menschen, das heißt, wenn man genauer zusieht, einen Menschen, Varianten eines sehr reichen, sehr modernen und sehr scharf geschauten Menschentypus. Außerdem Hintergrundsfiguren, flüchtige Farbenflecke für den Kontrast, Explikationsfiguren, die den Haupttypus kritisieren und Details hinzufügen, und Parallelfiguren, in die einzelne Züge der Hauptfigur projiziert sind, die gewissermaßen eine grell beleuchtete Seelenseite des ganzen Menschen darstellen.

So weit die beiden Individualitäten auch voneinander abstehen, es ist ganz dieselbe Erscheinung wie bei Byron: hier wie dort diese eine durchgehende Figur mit dem Seelenleben des Dichters, mit den inneren Erlebnissen, die sich nie verleugnen, ein wenig stilisiert, ein wenig variiert, aber wesentlich eins. Dort hieß sie Manfred, Lara, Mazeppa, Tasso, Foscari, Childe Harold, der Giaur, der Corsar; sie hatte einen etwas theatralischen Mantel, verzerrte Züge, einen gewaltigen Willen und die Rhetorik heftiger und melancholischer Menschen, sie war eigentlich ein sehr geradliniges, einfaches Wesen. Hier heißt sie Julian der Apostat, Photograph Ekdal, Peer Gynt, Bildhauer Lyngstrand, Dr. Helmer, Dr. Brendel, Dr. Rank oder Frau Hedda, Frau Ellida, Frau Nora. Sie ist gar kein geradliniges Wesen; sie ist sehr kompliziert; sie spricht eine nervöse hastige Prosa, unpathetisch und nicht immer ganz deutlich; sie ironisiert sich selbst, sie reflektiert und kopiert sich selbst. Sie ist ein fortwährend wechselndes Produkt aus ihrer Stimmung und ihrer eigenen Kritik dieser Stimmung.

Alle diese Menschen leben ein schattenhaftes Leben; sie erleben fast keine Taten und Dinge, fast ausschließlich Gedanken, Stimmungen und Verstimmungen. Sie wollen wenig, sie tun fast nichts. Sie denken übers Denken, fühlen sich fühlen und treiben Autopsychologie. Sie sind sich selbst ein schönes Deklamationsthema, obwohl sie gewiß oft sehr wirklich unglücklich sind; denn das Reden und Reflektieren ist ihr eigentlicher Beruf: sie sind oft Schriftsteller: Kaiser Julian trägt das Kleid der Weisheitslehrer und schreibt kleine, anspruchsvolle und pedantische Broschüren; Hjalmar Ekdal und Ulrich Brendel werden wahrscheinlich nächstens ein epochemachendes Werk herausgeben, und Ejlert Lövborg hat sogar schon eines geschrieben; oder sie sind müßige, nervöse und schönsinnige Frauen, wie die Frau vom Meere und die andere, die in Schönheit gestorben ist. Sie ermangeln aller Naivetät, sie haben ihr Leben in der Hand und betasten es ängstlich und wollen ihm einen Stil geben und Sinn hineinlegen; sie möchten im Leben untersinken, sie möchten, daß irgend etwas komme und sie stark forttrage und vergessen mache auf sich selbst. Es ist in ihnen ganz die Sehnsucht des Niels Lyhne: »Das Leben ein Gedicht! Aber nicht so, daß man immer herumging und an sich selbst dichtete, statt es zu leben. Wie war das inhaltslos, leer, leer, leer: dieses Jagdmachen auf sich selbst, seine eigene Spur listig beobachtend ... dieses Zum-Spaß-sich-Hineinwerfen in den Strom des Lebens und Gleich-wieder-Dasitzen und Sich-selbst-Auffischen in der einen oder der anderen kuriosen Vermummung! Wenn es nur über einen kommen wollte – Leben, Liebe, Leidenschaft –, so daß man nicht mehr dichten konnte, sondern daß es dichtete mit einem.« Dieses Rätselhafte, das kommen soll und einen forttragen und dem Leben einen großen Sinn geben und allen Dingen neue Farbe und allen Worten eine Seele, hat vielerlei Namen für diese Menschen.

Bald ist es das »Wunderbare«, wonach sich die Nora sehnt; für Julian und für Hedda ist es das Griechische, das große Bacchanal, mit adeliger Anmut und Weinlaub im Haar; oder es ist das Meer, das rätselhaft verlockt, oder es ist ein freies Leben in großartigen Formen, Amerika, Paris. Alles nur symbolische Namen für irgendein »Draußen« und »Anders«. Es ist nichts anderes als die suchende Sehnsucht des Stendhal nach dem »imprévu«; nach dem Unvorhergesehenen, nach dem, was nicht »ekel, schal und flach und unerträglich« in der Liebe, im Leben. Es ist nichts anderes als das verträumte Verlangen der Romantiker nach der mondbeglänzten Zauberwildnis, nach offenen Felsentoren und redenden Bildern, nach irgendeiner niegeahnten Märchenhaftigkeit des Lebens.

Sie leben in kleinen Verhältnissen, in unerträglichen, peinlichen, verstimmenden, gelbgrauen kleinen Verhältnissen, und sie sehnen sich alle fort. Wenn man ihnen verspricht, sie weit fortzubringen, rufen sie aus: »Nun werde ich doch endlich einmal wirklich leben.« Sie sehnen sich fort, wie man sich aus grauem, eintönigem, ewigem Regen nach Sonnenschein sehnt. »Mich dünkt«, sagt der oder jener, »wir leben hier nicht viel anders als die Fische im Teich. Den Fjord haben sie so dicht bei sich, und da streichen die großen wilden Fischzüge aus und ein. Aber davon bekommen die armen zahmen Hausfische nichts zu wissen; sie dürfen nie mit dabei sein.« Es muß doch eine neue Offenbarung kommen, sagen sie, oder eine Offenbarung von etwas Neuem.

Es ist in diesen Verhältnissen ungeheuer viel Klatsch und ungeheuer viel irritierende Kleinlichkeit und Monotonie. In »Kaiser und Galiläer« gibt es Hofintrigen und Gelehrtenintrigen, Bureauklatsch und Stadtklatsch. In der »Hedda Gabler« weiß um 10 Uhr morgens schon die ganze Stadt, daß Ejlert Lövborg in der Nacht schon wieder betrunken war. Im »Volksfeind« und in den »Stützen der Gesellschaft« ist der Klatsch sogar das Hauptmotiv: »Was wird der Buchdrucker sich denken, und was wird der Gerichtsrat sagen, und was wird der Rektor urteilen.« In solchen Verhältnissen verliert man mit sinnlosen Widerwärtigkeiten so viel Zeit, daß man leicht auf den Gedanken kommt, sein ganzes Leben versäumt zu haben. In »Peer Gynt« ist eine rührende Szene, wo den alten Mann sein ganzes ungelebtes Leben, die ungedachten Gedanken, die ungesprochenen Worte, die ungeweinten Tränen, die versäumten Werke vorwurfsvoll und traurig umschweben. Bevor sie anfingen unter solchen Verhältnissen zu leiden, haben fast alle diese Menschen eine verwirrende, halb traumhafte Kindheit durchlebt, wie in einem Märchenwald, aus der sie heraustreten mit einem unstillbaren Heimweh und einer isolierenden Besonderheit, wie Parzival in die Welt reitet im Narrenkleid und mit der Erfahrung eines kleinen Kindes. Diese Kindheit Parzivals im Wald Brezilian hat für meine Empfindung immer etwas sehr Symbolisches gehabt. Dieses Aufwachsen in einer dämmernden Einsamkeit unter traumhaften Fragen nach Gott und Welt, auf die eine kindlich-traumhafte Mutterantwort folgt, das ist eigentlich das typische Aufwachsen in der dämmernden, rätselhaft webenden Atmosphäre des Elternhauses, wo alle Dimensionen verschoben, alle Dinge stilisiert erscheinen; denn Kinderaugen geben den Dingen einen Stil, den wir dann vergebens wiederzufinden streben: sie stilisieren das Alltägliche zum Märchenhaften, zum Heroischen, so wie Angst, Fieber oder Genialität stilisieren. In solch einem Wald Brezilian, der ein Puppenheim ist, sind sie alle aufgewachsen: Nora und Hedda bei kranken und exzentrischen Vätern, Hjalmar bei hysterischen Frauen, den Tanten, Julian in der schlechten Luft eines byzantinischen Klosters, Peer Gynt bei der phantastischen halbverrückten Mutter, und so fort. Aus dieser Kindheit haftet ihnen immer etwas so eigentümlich Verträumtes an; sie denken scheinbar immer an etwas anderes als wovon sie reden; sie sind eben alle Dichter, oder eigentlich sensitive Dilettanten. Sie haben viel von Kaiser Nero und viel von Don Quijote; denn sie wollen auch Gedichte ins Leben übertragen, ob selbsterfundene oder anempfundene ist ja gleichgültig. Einige haben sich resigniert daran gewöhnt, nicht mehr an das Wunderbare zu glauben, das von außen kommen soll. Sie glauben an die unendlichen Möglichkeiten des Wunderbaren, die im Menschen selbst liegen: sie glauben an den schöpferischen, verklärenden, adelnden Schmerz. Das ist ein persönlicher Lieblingsglaube von Herrn Hen-

rik Ibsen: er glaubt, daß das Wunderbare in den Menschen dann auf-
wacht, wenn sie etwas sehr Schweres erleben ...

Sie haben auch das Spielen mit den wachen, den lebendigen Worten, das so sehr eine Dichtereigenschaft ist: gewisse Worte scheinen für
sie einen ganz anderen Sinn zu haben als für die gewöhnlichen Menschen: sie sprechen sie mit einem eigenen Ton, halb Wohlgefallen, halb
Grauen aus, wie heilige, bannkräftige Formeln. Sie haben untereinan-
der Zitate und geflügelte Worte, auch wenn sie nicht zufällig eitle
Sophisten sind wie Kaiser Julian, der sich immer selbst zitiert. Sie sind
auch um ihre Abgänge sehr bekümmert: sie lieben das arrangierte
Sterben; wenn sie nicht mit Zitaten aus Seneca umsinken, wie die Prin-
zen in einem jugendlichen Drama Shakespeares, so liegt wenigstens in
der Situation eine leichte Pose. Mir fällt das traurige Wort eines jungen Mädchens aus der guten Gesellschaft ein, die ein paar Wochen vor
ihrem Tod mit elegantem Lächeln sagte: »Après tout, le suicide calme,
c'est la seule chose bien aristocratique qui nous reste.« Das könnte fast
die Frau Hedda gesagt haben oder der Doktor Rank; auch die kleine
Hedwig stirbt nicht naiv. Und Julian, nach einem Leben voll Enttäu-
schungen, kann nicht sterben, ohne an den Effekt zu denken: »Sieh
dies schwarze Wasser«, sagt er zu seinem Freund, »glaubst du, wenn
ich spurlos vom Erdboden verschwände und mein Leib nirgends gefunden würde und niemand wüßte, wo ich geblieben wäre – glaubst
du nicht, daß sich die Sage verbreiten möchte, Hermes wäre zu mir
gekommen und hätte mich fortgeführt, und ich wäre in die Gemeinschaft der Götter aufgenommen?«

Wie nahe stehen wir hier der Manier des Nero, jenes wirklichen und
höchst lebendigen Nero, den Renan aus den Details des Petronius, des
Sueton und der Apokalypse zusammengesetzt hat: ein mittelmäßiger
Künstler, in dessen Kopf Bakchos und Sardanapal, Ninus und Pria-
mus, Troja und Babylon, Homer und die Fade Reimerei der Zeitgenossen irr durcheinanderschwankt, ein eitler Virtuos, der das Parterre zit-
tern macht und davor zittert, ein schöngeistiger Dilettant, der durch
eine Smaragdbrille den Leichnam seiner Mutter ästhetisch betrachtet,
hier lobend, dort tadelnd, und dem in seiner eigenen Todesstunde
nichts als literarische Reminiszenzen einfallen. Er erinnert sich, daß er
Rollen gespielt hat, in denen er Vatermörder und zu Bettlern herab-
gekommene Fürsten darstellte, bemerkt, daß er das alles jetzt für seine
Rechnung spiele, und deklamiert den Vers des Ödipus:

θανεῖν μ̓ ἄνωφε σύγγαμος, μήτηρ, πάτηρ.

Weib und Mutter und Vater heißen mich sterben!

Dann redet er griechisch, macht Verse, bis man plötzlich das Geräusch herankommender Reiterei hört, die ihn lebendig fangen soll. Da ruft er aus:

»Dumpfes Geräusch von eilenden Rossen erschüttert das Ohr mir!«

und empfängt von einem Sklaven, der den Dolch herabsenkt, den Todesstoß »in Schönheit«.

Kein Wunder übrigens, daß zwischen jenem Julian und diesem Nero eine solche Verwandtschaft besteht; sie sind beide bis zu einem geringen Grade Selbstporträts ihrer Dichter, zweier geistreicher Weisheitslehrer des neunzehnten Jahrhunderts.

Die Erziehung des Nero in dem rhetorischen Seminar des affektierten Seneca, des Virtuosen der Anempfindung, hat mit der unserigen viel Verwandtschaft; und das hübsche Wort, das Seneca über seine Zeit gesagt hat, »Literarum intemperantia laboramus«, könnten alle diese literarischen Dilettantenmenschen der Ibsen-Dramen in ihre Tagebücher schreiben und so kommentieren: »Mein Leben hat mich nirgends fortgerissen und getragen; mir fehlte die Unmittelbarkeit des Erlebens, und es war so kleinlich, daß ich, um ihm Interesse zu geben, es immer mit geistreichen Deutungen, künstlichen Antithesen und Nuancen ausschmücken mußte.« Dieses Dekorieren des gemeinen Lebens, diese schöne und sinnreiche Lebensführung, die nur in ihrer Terminologie ein wenig an die der protestantischen Erbauungsbücher gemahnt, dieses starke, alles absorbierende Denken an das »eine Notwendige«, dieses harte und herbe Betonen der Pflichten gegen sich selbst bringt je nach den Figuren zweierlei endgültige Konzeptionen des Lebensproblems mit sich: einmal das symbolische Sich-Isolieren, das nervöse Bedürfnis, Abgründe ringsum sich zu schaffen, das Alleinbleiben des Volksfeindes, das Einsamwerden auf Rosmersholm, das Hinauslaufen der Nora in die Nacht; oder man bleibt im Leben und zwischen den Menschen stehen: aber als der heimliche Herr, und alle anderen sind Objekte, Akkumulatoren von Stimmungen, Möbel, Instrumente zur Beleuchtung, zur Erheiterung, zur Verstimmung oder zur Rührung. So behandelt Herr Helmer seine Frau und seinen Freund Rank. Die Frau ist ein Spielzeug, eine hübsche, graziöse Puppe, die er in Gesellschaft führt, dort läßt er sie Tarantella tanzen, sammelt die Lobsprüche ab und führt sie wieder fort, ob sie will oder nicht; und wie sein

Freund sich versteckt, um still zu sterben, wie ein verwundetes Tier, sagt er: »Schade, er mit seinen Leiden und seiner Vereinsamung gab gleichsam einen schönen, bewölkten Hintergrund ab für unser sonnenhelles Glück.« Noch hübscher aber ist es in einem anderen Stück, wo eine Gruppe von drei Menschen sich wechselseitig so als Ding und Stimmungsobjekt behandelt; ich meine den kranken Bildhauer Lyngstrand und die beiden jungen Mädchen, die Stieftöchter der Frau vom Meere: der hoffnungslos kranke Mensch spricht von seiner bevorstehenden Reise nach Italien und nimmt der älteren von den zwei Mädchen das Versprechen ab, immer aus ihrer eintönigen, armen Existenz heraus an ihn zu denken. Wozu eigentlich? »Ja, sehen Sie«, sagt er, »so zu wissen, daß es irgendwo auf der Welt ein junges, zartes und schweigsames Weib gibt, das still umhergeht und von einem träumt . . .«

Er findet das ungeheuer »anregend«.

Dabei interessiert er sich aber eigentlich gar nicht für sie, sondern für die Jüngere, eine halberwachsene, sehr gescheite kleine Person.

»Wenn ich wiederkomme«, sagt er zu ihr, »werden Sie ungefähr im selben Alter sein wie Ihre Schwester jetzt. Vielleicht sehen Sie dann auch aus, wie Ihre Schwester jetzt aussieht. Vielleicht sind Sie dann gleichsam Sie selbst und sie sozusagen in einer Gestalt . . .«

Hilde spielt mit dem Gedanken, daß der Mensch, der ihr das alles sagt, nie mehr wiederkommen wird, weil sie weiß, daß er sterben muß. Ihr macht dieser Flirt vor der Türe des Todes ein eigentümliches Vergnügen. Sie fragt ihn, wie sie sich in Schwarz ausnehmen würde, ganz in Schwarz, mit einer schwarzen Halskrause und schwarzen, matten Handschuhen . . .

»So als junge, schöne trauernde Witwe, nicht?«

»Ja«, meint sie, »oder eine junge trauernde Braut.«

Sie findet wieder *den* Gedanken ungeheuer anregend.

Diese resignierten Egoisten, wie Hjalmar, Helmer und Hilde, und die Pathetisch-Isolierten, wie Stockmann oder Nora, sind für meine Empfindung nur Stadien ein und desselben inneren Erlebnisses, und diese verschiedenen Menschen sind nichts als der eine Ibsensche Mensch in verschiedenen Epochen der Entwicklung. Alle Ibsenschen Menschen repräsentieren nichts anderes als eine Leiter von Seelenzuständen, die zum Beispiel der eine Julian schon alle im Keime hat und durchlebt. In jedem Stücke wird eine Idee, das heißt, eine Seite des großen Grundproblems, besonders betont und in französischer Manier mit viel Räsonnement durchgeführt.

Und das Grundproblem ist, glaube ich, immer das eine, wesentlich undramatische: Wie verhält sich der Ibsensche Mensch, der künstlerische Egoist, der sensitive Dilettant mit überreichem Selbstbeobachtungsvermögen, mit wenig Willen und einem großen Heimweh nach Schönheit und Naivetät, wie verhält sich dieser Mensch im Leben? Wie, wenn man ihn binden und zwingen will und er ist schwach und hilflos gestimmt? – Nora.

Oder wenn man ihn zwingen will und er ist stark und hochmütig gestimmt? – Stockmann.

Oder man läßt ihm Freiheit und die Qual des Wählens? – Frau vom Meere.

Oder er ist arm und hätte gemeinmenschliche Pflichten? – Hjalmar.

Oder er hat alle Macht der Welt? – Julian.

Oder er ist unrettbar krank? – Oswald Alving.

Oder er ist überspannt erzogen worden? – Hedda.

Ich glaube, die Antwort ist sehr einfach: eigentlich hat er zwischen den Menschen keinen rechten Platz und kann mit dem Leben nichts anfangen. Darum geht er manchmal sterben, wie Julian, Rosmer, Hedda. Oder er »stellt sich allein«, was fast dasselbe ist: Nora, Stockmann. Oder er lebt weiter, einsam zwischen den Menschen, in selbstsüchtigen Kombinationen ihr heimlicher Herr: Hjalmar, Helmer, Hilde ... in hochmütiger Resignation und enttäuschter Kühle, ein zerbrechliches, künstliches Dasein. –

Inzwischen ist der »Baumeister Solneß« erschienen. Das ist eine wunderliche Mischung von Allegorie und Darstellung realen Lebens. Wie wenn Bauernkinder bei Nacht in ausgehöhlte Kürbisköpfe Lichter stecken, die durch das gelbrote dünne Fleisch scheinen, so scheint hier die allegorische Bedeutung durch hohle, menschenähnliche Puppen. Man hat das ganze Stück geistreich und gewiß nicht unrichtig als eine symbolische Darstellung von Ibsens innerer Entwicklung, von seinem Künstlerverhältnis zu Gott, zu den anderen und zu sich selbst aufgefaßt. Der Künstlermensch, der große Baumeister, steht in der Mitte zwischen den beiden Königen aus den »Kronprätendenten«. Denn die Könige bei Ibsen sind auch Baumeister und die Baumeister Könige; oder alle beide Dichter, königliche Baumeister der Seelen. Baumeister Solneß steht also zwischen dem König Hakon und dem König Skule. Er hat das dämonische Glück wie der eine, und wird von Zweifeln zernagt wie der andere. Er hat das Ingenium, den eingeborenen Beruf, das Baumeistertum von Gottes Gnaden, das Recht und die Pflicht, sich durchzusetzen, wie der geborene König Hakon, »der mit dem Königsgedanken«; und er hat die Kleinheit und die Angst und die Gewissenqual und die Sehnsucht nach Kraft und Leichtigkeit des Lebens, wie der König Skule, der kein Recht hat, König zu sein. Wie diese Könige und Baumeister, so sieht der Künstlermensch aus, von innen gesehen; und die Karikatur davon ist Hjalmar und Julian. Neben dem schaffenden Künstler steht das fordernde Leben, das spöttische, verwirrende. So steht neben dem zweifelnden Baumeister die Prinzessin Hilde. Es ist die erwachsene kleine Hilde, die Stieftochter der Frau vom Meere. Der Baumeister hat ihr einmal ein Königreich versprochen, und das kommt sie jetzt fordern. Wenn er ein geborener König ist, muß ihm das ja ganz leicht sein. Wenn nicht, so geht er einfach daran zugrunde. Und das wäre ja ungeheuer anregend. Ihr Königreich liegt, wie das der Nora und der Hedda, im Wunderbaren. Dort, wo einem schwindlig wird. Dort, wo eine fremde Macht einen packt und fortträgt. Auch er hat in der Seele diesen Zug nach dem Stehen auf hohen Türmen, wo es im Wind und in der dämmernden Einsamkeit unheimlich schön ist, wo man mit Gott redet und von wo man herabstürzen und tot sein kann. Aber er ist nicht schwindelfrei: er hat Angst vor sich selbst, Angst vor dem Glück, Angst vor dem Leben, dem ganzen rätselhaften Leben. Auch zu Hilde zieht ihn Angst, ein eigenes, verlockendes Grauen, das Grauen des Künstlers vor der Natur, vor dem Erbarmungslosen, Dämonischen, Sphinxhaften, das sich in der Frau verkörpert, mystisches Grauen vor der Jugend. Denn die Jugend hat etwas Unheimliches, einen berauschenden und gefährlichen Hauch des Lebens in sich, der rätselhaft und ängstigend ist. Alles Problematische, alles zurückgedämmte Mystische in ihm erwacht unter ihrer Berührung. In Hilde begegnet er sich selbst: er verlangt das Wunderbare von sich, aus sich heraus will er es erzwingen und dabei zusehen und den Schauer fühlen, »wenn das Leben über einen kommt und mit einem dichtet.« Da fällt er sich tot.

- - - - - - - - - - - - - - - - - - - - - - - - - - - -

Ich glaube nicht, daß diese halb geistreiche, halb leichtfertige Art, die Dramen Ibsens zu zerpflücken und durcheinanderzuschütteln, ihnen wirklich schaden kann. Man kann ja nicht zwischen ihnen herumgehen wie zwischen wirklichen Menschen in lebendiger Luft, wie in der Shakespearewelt vom Markt durch den Schloßhof in des Königs Betstube, und von da durch das lärmende Bankett die Treppen hinab und an der Wachtstube vorbei, an der Schenke, an des Friedensrichters Haus, am Kreuzweg, am Friedhof ... aber man geht durch die reiche und schweigende Seele eines wunderbaren Menschen, mit Mondlicht, phantastischen Schatten und wanderndem Wind und schwarzen Seen, stillen Spiegeln, in denen man sich selbst erkennt, gigantisch vergrößert und unheimlich schön verwandelt.

Alfred Kerr

Der Ahnherr.
Zur Vorgeschichte des neuen deutschen
Dramas
(1896)

I.

Es war vor einem Jahrzehnt.

Also zwanzig Jahre nach dem Tode von Hebbel und Otto Ludwig. Fünfundzwanzig Jahre nach dem Tode Kleist's. Ein Jahrhundert nach der hamburgischen Dramaturgie, dem Götz, den Räubern.

Um diese Zeit gleicht die deutsche Dramenkunst einer Stute, welche auf den Hengst wartet. Ihre Säfte stauen sich dick und träge. Die edle Rennerin läuft nicht. Soll das stockende Blut rascher kreisen, so muss eine Hengst-Individualität sie bespringen. Sie muss umgewühlt, umgerüttelt, umgeliebt werden. Doch woher? Was um sie herumscharwenzt, ist von lächerlicher Unkraft. Es sind verkappte Wallache. Das Droschkenpferd L'Arronge; das angejahrte Circustier Lindau; der dikke Krippensetzer Lubliner, welcher vorspiegelt, hüpfen zu können; das wollige Pony Blumenthal, das die andren Pferde hinten beisst, um vorzukommen; das Schlachtross Wildenbruch, das auf jambischen Tritt eingeritten ist; der dürre Falbe Wilbrandt; der grelle Schecke Richard Voss mit dem exaltierten Sattel. Und die andren. Verkappte Wallache!

Wenn man bei dem Pferdegleichnis bleiben will, sieht man gegenüber drei jüngstdeutsche Rosse. Von der Farbe des Borstwischs. Es sind nur drei, aber gewiehert haben sie für fünfundsiebzig. Der Bleibtreu geht auf den Hinterhufen mit gesträubtem Schwanz und überschlägt sich vor Grossartigkeit. Der M. G. Conrad thut es mit fürchterlichem Aufhauen. Der Alberti tänzelt immer in der vordersten Reihe, und, merkwürdig, dieses Pferd kräht wie ein Hahn. Alle drei gehn auf die Stute los mit den mannbarsten Absichten. Aber . . . sie reichen nicht herauf. So muss sie weiter warten.

Bis endlich aus Norwegen der grosse Beschäler kommt, den sein Weg zufällig vorbeiführt. Er sprengt sie fast. In ihrem Innern kehrt sich das Unterste zu oberst. Und wenn die Wirkung auch nicht ganz so phänomenal ist wie vor hundert Jahren, da der grosse Zuchthengst aus England über sie kam, – jetzt läuft sie wieder gottseidank.

Im Ernst gesprochen: am Beginn der belangvollen Entwicklung, welche das neue deutsche Drama genommen hat, steht Henrik Ibsen. Er steht dort, obwohl diese Entwicklung etwas Selbständiges geworden ist. Ihre Früchte sind nicht ibsen'sch, sondern von eigner Art. Wenn man will: deutsch. Wie es oft die Mutter ist, deren Züge die Kinder tragen. Wie auch Ibsen die Züge seiner halbdeutschen Mutter nicht verleugnet, was hinreichend oft betont worden ist. Wie ohne Hebbel und Ludwig auch er vielleicht weniger wäre, als er geworden ist.

Er bleibt für uns ein grosser Anreger; der Ahnherr nicht eines einzelnen Dramas, aber einer ganzen dramatischen Epoche. Und wer diese Epoche auf ihre Ursprünge verfolgen will, wird nicht umhin können, die deutschen Geschicke des seltnen Mannes zu prüfen. Er wird ihre Geschichte zu schreiben haben. Bis zu dem Punkt, wo der Umschwung in Deutschland eintritt.

Das ist noch nicht sieben Jahre her.

## II.

Ibsen sagte vor kurzem, in Deutschland habe sein Schaffen das beste Verständnis gefunden und die wirksamste Förderung nach aussen. Mag sein, dass hier die Wiege seines Weltrufs stand. Aber dieses Verständnis, das heut ziemlich scharf entwickelt ist, war es nicht immer. Das zeigen im Anfang die komischen Vergleiche mit Björnson, in denen Björnson als Sieger hervorgeht und Ibsen die Rolle eines recht beachtenswerten, aber minderen Mitstrebers spielt. Björnson ist »der bedeutendere und kräftigere«, er ist der »grössere Rival«, vereinigt »mit einer Meisterschaft des Lokalkolorits, die nur aus der Versenkung ins Volkstum hervorgehen kann, eine imponierende Strenge des sittlichen Ernstes und eine bewunderswerte Schärfe in der Individualisierung der Gestalten«. Ibsen jedoch ist »schon etwas geschmeidiger«; in seiner Art »leichthin von der Kenntnis französischer Bühneneffekte beeinflusst«. So urteilt ein deutscher Dramaturg, der sonst nicht unüberlegt ist und von Shakespeare bis zu Paul Lindau das moderne Drama mit etwas metaphysischen Blicken verfolgt. Auch Oskar Blumenthal, der Kritiker, weiss zuversichtlich, dass Björnson in gewisser Hinsicht der Konsequentere, Ibsen aber »biegsamer und schwächer« ist. In den meisten Kritiken der ersten Zeit steht Björnson im Vordergrunde.

Wir halten heut die beiden Männer nicht mehr für vergleichbar. Der eine ist ein Steller von Ewigkeitsperspektiven, der andere mehr ein Nützlichkeitsarbeiter. Der eine ein stummer abseitiger Betrachter, der andre ein lautes Genossenschaftswesen. Der eine abgeschlossen wie Juda, der andre proselytenbehaglich wie das Christentum. Der eine auf nie begangenem Grat das Besondere und Abgestufte suchend, der andre im redlichen Thal getrost im Besitze des Allgemeineren, Unverwickelten. Beide haben in Wahrheit nicht mehr gemein, als ein Denker mit einem Agitator.

Aber als Agitator hat sich Björnson auch für Ibsen bewährt. Zufällig und unbewusst, indem er in Deutschland sein Vorreiter wurde. Und darum ist er hier zu nennen. Wer die litterarischen Einflüsse der siebziger Jahre verfolgt, sieht, wie die deutsche Darstellung des Fallissements mit einem starken Schlage erhöhte Teilnahme für das skandinavische Drama weckt. Das Fallissement ist der eigentliche Ausgangspunkt. Vorher schon haben die Meininger »Zwischen den Schlachten« gespielt. Und hier tritt Björnson, »ein norwegischer Dichter unsrer Tage« wie Frenzel damals erläutert, zum ersten Mal als Dramatiker vor die Deutschen. Es ist 1874. Das Sverre-Stück zu spielen erscheint der Kritik noch als ein »kühnes Wagnis«, alles darin berührt sie fremdartig, fast beklemmend in seiner schweigsamen Knappheit. Die Theaterwirkung auf die Hörer ist nicht sonderlich anhaltend. Immerhin: in einer Zeit, wo grade »Mein Leopold«, Lindau's »Diana«, Wilbrandt's »Gracchus« und Mosers »Ultimo« auf den Brettern standen, musste hier von sprödem Trotz und starrer Urkraft, die da oben zu holen seien, eine dämmernde Vorstellung erwachen; von einer ernsteren und schrofferen Dichtungsmacht. Aber wenn den Heutigen der Gebirgsbauer Björnson noch geniessbarer ist als die soziale Familienmutter Björnson: damals war es umgekehrt. Das Fallissement feiert in Deutschland Triumphe; Björnson hat damit »den bahnbrechendsten Erfolg von allen seinen skandinavischen Poetengenossen unleugbar« errungen. Das Stück hat, wie eine andre Stimme sagt, »gewaltig durchgeschlagen«. Und wirklich, wenn uns heut die erziehsame Trivialität dieser hygienischen Dichtung mit dem Motto »Ehrlich währt am längsten« an Nieritz mahnt: damals musste hier ernstes Erfassen eines gesellschaftsethischen Stoffs bewundert werden. Der deutschen Dramatik musste ein erster Hinweis erwachsen, in minderer Salontändelei und minderer Possenbiederkeit wesentlichen Verhältnissen wahrhaft auf den Leib zu rücken.

Erst durch das Fallissement war der Boden für Ibsen bereitet. Ein paar Jahre später erringt er seinen ersten starken Erfolg in Berlin.

## III.

Ibsen war vor diesem Erfolg in Deutschland eingezogen. Am Burgtheater wurde um den Beginn des Jahres 1876 die nordische Heerfahrt aufgeführt. Und die Meininger spielten in Berlin die »Kronprätendenten«. Damit wurde die Bekanntschaft Ibsens deutschen Zuschauern vermittelt. Das Wälsungenstück hinterliess keine Furchen. Die süddeutschen Hörer konnten sich an diese reduzierten Gottriesen im geringsten nicht gewöhnen. Aber dramatisches Leben, gewaltige Menschenkonturen und knappe Wucht wurden von der Kritik dem Drama zugestanden. Spasshaft ist das mehrfach auftauchende naive Lob, Ibsen treffe sehr gut die landschaftliche Lokalstimmung des Nordens. Eine Anerkennung, die auch Blumenthal spendet. Wie er auch in jeder einzelnen Szene Ibsens eine vollere Ader der Poesie strömen sieht, als in Wagners gesamten vier Götterdramen. Dagegen sieht dieser Kritiker dann in dem Prätendentenschauspiel eitel Haupt- und Staatsaktion, welche der Dichter »durch die grellen Märchenmittel der Sensationsromane nicht eben wertvoller gestaltet hat.« Von der schon damals tiefbohrenden Gewalt der Charakteristik, die in Skule, der hamletischen Zwitterseele, einen Gipfelpunkt findet, wird noch nichts gemerkt. Man sieht in dem Drama ein belebtes Geschichtsbild aus dem norwegischen Mittelalter und nicht mehr. Gerade die subjektiven Teile, in denen Menschlicheres über das Pragmatische ragt, scheinen störend empfunden worden zu sein. Immerfort wird die Buntheit und der Reichtum der Bilder gerühmt. Kurz: das eigentlich Ibsensche an diesem Werk wird nicht erkannt. Es wird nur siebenmal gespielt, weil die theatralische Wirkung, »das Durchschlagende«, wie es heisst, ausbleibt. Karl Frenzel aber, der anfangs für Ibsen eintritt ohne zu ahnen, welche Schlange er an seinem Busen nährte thut damals den Ausspruch, die Kronprätendenten »machen uns mit einem hervorragenden Dichter bekannt.« Freilich seien sie kein dramatisches Meisterwerk.

Die Aufführung beider Dramen scheint für Ibsens Vordringen in Deutschland unwesentlich. Nur eben, dass auf seinen Namen eine vorübergehende Aufmerksamkeit gelenkt wird; nur eben, dass ein gewisses Grauen vor nordisch unbehauener Kraft, wie es schon Björnson geweckt, von neuem über den Rücken berlinischer Litteraten rinnt. Die erste vorübergehende Wandlung schaffen die Stützen der Gesellschaft.

Durch dieses Schauspiel wird Ibsen ... zwar nicht volkstümlich. Aber einen grösseren Kreis hauptstädtischer Theaterbesucher gewinnt er für sich. Das Stück wird eine Zeit lang auf drei berliner Bühnen zugleich gespielt, in drei Uebersetzungen, der Erfolg ist »ungeheuer«. Nach dem Bericht eines akademischen Zeugen hat ihn von den späteren Dramen »auch nicht annähernd« eins gefunden; es kann sich hier bloss um die Extensität nicht um die Intensität der Wirkung handeln. Einen starken Eindruck zu machen, war freilich dieses, noch halb im Alten steckende Schauspiel eines erfahrenen Bühnenkenners sehr angethan. Das rein theatralische Moment musste wirken, welches der harmlosen Einfalt des Fallissements vielfach überlegen war. Und wenn Björnsons Stück unbedingte Zustimmung gefunden hatte, musste hier immerhin eine gewisse Erregung entstehen. Man musste es wohl als die Wahrheit empfinden, was verkündet wurde; aber sie war um so vieles schärfer. Auch Björnson hatte einen Niedergang gesehen und einen Niedergang geschildert; aber er war ein Satiriker mit Bäffchen. Ibsen, der zwar den letzten Heilsweg gleichfalls offen liess, musste von andrer Rasse erscheinen. Hier war, trotz dieses rettenden Ausgangs, ein Torpedo unter die Arche gelegt. Dass man aus dem Schiffbruch des zersprengten Gefährts noch aufs Trockene kam, mochte ein Trost für artige Kinder sein: der Schiffbruch war das Wesentliche. Hier trat ein Feind auf, viel herber, beissender, rücksichts-freier als Björnson. Hier war Heuchelei unendlich tiefer aufgespürt; nicht nur die verzeihlich auf den Geschäftskredit gehende; sondern die intimere, zwecklose, allgemein-seelische, die beengende, christelnde Erbärmlichkeit, die Luft und Licht stiehlt; die pharisäisch gegen die Schwachen ist und auf dem Bauche kriecht vor dem Einfluss. Hier waren die einflussreichen Vorbilder in Splitternacktheit entkleidet. Hier wehte auch hinreissend, ein frischer Wind, denn wo Björnson nur Wahrheit gegeben hatte, standen hier Wahrheit *und Freiheit*. Der treue Björnson hatte die Unredlichkeit eines Kaufmanns angegriffen: Ibsen griff eine ganze Gesellschaft an mit ihren Kaufleuten, ihren Priestern, ihren Frauen, ihrer Gemeinnützigkeit, ihrem Glauben, – mit ihren Grundlagen.

So musste sein Drama stärkere Wellen schlagen. Über die dramatische Gewalt waren die Meinungen einig. Die bange Erwartung, welche das Blut fast stocken lässt; der »Reichtum« der Handlung (damals eine Bedingung für das Lob); die sittliche Hoheit; die ausbrechende Kraft gewisser Szenen: es findet freigebigen Beifall. Aber fast einstimmig getadelt wird, dass Bernick in seiner Beichte nicht vollständig ist und gerade wesentliche Punkte weglässt. An seine Besserung glaubt man nicht, und in dem tröstlichen Schlusse wird – ohne sonderliches Unrecht – eine leidige Nachgiebigkeit gefunden. Immerhin: das Hauptergebnis dieser Aufführungen ist ein Sieg Ibsens. Man steht eine Zeit lang zu ihm. Er ist jetzt ein bekannter Faktor, aus dem Dunkel nordischer Frühzeit in modernes Freilicht getreten, und eine gewisse Spannung richtet sich auf sein zukünftiges Schaffen.

So wenigstens scheint es. Bei näherem Zusehn erkennt man, dass von einer dauernden Wirkung auf die Masse keine Rede ist; sie hat bald vergessen wie immer. Und die deutschen Dramatiker thun es ihr nach. Man braucht nur die Bühnenleistungen jener Zeit zu betrachten und sieht: weder das Fallissement noch Ibsens Drama haben die Spur einer Spur hinterlassen. Lindau dichtet damals Tante Therese und den Johannistrieb, Herrig einen Alexander, Kruse eine Rosamunde, Lubliner eine Frau ohne Geist, Wildenbruch einen Harold, Greif einen Nero, L'Arronge den Doktor Klaus, die Hillern ihre Geyer-Wally, und Moser Krieg im Frieden. Der alte Gemütschwindel, die alten Salonlappalien, die alten Kindereien und die alten Jamben. Hier war der ganze trübe Inhalt unserer Bühne. Nicht Wildenbruchs strammeres Epigonentum, nicht Lindaus Modernitätsvorspiegelungen konnten sie auf eine höhere Stufe heben. Dick war das Fell der deutschen Autoren, zäh war die Schlafsucht des deutschen Publikums. Der erste grosse Vorstoss Ibsens musste, trotz allen vorübergehenden Glanzes, als ergebnislos gelten.

Aber eine kleine Gemeinde hegte sein Banner.


## IV.

Es verstrich eine verhältnismässig kurze Zeit. Im November 1880 kam der zweite Stoss. Ein Zufall, der Wille einer Künstlerin, brachte »Nora« auf die Bühne. Gelesen hatte man dieses Drama schon. Oder um einen Gewährsmann reden zu lassen, der am schmalzigen Stil leicht kenntlich wird: »In den eleganten Meinungskämpfen der Salons (er spricht von Berlin) wurden ihre Schicksale einen Winter hindurch diskutiert, und es blieb schliesslich der Gesellschaft nichts übrig, als sich durch die Lektüre damit vertraut zu machen.« Als sich nun die Gesellschaft, nach den eleganten Meinungskämpfen, damit vertraut gemacht hatte, geriet die Heftigkeit des Streits durch jene Aufführung auf den Höhepunkt. Es war kein Wunder. In dem letzten Stück hatte man einer Kriegserklärung zugejubelt, die im Grunde gegen eine andere Gesellschaft als die unsere ging; vieles war durch das Medium der Analogie gefühlt worden. Jetzt war die klare Empfindung da, dass es sich um die eigene Sache handelte; eine zugleich eigenste und allgemeinste. Für eine langsam wachsende Bewegung war mit einem Schlage der Typ geprägt. Bernicksche Verbrechen hatten auch nicht die Bedeutung der Helmer'schen. Eine Schiffsladung Menschen in den Tod zu senden – es kam wohl vor. Doch einem Weibe so sein bestes menschliches Teil vorenthalten – das kam jeden Tag vor. Die deutlich kriminalistische Schuld des Konsuls musste verblassen vor der halb unbewussten Schuld des Advokaten. Das grobe Verbrechen vor dem minder greifbaren anmutigen Verbrechen. Das Raubtierhafte vor der zärtlichen Seelenknechtung. Hier war die grössere Gefahr. Nora, die Lerche, wurde als ein misswachsenes Opfer herkömmlicher Selbstsucht enthüllt. Und gerade die Lerchen – das scheint wichtig – bevölkern damals die deutsche Bühne. Es sind die Lerchen, von denen die Tantiemegeier leben. Was Wunder, dass nun die Erregung zwei Welten ergreift: die private wie die litterarische; die bedrohten Ehemänner so stark wie die bedrohten Dramatiker. Im Parkett wird gezischt, und am Schreibtisch wird gezischt.

Die Kritik zeigt sich dem Drama gegenüber so ahnungslos wie selbst später kaum jemals: wahrscheinlich ist in Berlin kein Ibsen'sches Stück böser missverstanden worden als Nora. Da man die drückende Empfindung hat, bei alledem vor einem verblüffenden Bühnenwerk zu stehen – das heimischen Szenenmeistern allein durch seinen Bau ein Vorwurf ist – erwächst aus dem Gemisch von Nichtverstehen und Groll die kritische Stimmung, deren typischen Ausdruck Paul Lindau hergiebt.

Er ist ein Lerchenzüchter. So bekundet er durch einen Temperamentsaufwand, der bei ihm ungewöhnlich ist, seine innere Erregung. Was ihn an dieses Drama fesselt, ist der »Fall Nora Helmer«. Er fingiert als eine Gerichtsverhandlung, in der Nora blos zu einem Tag Gefängnis verurteilt wird: wegen einfacher Urkundenfälschung ohne gewinnsüchtige Absicht. Nora wäre damit eine Märtyrerin, keiner der Freunde des Hauses würde die »unglückliche Frau« deshalb geringer schätzen oder die Familienehre angetastet finden. Ja, eine lose Ehe müsste dadurch fester geknüpft werden. Kurz, alles könnte eintreten, blos nicht Entfremdung und Loslösung, die Ibsen eintreten lässt. Sehr bezeichnend für diesen Geist, wenn er bekennt, dass »wir« nur solange folgen, als die gefährliche Urkunde in den Händen des gefährlichen Menschen ist. Sobald das Dokument unschädlich geworden ist und Ibsen dem Hörer zumutet, die Zertrümmerung der Ehe anzusehen,

steht der Zuschauer vor einer »Unbegreiflichkeit, die ihn den Kopf
schütteln macht und *die die beiden Helden um alle Sympathieen, die
sie sich bisher gewonnen hatten, bringt.*« Die »beiden« Helden und die
verlorenen Sympathieen: es ist wie aus dem Musterbuch. Es zeigt die
ganze Kluft zwischen einer untergegangenen Ästhetik und unserem
Kunstempfinden haarscharf. Unterhaltsam wirkt es zu beobachten,
wie Lindau dem Bankdirektor im Herzen am nächsten steht. Er tritt
ein bischen für Helmer ein. Helmers Verhalten sei erklärlich, wenn
auch die Brutalität seines Auftretens schwerer verzeihlich scheint.
Nora dagegen hat es durch ihre Abwandung bei dem Kritiker ver-
spielt. Auch wohl Ibsen. »Und das sollen wir glauben, das sollen wir
wohl gar grossartig finden?« Warum benimmt sich Nora so kindisch;
sie verdient ja als Kind behandelt zu werden. Davon, dass sie gerade
als Produkt gewisser Zustände geschildert werden soll, hat dieser Ra-
damanthys keine Ahnung. Zugleich regt sich der Bourgeois in ihm.
Nora ist ein heitrer Cumpan für's Leben. Sie ist eine Person, »die das
Dasein des geplagten Mannes mit Rosen bestreut. Und ist das eine der
Frau so vollkommen unwürdige Aufgabe?« Muss die Frau an allem
Anteil haben und »kann man sich nicht denken, dass die Aufgabe der
Gattin schon recht würdig gelöst ist, wenn sie durch ihr heiteres an-
regendes Wesen dem Mann in den Musestunden –« und so weiter.
Man sieht: es giebt von diesem Kritiker zu diesem Kritisierten keine
Brücke. Nora wird dem Richter Lindau in ihrer Kinderei zuletzt »im
äussersten Sinne antipathisch«. Sie meint vielleicht, wiederholt er
streng, dass es grossartig ist, was sie thut, – »es ist einfach unverzeihlich und widerwärtig abschreckend.« In der Mitte des dritten Akts
zeigt sich zudem ein »starker Verstoss gegen die Komposition des
Kunstwerks« – so belehrt dieser Kenner Ibsen – denn es beginnt ein
neues Schauspiel, das Publikum aber sei nicht so elastisch, um nach
mannigfachen dramatischen Vorgängen zuletzt eine Wandlung mit-
machen zu können. Lindau »muss« das Schauspiel »als ein in sittlicher
Beziehung sehr bedenkliches bezeichnen.« Dass Helmer auf Noras lä-
cherliche Verirrung nichts mehr erwidern kann, dass sie den Sieg da-
vonträgt und »das Schlachtfeld verlässt, nachdem sie den stärkeren
Gegner zu Boden geworfen hat, dass der Unsinn siegt und *die Ver-
nunft untergeht*,« das ist unsittlich. Auch einen praktisch-dramaturgi-
schen Ratschlag bekommt Ibsen. Das »ohnehin so peinigende Schauspiel« erscheint »der Erhellung durch eine freundliche Episode so bedürftig«, – die Rank-Episode ist darum ein Fehler.

Dreiste Ahnungslosigkeit neben dünn gesätem vagem Lob (auch Lindau liess einige Höflichkeiten fallen) bot die gesamte berliner Tageskritik. Am rüdesten und leichtsinnigsten schimpfte Oskar Blumenthal. Er fand witzelnd in dem Stück »lauter schätzbare Materialien für einen Lettevereinsvortrag über die Ehe als sittliche Aufgabe.« Diese Nora sei wohl »keine Abendschönheit«, denn »sie verträgt nicht das unbarmherzige Licht der Theaterlampen.« Das beständige Auf und Ab zwischen Tragik und Puppenspiel berührt den fein empfindenden Mann abstossend, und einen »widrigen Eindruck« macht ihm der Rükkenmärker, der sich vor unsren Augen drei Akte lang das Leichenhemd anprobt und uns von den Verwesungsstadien seiner morschen Wirbelsäule erzählt. Bedauerlicherweise entsteht durch den Gegensatz von Noras innerer Angst und äusserlicher Heiterkeit eine »wahre Katzenmusik von Dissonanzen«, und ihr Tarantella-Tanz ist ein Auftritt, dessen »grelle Unnatur« wir »gradezu« als körperliche Marter empfinden. Auch Helmers Brutalität ist eine »psychologische Münchhauseniade, an die Niemand glaubt, der seine fünf Sinne beisammen hat.« In diesem Tone kanzelt unser Liebling den Dichter ab, und zum Schluss richtet er eine dringende Weisung an die Norweger, von ihren Spitzfindigkeiten zu der »unüberwindlichen Philosophie der graden Linie« sich zurückzubegeben. So schien die arme Nora bei der Panke-Kritik nicht mehr Verständnis zu finden, als im Stück bei Helmer. Nur Einer fühlte mit ihr; und in Worten, aus denen innere Ergriffenheit klingt und die noch heut beinahe hinreissend wirken, sprach er von ihrem Schicksal. Das war Spielhagen. Mit ihm ging es Ibsen, wie Hegel mit seinen Schülern. Von Allen hatte ihn nur Einer verstanden. Aber dieser Eine hatte ihn falsch verstanden.

Spielhagen kam darauf hinaus, Nora sei gar kein Drama, sondern ein paar dialogisierte Kapitel eines Romans. Es war bei ihm verzeihlich, dass er diese Kapitel in einem dritten Band verlegte. Die gesteigerten Anforderungen, die wir heut an die Sinne eines Dramenbetrachters stellen, waren ihm noch fremd, und so wähnte er: nur im Roman könne vieles begreiflich werden, was im Drama unbegreiflich bleiben müsse. Gestalten und Vorgänge. Aus dieser mangelnden Verständlichkeit leitete er sein Urteil ab, Nora sei als Drama »kein echtes Kunstwerk«. Darum hielt er den »überaus peinlichen Eindruck«, den das Drama gemacht hatte, für berechtigt. Etwas komisch romanhaft sprach er von Rank als »dem geistvollen, hochgebildeten, bei all seiner scheinbaren Schroffheit, seiner satirischen Laune, seinen oft schneidenden Sarkasmus tief gemütvollen Doktor«, und Helmer nannte er einen Bildungspharisäer. Wie meilenfern er im Grunde der eigensten Kunst des grossen Analytikers Ibsen stand, zeigte sein Tadel, dass Ibsen den Helmer zuerst in eine täuschende Maske hülle, »anstatt den Pharisäer von vornherein zu kennzeichnen, dass wir wissen oder doch wenigstens ahnen, welches Gelichters er ist und was wir uns von ihm zu versehen haben.« Kostbar! Immerhin, Spielhagen besass als Einziger das seelische Feingefühl, Noras Fortgang zu begreifen; und den Mut, diesen Fortgang in einer warmblütigen Zergliederung ihres Herzens gegen die gesamte Kritik als eine Notwendigkeit hinzustellen. Indessen war es der Frau Hedwig Niemann gelungen, dem Dichter einen entgegengesetzten Schluss abzupressen; einen freundlichen Schluss, einen deutschen Schluss. Wie ja auch Chopins hoffnungslos-dumpf endendes Nocturne, opus 32 Nummer 1, bei uns einen freundlichen, einen deutschen Schluss in Dur erhalten hat. Dieses falsche Nora-Ende kennzeichnete die durchschnittliche Reife des Publikums.

Wer nun die deutsche Dramatik betrachtet, welche um die Zeit dieses zweiten Ibsen-Vorstosses blüht, der findet Gräfin Lea und Verschämte Arbeit, Gensichens Märchentante und Richard Vossens skandierende Patrizierin, Lubliners Jourfix und Dahns Skaldenkunst. Wieder gesellschaftliche Nichtigkeiten, stilisiertes Herkommen, und selbst beim Erfassen eines modern sozialen Themas nur etwas freisinnige Tendenzbanalität wider die Vorurteile der Abstammung. So schien noch immer Ibsens Vorgang spurlos geblieben zu sein.

Aber in der Stille wirkten jetzt die Freunde, die ihm unter den wenigen feineren Köpfen sein Werk unerschütterlich gewonnen hatte. Es war eine halb unterseeische Propaganda, in mündlichen und in gedruckten Anregungen. Bis es ihnen gelang, den Dichter wiederum von der Bühne sprechen zu lassen und damit den dritten Vorstoss zu ermöglichen; den wichtigsten und siegreichsten.

Eh' es aber dazu kam, mussten sechs Jahre vergehn.

## V.

Unter den Anhängern befanden sich zwei Männer: Otto Brahm und Paul Schlenther, die zu nennen sind. Die historischen Verdienste dieser beiden um Ibsens Emporkommen in Deutschland wird heut niemand mehr bestreiten. Sie haben die neue deutsche Dramatik nicht gemacht; aber diese Dramatik hat ihnen sehr viel zu danken. Ohne die unehrlichen Ziele selbstsüchtiger Geistreichelei dienten sie treu und zäh der Sache; die ihnen Herzenssache war. Zu einer Zeit, wo Blumenthal

Feuilletons zwitscherte, schrieben sie bereits in deutscher Sprache. Wo Frenzel in bequemem Pessimismus die Hände in den korrekten Schooss legte, liessen sie die Hoffnung nicht schlafen. Wo ein Lindau Bühnenkönig war, ermangelten sie nicht, ihn mit der Feder zu kitzeln. Beide kamen von der wissenschaftlichen Betrachtung deutscher Litteratur. Und wie auf diesem Gebiet ein genialer, tumultuarischer Akademiker eben kühne Umschwünge geschaffen hatte, konnten sie mit entsiegelten Augen auch die moderne Dichtung anschauen. Das methodische Verfolgen und Vergleichen gesonderter Motive hatte für das Einzelne ihren Blick geschärft. Die Gewohnheit, Kunstwerke auf die Entstehung zu betrachten, liess sie in der Werkstatt des Schaffenden heimisch sein. Dazu ergänzten sich ihre Anlagen. Ruhte die Stärke des Einen im Scheiden und Herausheben, so fand sie der Andere in naivem und feinem Nachfühlen.

Als L'Arronge, es war 1883, das deutsche Theater gegründet hatte, waren beide bedacht, ihn der modernen Dramatik zuzudrängen. Es schien mit der Entstehung dieses Bühnenhauses frisches, junges Leben erwachen zu sollen. Der Schlummer eines gealterten Hoftheaters war gestört worden, der Aufführung aller besten Kunstwerke der neuen Europäer stand nichts im Wege. Nichts als der Wille des Direktors. Dieser Direktor wollte das Gute, das gesichert war, in erneutem, tiefem Glanze zeigen; neues Gut zu sichern war nicht seines Wagens. Er gab manches, was man vorher so nicht gekannt hatte, verfeinert und vergeistigt; er blieb auch nicht allein bei den Toten stehen. Doch er fuhr immer fort, ein Förderer der Entdeckten zu sein, und lehnte es immer ab, ein Entdecker der Förderungsbedürftigen zu werden. So ging von seiner Bühne, die schauspielerisch Unvergessliches leistete, gegen den Wunsch der Freunde auch Henrik Ibsen schutzlos, ungeehrt. Und einer süddeutschen Stadt, dem kleinen Augsburg, war es zunächst vorbehalten, weiteren Anlass zu seinem Vordringen zu geben.

Dort spielte man im April 1886 »Gespenster«. Sie waren einige Jahre zuvor erschienen. Der Name des wackeren Direktors, Grosse, sei genannt; die Regine gab ein Fräulein Else von Schabelsky, nachmals Schriftstellerin. Es war eine einmalige Aufführung vor einer »ernsten Versammlung von gebildeten Deutschen«. Die Anregung war von einem Kreise von Münchener Schriftstellern gekommen. Und namentlich einer, – der über die ernste Versammlung von gebildeten Deutschen berichtete – legte sich mit fast düster loderndem Feuer für den Norweger ein. Er war anscheinend der wildeste, der entschiedenste unter den münchener Ibsenianern. Wie er denn zur selben Zeit auch sonst unbeugsam, ja mit einem grollenden Schmerz für alles Moderne im kommenden Drama in die Schranken trat: für eine soziale, grosse, ernste Kunst.

Sein Name war Ludwig Fulda. Er schilderte angesichts jener Aufführung das Bewusstsein, dass man »etwas völlig Aussergewöhnliches erlebt habe, dass man Zeuge eines litterarischen Ereignisses gewesen sei« und mit einer leidenschaftlichen Exklusivität warf er sich für Ibsen, als das alleinige Vorbild dieser Läufte, ins Zeug. »Ibsen«, rief er mahnend, »ist der erste und einzige Dramatiker, der mit dem bis zur Unkenntlichkeit missbrauchten Begriff des Modernen auf der Bühne Ernst gemacht hat; in jedem seiner Schauspiele hören wir den freien Pulsschlag der Wahrhaftigkeit, sehen wir das rastlose Bemühen, das Rätsel irgend einer drohenden Sphinx zu lösen (!), damit sie entwaffnet in den Abgrund stürze.« So kraftvolle Worte waren lange nicht gehört worden. Er schrieb darauf das Drama »Unter vier Augen«. Unleugbar zeigte Ludwig Fulda in seiner Ibsen-Verherrlichung auch einen klaren Einblick in den Zusammenhang, der künftig zwischen diesem Dichter und unserer Litteratur entstehen könnte; und schmerzbewegt in der Betrachtung der bisher erreichten Ergebnisse schrieb er, schrie er: »Wir sind also, sechzehn Jahre nachdem wir wieder eine Nation geworden sind, weiter als je von einem modernen National-Schauspiel entfernt, und das grosse Beispiel, welches uns ein Bruderstamm gegeben, soll uns vorerst nicht weiterhelfen.« Darauf schrieb er das Drama »Frühling im Winter«. Er ergreift uns tief, wenn wir lesen, wie er in gramvollem Pessimismus und unter dumpfem Hinweis auf Oskar Blumenthal zürnend sagte: »Nicht die Sturmglocke neuer Ideen werden wir läuten hören, sondern nur die viel unschuldigere ›grosse Glocke‹ der Reklame, und wenn wirklich einmal die schleichenden Leiden zur Sprache kommen, an denen unsere Gesellschaft, unser Zeitalter krankt, so wird »ein Tropfen Gift« die homöopathische Dosis sein, mit der wir uns begnügen müssen.« »Henrik Ibsen aber«, so endete er fast schluchzend, »Henrik Ibsen aber lebt, fern von seiner Heimat, in der deutschen Haupt- und Residenzstadt München –« und so weiter. Er schrieb darauf die »Wilde Jagd«.

Um die Wende des Jahres 1886 aber wurden »Gespenster« von den Meiningern gespielt. Damit kam der Stein ins Rollen.

Denn jetzt rührte man sich in Berlin. Und die meiningische Aufführung (welcher das übliche Verbot rasch folgte) wurde nun die mittelbare Anregerin jener denkwürdigen Gespenster-Vorstellung vom 9. Januar 1887, welche das belangvollste europäische Theaterdatum der letzten zehn Jahre darstellt. Der Eindruck war über alle Massen gewaltig. Jetzt, beim dritten Anlauf, hatte der Dichter endlich gesiegt. »Nach jedem der drei Akte, am elementarsten nach dem ersten, ging stürmischer Beifall durch den Saal; Henrik Ibsen wurde immer von neuem auf die Bühne gerufen . . .« Es war kein schlechtes Zeichen, dass Ibsens Fortschritt in Deutschland mit dem Fortschreiten seines Künstlertums Hand in Hand gegangen war. Er hatte hier einen Höhepunkt erreicht. Und an jenem Vormittag that der Däne Hoffory, damals Privatdozent an der berliner Universität, den bemerkenswerten Ausspruch: Passt auf, heut beginnt eine neue Epoche der *deutschen* Litteratur.

## VI.

Das entsetzliche Wort des alten Judengotts »Denn Ich, der HErr, Dein GOtt, bin ein eifriger GOtt, der da heimsuchet der Väter Missethat an den Kindern«, war in seinem Ewigkeitsgehalt hier modernen Menschen in einer modernen Dichtung verkörpert. Aber der Erbfluch, der auf der Materie ruht, wurde dem Dichter sofort ein gleichnistiefer Hintergrund für Gesetz und Rechte, die sich krankheitsähnlich, verwüstend fortgeerbt haben: Gesetze der Sitte, Rechtsverpflichtungen der Seele, die in uns stecken, ohne in uns zu leben. Das ganze moderne Zeitempfinden, welches mit der mitgeschleppten Vergangenheit ringt, war so zu einem grossartigen darwinistischen Bühnengleichnis gestaltet worden. Und in seiner Form zeigte das Gleichnis eine geniale, höllische Zimmerung, dass auch die Gegner dieses Mannes staunen mussten, den wir Grund haben für den ersten dramatischen Techniker aller Zeiten zu halten.

Was sagte die Kritik? Dass man vor einer übergewöhnlichen Dichter-Erscheinung stand, wurde zugegeben. Sie zu erklären suchten die Einen; sie zu widerlegen die Anderen; sie zu beschreien Blumenthal. Brahm und Schlenther kämpften obenan. Sie waren nicht mehr vereinzelt (in der Zeitschriftenlitteratur jener Tage finden sich leidenschaftlich bewundernde Stimmen) aber sie führten. Obgleich Schlenther dem Vossischen Bürgertum klarzumachen suchte, dass Ibsen weder mit der nihilistischen Frau Alving gleichzusetzen, noch dass er ein unbedingter Pessimist in diesem Drama der gepriesenen *echten* Lebensfreude sei, hängte ihm der Herausgeber eine berühmte Fussnote an. Darin wurde das »sensationellste Ereignis dieser Theatersaison« abweichend beurteilt; es fand sich der liebe Satz »ein Kunstwerk soll uns Genuss,

Freude, Erhebung bereiten, nicht Entsetzen, Qual –«, u. s. w., »Verirrung der Kunst« u. s. w.

Wesentlicher war ein Angriff Fontanes. Er wähnte, den Inhalt des Werkes zu erschöpfen, wenn er von zwei »Thesen« ausging, die Ibsen »an seine neue wittenberger Schlosskirche geschlagen«. Die erste These war für ihn, im Hinblick auf Frau Alving: wer sich verheiraten will, heirate nach Neigung aber nicht nach Geld. Die zweite: wer sich nach Geld unglücklich verheiratet hat, beeile sich zurückzutreten, weil sonst Elend und Lüge entsteht. Beide Thesen hielt er – der Mut seiner Kaltblütigkeit liess es ihn bekennen – für falsch. So lange die Welt steht, sei immer nach Verhältnissen und nur sehr ausnahmsweise nach Liebe geheiratet worden. »Jakob, der Rahel liebte,« sagte er zuerst noch humoristisch, »begann wohl oder übel mit Leah. Ruben, Simeon, Levi, Juda und zwei andere noch (schon die Zahl imponiert) wurden ihm aus dieser vergleichsweisen Gleichgiltigkeitsehe geboren, Hervorbringungen, die hinter Benjamin und selbst hinter der egyptischen Exzellenz Joseph in nichts, am wenigsten in Kraft und Gesundheit zurückblieben.« Er verwies dann auf die reichen Bauernehen, auch auf Herrnhut und versicherte, die Liebe finde sich, »*und wenn sie sich nicht findet, so schadet es nicht.*« Ein Bekenntnis, das man ausser ihm niemandem verzeihen würde. Soll eine schiefe Ehe gelöst werden? Seinem Konservatismus genügt völlig die gesetzliche Scheidung im Fall einer *Schuld*. Nur das »Lieben auf Abbruch« würde die Welt in Wirrsale stürzen. Jedoch die Geldehen mit ihren »trauermässig auf Halbmast herabgelassenen Lebenskräften« (ein verfluchtes Gleichnis) haben noch keine Verdummung oder Versumpfung zur Folge gehabt. »Denn«, fragte er naiv, »wo war Entartung, als die alten Fritz-Grenadiere die Höhen bei Prag stürmten?« Sardanapale seien durch Jahrhunderte auf Thron und Lotterbett einander gefolgt, »ohne dass es die Menschheit sonderlich geschädigt hätte, sie hat es überdauert und wird es weiter überdauern.« Welcher Trost! Seine heidnische Lebenskraft vergass, dass die Tragik eines Einzelschicksals durch diese Weltbetrachtungen nicht um ein Jota weniger tragisch wird. Worauf es ihm ankam, war: zu verhüten, dass an die Stelle der scheinbar prosaischen Ordnungsmächte »die freie Herzensbestimmung« gesetzt wird, denn »das wäre der Anfang vom Ende.« Der hier sprach, war der Dichter von »Irrungen, Wirrungen«. Dort kam er freilich gütiger und verhüllter. Doch wollte er hier vielleicht selbst ein altes Gespenst vertreiben? – »allerhand alte, tote Ansichten ... es lebt nicht in uns; aber es steckt in uns«? War er schon ein Ibsenschüler geworden?

Karl Frenzel jedenfalls nicht. Zwar fühlte man, wie er sich der Gewalt dieses Werks nicht entziehen konnte. Es forderte ihm sichtlich tiefe Achtung ab. Aber was wollten ihm die Vorzüge sagen; sie waren »hier an einem peinlichen Stoff verschwendet«. Es ist zwar schwer glaublich, aber er schrieb in seiner Beurteilung wirklich den Satz: »Der Nerv des Dramas, die Handlung, fehlt gänzlich«. Der Herausgeber der andren Dramaturgie, der hamburgischen, hatte schon vor hundert Jahren auseinandergesetzt, dass, um den Begriff der Handlung zu erfüllen, nicht unbedingt eine Prinzessin in Ohnmacht fallen müsse. Frenzel verlangte seine ohnmächtige Prinzessin, oder den heroischen Selbstmord des Malers Oswald Alving. Er brannte darauf, Oswald zu einem Helden im jambischen Sinn erhoben zu sehn. Die ganze Handlung, im Mittelpunkt Oswalds Schicksal, war ihm gar nicht tragisch; denn »Was kann der arme Junge für seinen Vater?« Dass die Tragik eben darin liegt, dass er nichts für seinen Vater kann, entging ihm. Seine Frage war so geistreich wie Lindau's Ausruf: warum ist auch Nora so kindisch. Zwei Männer, die in Lebensanschauung und ästhetischer Anschauung so getrennt waren wie diese beiden, fanden sich hier in der analogen Verständnislosigkeit gegen das Wesentliche einer neuen Richtung, die sie bekämpften. Aber an Frenzel trat diesmal ein neuer Zug auf, der jeden Kenner dieser diskreten Persönlichkeit mit stillem Grausen erfüllen musste. Frenzel schien eine wohlgebürstete, sorgsame Natur mit Fräuleinsmanieren; er bevorzugte sogar gewohnheitsmässig die feine Form »kömmt« vor dem vulgären »kommt«. Hier aber zeigte er plötzlich eine Rohheit, die nahezu nietzscheanisch war. Er behauptete, dass der alte Kammerherr Alving garnicht so schlimm gewesen sei. Er meinte ferner, um alles zu erledigen, brauche sich doch Oswald bloss zu töten – was sei dabei? »Hat Oswald nicht eine glückliche, heitere, ruhmgekrönte Jugend gehabt? Wie wenige haben seine Freuden genossen!« Einer solchen Grausamkeit war er wohl bloss gegen naturalistische Helden fähig; niemand hätte sie ihm sonst zugetraut. Und doch zeigte sich in derselben Kritik wieder sein feines Wesen. »Ich gehe im Leben,« sagte er in einem originellen Gedanken, »den Trunkenbolden und den Irrsinnigen aus dem Wege, warum sollte ich sie in der Kunst aufsuchen?« Dann hätte er im Leben allerdings mit der Lady Macbeth Verkehrschaft gepflogen, da er sie in der Kunst gelten lässt. Und das lässt wieder tief blicken. Oder aber seine Kritik war inkonsequent und zeigte eine gewisse Denkschwäche – so wenigstens kömmt es mir vor.

Aus Blumenthal's Richterspruch ist der Satz bemerkenswert: »Nur, wer in seinen Neigungen so tief heruntergekommen wäre wie jene greisen Lüstlinge, die nur unter Ruthenstreichen ihr Blut erwärmen, könnte an diesen dramatischen Geisselungen Gefallen finden.« Sowohl über das Lallen des Blödsinns als über die Luft dieser Seuchenzone, die er unmöglich nach Deutschland hineinwehen lassen durfte, ergoss sich die Entrüstung einer keuschen Seele, der man zu nahe getreten war.

## VII.

Jetzt begann die Epoche der Einbürgerung. Sie reichte von einer Gespensteraufführung bis zu einer Gespensteraufführung. Die Ibsenagitation, deren Seele Brahm und Schlenther waren, entfaltete sich in diesen zweieinhalb Jahren am stärksten. Strodtmann hatte wohl als erster den Deutschen einen Begriff von Ibsen zu geben versucht, Georg Brandes war mit seinem Essay nachgefolgt, Brahm gab ein kleines kluges Buch; ungezählte Andere, von Mauthner bis zur Marholm einzelne Aufsätze. Jetzt gruppierte sich die Ibsen-Publizistik um bestimmte Ereignisse: man spielte in Berlin den Volksfeind, Rosmersholm, die Wildente, und bald zog die Frau vom Meere in das Hoftheater. Die Erörterungen drehten sich zugleich um die Zukunft der deutschen Bühne und die sinkenden Grössen der letzten Ära, die Karl Frenzel verteidigte. Dieser Ibsengegner sah in Lindau, Blumenthal, Lubliner auch jetzt noch den letzten Hort unsres Theaters; ihre Stücke seien aus dem Geiste des Publikums geboren; und es war sein Glaube, dass »hinter ihnen, wenn sie vernichtet wären, nicht etwa das realistische Drama im Glanz der Morgensonne dastände, sondern das theatralische Nichts graute.« Rührend trat er für Lubliner ein. »Bei alledem ein Dramatiker, der erfreut, auch wo man nicht mit ihm einverstanden ist, dessen *liebenswürdigem Naturell man gerne die Schwächen seiner Kunst nachsieht.*« Auch jetzt noch, nach den wachsenden Siegen Ibsens, sträubte er sich gegen diese Kunst mit dem Eigensinn eines Geärgerten; er rief spöttelnd: »- auf die deutschen Theaterstücke im Stil des Volksfeinds, der Gespenster oder gar Rosmersholm freue ich mich jetzt schon; wenn sie nur erst vorhanden wären!« Und weitblickend sprach er mit Emphase: »Nein, auf diesem Wege werden wir nicht zu einer Reform des deutschen Theaters kommen.«

Vielleicht kamen wir doch auf diesem Wege dazu. Im Frühling des Jahres 1889 gründete eine Anzahl litterarischer Männer in Berlin die Freie Bühne. Die erste Anregung dazu hatte Maximilian Harden gegeben. Im September desselben Jahres wurden die Gespenster wiederum aufgeführt. Und als am zwanzigsten Oktober die zweite Vorstellung dieses Vereins stattfand, spielte man ein Drama »Vor Sonnenaufgang.« Der Verfasser hiess Gerhart Hauptmann. Es war der Sonnenaufgang unserer neuen Kunst. .

Damit aber war Ibsens deutsche Sendung vorläufig zu Ende.

## VIII.

»Passt auf, heute beginnt eine neue Epoche der *deutschen* Litteratur« – die Worte des armen Hoffory schienen in Erfüllung gegangen. Aber der Zusammenhang dieses Aufschwungs mit Ibsen ist mit dem bekannten Körnchen Salz zu verstehen. Es ist schon betont worden, dass das neue deutsche Drama in seinen besten Werken etwas Selbständiges geworden ist. Über eins erstaunt man besonders, wenn man die Unterschiede der Entwickelung betrachtet. Grade das, was als ein hervorragender Faktor der Ibsen'schen Kunst mitgewirkt hatte, die Technik, ist von den Deutschen nicht herübergenommen worden. Man hatte, während Ibsen sich in Deutschland durchkämpfte, die klare Empfindung, ein szenisches Genie vor sich zu haben; grade diese glänzende Fähigkeit hatte manchen Mann alten Schlages mit ihm versöhnt, dem seine Weltanschauung ins Gesicht schlug. Und eben das liessen die Deutschen fallen? Es war nicht allein Bequemlichkeit: wenngleich sie bei Einzelnen mitsprach. Es steckte vielleicht ein natürliches Empfinden dahinter. Man kann eine Linie verfolgen, die sich mit »Lessing-Frankreich-Ibsen« benennen lässt. Sie enthält die bedeutendsten Faktoren, welche die Mathematik des Dramenbaus gebildet haben. Die höchste Kunst in der Verknüpfung besteht hier. Der letzte, lückenlose, hermetische Schluss. Die weiseste, knappste, zweckmässigste Anordnung der Teilchen. Aber gerade das Leben ist nicht so knapp und nicht so weise. Je geordneter, konzentrierter, künstlerisch zusammengeschweisster eine Handlung erscheint, desto weiter entfernt sie sich von der Wahrheit des Weltgeschehens. Und vielleicht darum griffen die neuen deutschen Dramatiker zu einer loseren, bequemeren Technik. Der andre Grund war freilich, dass sie von der Epik herkamen, zum mindesten ebenso sehr wie vom Ibsenschen Drama. Dennoch haben sie von diesem unvergänglichen Meister technisch vieles, und vieles Wertvollste gelernt, das weit hinausgeht über die ehrensächliche Vermeidung von Monolog und Beiseitesprechen. Er hat sie in der inneren Technik mündig gemacht. In der Charakteristik.

Das neue deutsche Drama scheidet sich ja auch im Inhalt vom Ibsenschen. Es zeigt nicht die klugen, dünnen Linien, sondern Farben; nicht Gedanken, sondern Körper. Freilich zeigt der Norweger beides, und das Gefühl tiefer Kraft lässt ihn nur die Körper mit den mässigsten, notwendigsten Mitteln zeichnen, die allenfalls erforderlich sind. Dass der Horizont des neuen deutschen Dramas kleiner ist und wenig Ideenfernen eröffnet, liegt am Unterschied der Generationen. Unsre Dichter sind so jung, dass sie noch mit dem blühenden Leben spielen, wo ein Alter eben Gedankenschlösser mit einer Grundmauer baut.

Das Beste und Folgenreichste, was Ibsen uns gegeben hat, ist: die Anregung zur Wahrheit, in einer künstlerisch verlogenen Zeit; die Anregung zum Ernst, in einer künstlerisch flachen Zeit; die Lust zur Bewegung, in einer Zeit des Stagnierens; und den Mut, nach jedem begehrten Stoff zu greifen, der Menschliches enthält, gleichviel, woher er stammt. Darum dürfen wir ihn wohl den Ahnherrn nennen für unser neues Drama und ihm danken, wie die alten Juden »von ganzem Herzen, von ganzer Seele und von ganzem Gemüt.«


HERMANN BAHR

Peer Gynt
(1902)


Am 15. Oktober 1867 schrieb Ibsen aus Sorrent nach Hause: »Ich habe ein neues dramatisches Gedicht vollendet, das zu Weihnachten erscheinen wird. Es ... heißt »Peer Gynt« nach der Hauptperson, über welche in Asbjörnsens »Zaubermärchen« einiges zu lesen steht. Es ist nicht viel, was ich dort als Grundlage vorfand, aber desto freier habe ich auch mit dem Stoffe walten können, nach meinem eigenen Gefallen.« Das war kaum zwei Jahre nach dem »Brand«, den er in Rom begonnen hatte, wo, wie er einmal gesagt hat, »alles ungeheuer ist, aber ein unbeschreiblicher Friede über allem ruht«. Die Fremde tat ihm gut, hier fand er sich erst. Er war nun neununddreißig Jahre alt geworden. Lange hatte er gesammelt. Lange hatte er gelernt. Lange hatte er gesucht. Nun schloß es sich zusammen, verwuchs und wurde fest. Nun, innerlich reif geworden und der äußeren Mittel sicher, in den gesegneten Jahren, wo der Mann sich fremder Reize und leerer Verlockungen erwehren und alles Geschehen, alles Empfinden auf sich selbst, auf die eigene Kraft beziehen, mit ihr verbinden, durch sie beseelen lernt, unter dem schönsten Himmel, vom Tumult der Heimat abgeschieden, durch den Gehalt, den ihm das Storthing ausgesetzt hatte, vor Sorgen geschützt, konnte er das Werk seines Lebens entwerfen. »Brand« und »Peer Gynt« sind gleichsam sein großer Grundriß. Für sie hat er früher gesammelt, aus ihnen entwickelt er später und in ihnen ist, wie neulich wieder Rudolph Lothar gezeigt hat, eigentlich der ganze Ibsen mit aller Fülle seine Motive schon enthalten.

Den ganzen Ibsen werden wir wohl nie verstehen, weil wir sein Land nicht kennen, das immer sein Material ist. Es wird ihn wohl aber auch kein Norweger je ganz verstehen, dem die europäische Gesinnung fehlt. Sein wunderliches Schicksal war ja, ein Europäer zu werden, ohne doch jemals von seiner Heimat loszukommen. Er nimmt die höchsten Probleme der Zeit auf, stellt sie aber in jenen engen Zuständen dar, wo sie dann manchmal wie ungeheure böse Fische in einem Aquarium aussehen, die an das Glas stoßen. Menschlich ganz frei geworden, ist er künstlerisch immer an seine Rasse gebunden geblieben; er hat immer sozusagen noch im Dialekt gedichtet. So ist auch der Peer Gynt ein Typus der Menschheit, aber an einer norwegischen Gestalt gezeigt, die freilich so stark ist, daß wir ihre menschliche Wahrheit empfinden, selbst ohne ihre nationale Bedeutung zu vermuten. Für diese müssen wir uns an seine Landsleute halten. Brandes meint, es sei »das poetische Gegenstück zu Brand«, das Ibsen in Peer Gynt geschaffen. »Diese beiden dramatischen Dichtungen sind Polemiken, die sich, in gleich starkem Maße, gegen Norwegen richten. Während aber dort norwegische Schlaffheit wenigstens von einer norwegischen Idealgestalt abgeurteilt wird, ist hier der Held als der typische Vertreter norwegischer Willensschwäche und Phantasterei angelegt und gestaltet. Die ganze Dichtung gibt sich als ein Angriff auf die norwegische Selbstzufriedenheit und auf die Beschönigung fragwürdiger norwegischer Nationaleigenschaften, als seien sie bewundernswerte Tugenden. Schärfer als die Landsleute des Dichters und als die Dänen haben deutsche Litteraturforscher erkannt, daß Ibsen sich hier in bewußten Gegensatz zu der verherrlichenden Schilderung stellte, die Björnson von der jungen norwegischen Bauerngeneration in seinen ersten Novellen entworfen hatte. Die Rauflust und die Händelsucht äußerten sich als ein Zug altnordischer, sagenhafter Reckenkraft bei Thorbjöen in Synnöve Solbakken; der poetische Hang gab sich in herzgewinnender Art bei Arne. Ibsen sah in dem gepriesenen Raufheldentum nur Rohheit, und für ihn war der dichterische Hang der Jugend im letzten Grunde nur üppig wuchernde Verlogenheit und Prahlsucht. Die Norweger erscheinen in dem karikierenden Spiegel dieser höchst genialen Dichtung als ein Volk, das in rotwangiger Zufriedenheit sich selbst genug ist und darum alles lobt, was ihm eigen ist, so unbedeutend es auch sei, Entscheidungen aus dem Wege geht und mit Phantasterei und Aufschneiderei als Nationallastern behaftet ist. Die erste Anregung zu seinem Werk und den Namen des Helden fand Ibsen in einem alten norwegischen Volksmärchen, Peer Gynt ist hier ein Schütze, der sich immer auf Bergeshöhen umhertreibt und Bären und Elentiere erlegt. Er begegnet drei Säterinnen, die's mit den Trollen halten. Er trifft etwas kaltes, schlüpfriges und monströses, das sich als der »große Krumme« zu erkennen gibt, und um das er nicht herumkommen kann. Er liegt mit Trollen und Ungetümen im Kampf und säubert einen Hof zu Dove von Trollengezücht. Im Übrigen heißt es von ihm, es sei ein rechter Fabelhans und Lügenschmied gewesen, der selbst die ganzen Geschichten erlebt haben wollte, die das Volk in die alten Zeiten verlegte. Man sieht ohne weiteres, wie sinnreich und geistvoll Ibsen diese Grundzüge benützt hat, wie sie lebendige und bedeutungsvolle Glieder eines Ganzen geworden sind.«

Diese nationalen Beziehungen können wir natürlich nicht fühlen. Was auf uns wirkt, ist nicht der norwegische Sinn der Gestalt, uns drückt sie nicht ein einzelnes Volk, sondern eine ganze Zeit aus, uns ist sie die Figur eines Geistes, der ein ganzes Geschlecht beherrscht hat, das romantische, wie wir meistens sagen, während wir es deutlicher das nachromantische nennen sollten, das nach dem Erwachen aus der Revolution und vor der Ergebung ins gemeine Leben, das unselige Geschlecht der Restaurationen. Von Mirabeau bis Napoleon hatten die Menschen die große Einheit von Denken und Sein, und fünfzig Jahre später hatten die Bürger sie wieder: jene, weil sie sich die Kraft zutrauten, die wirkliche Welt nach ihren inneren Forderungen zu formen, diese, weil sie sich resolut der Wirklichkeit fügten. Jene sagten: Wie ich denke, muß es sein; und sie schufen die Erde um. Diese sagten: Ich muß sein, wie es ist; und sie ergaben sich. Jene großen Idealisten der Tat und diese klugen Realisten des Scheins, jene Eroberer und diese Rechner waren in sich fest und abgeschlossen, sie zweifelten nicht. Aber zwischen ihnen lebte eine Menschheit, welche jenem ererbten Hochmut des Geistes, alles aus sich bestimmen und nach sich prägen zu dürfen, noch nicht entsagen und doch den Glauben an die Allmacht ihres Geistes nicht mehr behaupten konnte, eine gebrochene Menschheit, mutlos geworden, zu klug für jene ungeheuere Verachtung der Realität – »Unmöglich? das ist das Wort eines Verrückten,« hat

Bonaparte gesagt –, aber doch von Erinnerungen zu betört, um sich selbst gelassen aufzugeben. Sie wuchs auf, da donnerten noch die Kanonen, das Leben schien (das Wort ist von Edouard Rod) eine große Feerie zu sein, plötzlich zerstob sie. Wie Gladiatoren, schon mit Öl gesalbt, hatten die Jünglinge eben antreten wollen; und nun sollten sie brave Beamte sein. Ihre Träume waren zu stark, um sie abzuschütteln, der Widerspruch des Tages zu grell, um sie zu erfüllen, die große Vergangenheit noch zu nahe, um vergessen, die Gegenwart schon zu drükkend, um abgeworfen zu werden – was sollten sie tun? Sie konnten das Leben nicht bezwingen, sie konnten sich ihm nicht ergeben, für jenes schon zu schwach, für dieses noch zu stolz. Der Künstler mochte das lösen, weil ihm gegeben ist, in die Wolken zu entrinnen. Aber die anderen? Sie erinnerten sich: ihre Väter waren mit zwanzig Jahren Generale gewesen. Sollte es ihnen genügen, mit Fünfzig Räte in einem Bureau zu werden? Der Verstand riet es ihnen: Sei kein Narr, was willst du sonst? Aber da schrie die Leidenschaft auf: Und ich, soll ich denn sterben? Man kennt die unvergängliche Stelle bei Musset. Sie konnten sich nicht für das Leben entscheiden, das so grau und gemein geworden war, sie konnten nicht auf ihre Träume verzichten, die so schimmernd in der Erinnerung waren; und sie wagten doch nicht mehr, dem Leben ihre Träume aufzudrängen. Was blieb ihnen, als sich zu betäuben und sich zu betrügen, über sich selbst und über das Leben? Sie waren, hat Musset gesagt, wie ein Mann, dem man sein altes Haus genommen und noch kein neues gegeben hat und der nun nicht weiß, wie er sich vor dem Regen schützen und wo er ruhen soll. »*Tout ce qui était, n'est plus; tout ce qui sera, n'est pas encore,*« klagten sie. Und dies fraß an ihnen so, daß sie nur vergessen wollten, durch irgend ein Gift, um nur nicht mehr daran zu denken. »Der eine braucht Branntwein, der andere braucht Lügen«, sagt die Mutter Peers. Der Geist entartete zur Laune, die Tat zum Spiele. Vor ihnen hatte man das Leben beherrscht, nach ihnen gehorchte man dem Leben, sie logen sich aus dem Leben hinaus. Der Lügner, der Spieler ist der Typus dieser Zeit. Es ist *l'enfant du siècle*, es ist Peer Gynt.

Zuletzt kriecht Peer Gynt heim, versteigert seine unnützen Träume und klammert sich an die treue Solvejg. Sie hegt ihn und singt:

Schlaf denn, theuerster Junge mein!
Ich wiege Dich und ich wache;
Ich wiege Dich und ich wache; –
Schlaf' und träum', lieber Junge mein!

Das hat man ein bischen philiströs gefunden. Weiß Ibsen wirklich auch keinen anderen Schluß als Grillparzer?

> Und die Größe ist gefährlich
> Und der Ruhm ein leeres Spiel;
> Was er giebt, sind nicht'ge Schatten,
> Was er nimmt, es ist so viel!

Das wäre wirklich unser Ende? Ich glaube nicht, daß der Dichter das meint. Nein, es ist nur das Ende des Peer Gynt. Dieser Typus endet so, die Epigonen enden so: als Philister. In ihnen dampft der Geist der Revolution seine letzte Kraft aus. Aber dann dreht die Zeit das Rad. Ein neues Geschlecht kommt, das sich unterwirft. Und sie dreht es wieder. Und wieder kommt ein neues, das nun wieder fordern gelernt hat, wie das vor hundert Jahren: Hilda Wangel klopft an die Tür.

Den Peer Gynt gab Herr *Wiecke* vom Dresdener Hoftheater. Er ist jung und hübsch, bewegt sich behende, greift frisch zu, hat Tempo, das sich manchmal fast bis zur Leidenschaft erhebt, und so nahm er gleich in den ersten Szenen das Publikum rasch für sich ein. Geistig die enorme Rolle durchaus beherrschend, schien er nur freilich technisch noch nicht immer ganz mit ihr fertig geworden zu sein, was man hie und da im dritten Akt, besonders in der herrlichen letzten Szene mit der Mutter, leise empfand. Aber gleich darauf, im vierten, gelang ihm die Verwandlung der Figur wieder merkwürdig gut, und er hatte im fünften, besonders in den Szenen mit dem Knopfgießer, Momente von einer hinreißenden Kraft. Vortrefflich war Frau *Schmittlein* als Mutter Aase, vortrefflich auch die Damen *Metzl, Reingruber* und *Brenneis*, die Herren *Schmidt, Licho* und *Straßny*. Herr *Lewinsky* setzte dem Dovrealten die Maske Ibsen's auf, ein ebenso läppischer als hämischer Einfall, den man mit aller Schärfe als durchaus ungebührlich zurückweisen muß. Frau *Körner* glaubt, alles wie die Hohenfels spielen zu müssen; aber bei der Hohenfels wirkt eben dieselbe Manier doch ganz anders, weil sie ihr natürlich ist. Höchst burlesk als Vorsteher der Narren zu Cairo, war Herr *Heine* als Knopfgießer von unheimlicher Ruhe und Gewalt. Für die kühne Besonnenheit aber, mit der er als Regisseur das ungeheure Werk zu bewältigen, alles zu gliedern und immer den wesentlichen Ton zu treffen verstand, kann man ihm gar nicht genug danken, ihn gar nicht genug bewundern. Zu danken ist auch Frau *Schoder*, die hinter der Szene entzückend sang, und Herrn *Gutheil*, der das Orchester hielt. Und schließlich müßte man eigentlich auch das Publikum »lobend erwähnen«, das vier Stunden lang gesammelt und in Stimmung blieb. Unsere Direktoren behaupten doch immer, daß es in Wien kein gebildetes Publikum gebe. Diese Studenten haben es entdeckt.

SIEGFRIED JACOBSOHN

## Peer Gynt
(1914)

Und wieder fängt es, nach fünf Monaten, mit klimatischen Stimmungen an. Im dichten Sommergras norwegischer Halden liegt solch ein zerlumpter Bauernbursch auf dem Rücken und liest aus den ziehenden Wolken vieldeutige Erscheinungen; in einer verschneiten Holzhütte hockt er am Herd der Mutter und läßt sich von ihren tollen Fabeln den Glauben an Spuk und Träume wecken und nähren. Man muß Skandinavien kennen, muß den geheimnisvoll atmosphärischen Einfluß dieser Regionen auf menschliche Nerven erfahren haben und muß dazu noch aus der Literatur wissen, daß am Anfang des neunzehnten Jahrhunderts der Däne Adam Oehlenschläger das lächelnde Genie seiner Zeit mit der Wunderlampe der Phantastik abgebildet hat: dann hat man Ibsens Elemente in der Hand. Das geistige Band? Dichten heißt für Ibsen Gerichtstag halten über sich selbst und hier obendrein über eine Romantik, die seiner Eigen-Art nichts mehr bedeuten konnte, der er aber doch in seiner Jugend willig vertraut hatte. Jetzt sagt er ihr ab. Er erweitert einen Teil seines Ichs zu einem Teil der norwegischen Volksseele und kommt damit zu jener ›Satire‹ auf das Norwegertum, die man für den Zweck der Dichtung genommen hat. Sie ist höchstens ein Nebenzweck.

Vereinfachen wir richtig, wie das berliner Hoftheater falsch vereinfacht hat. Der Hauptzweck ist die Bedeutung, zu der Ibsen den typischen Anlauf von Peer Gynts Abenteuern, Irrungen und Wirrungen vertieft hat. Sein denkbar unheldischer Held wird die halbe Menschheit: der ›halbe‹ Mensch. Den Repräsentanten Peer Gynt kann der große Krumme, der die apathische Dumpfheit des Massenwiderstands gegen jede ringende Kühnheit verkörpert, zwar nicht greifen. »Er war zu stark, denn Weiber standen neben ihm«, sagt er von Peer (allerdings in einer bessern Übersetzung, als das Königliche Schauspielhaus gewählt hatte). Bekanntlich aber besiegt ihn auch Peer nicht, weil er sich dieser starken Hilfe nicht bedient. Bekanntlich lügt und belügt Peer sich selbst und stürmt an der Mutter und an der adelnden und befreienden Kraft von Solveigs Liebe blind und taub vorbei. Aufs Meer, in die Welt, in die Wildheit, in ein Vierteljahrhundert trägen, genußsüchtigen Hochstaplertums und zuletzt doch wieder in die Heimat. Wenn Peer Gynt hier zu spät entdeckt, daß er sein Leben vergaukelt und vergeudet hat; wenn all seine schweifende Gier ihn nicht vor dem ›Knopfgießer‹ bewahren konnte, der solche Halbmenschen aus ihrer mißratenen Form wegholt und umschmilzt; wenn am Ende Solveigs weiche Frauenhand ihm die erste friedevolle Stunde bereitet und ihm die letzte in überirdischer Treue erleichtert: dann ist Ibsen ans Ziel einer überlebensgroßen Dichtung gelangt, von der ich einmal, nach den drei verfehlten Versuchen dreier berliner Bühnen endlich, endlich einmal eine maßgebende Aufführung sehen möchte.

Zunächst war die Aufführung des Schauspielhauses schon an und für sich überflüssig. Im Lessingtheater ist ›Peer Gynt‹ hundertmal gespielt worden, weil die Aufführung mit Ibsen nichts zu tun hatte, weil sie sich dem breitesten Publikum durch Opernhaftigkeit gefällig machte. Deshalb also wäre uns nur gedient gewesen mit dem ernstlichen Versuch eines Theaters, Ibsen wieder in seine Rechte einzusetzen. Die Bearbeitung müßte vor allem die Grundidee zu erhalten trachten, die ich auf einen absichtlich simplen Ausdruck gebracht habe. Bei Ibsen wird sie in eine Unzahl von Auftritten verzettelt, die überfüllt sind mit national-aktuellen Anspielungen ohne allgemein-menschlichen Wert. Es wäre nötig, die Anspielungen und eine Anzahl Auftritte vollständig zu streichen, Umstellungen und Zusammenziehungen vorzunehmen und damit gegen die Ungestalt des ›Peer Gynt‹ chirurgisch vorzugehen, ohne das Rückgrat, ohne die Grundidee anzutasten. Darauf war bei unserm Hoftheater von vorn herein nicht zu rechnen. Daß ›Peer Gynt‹ auch eine grimme Satire ist, daß Ibsen Giftzähne hat, daß er damit wie ein Wilder um sich beißt, daß dabei Gott und Mensch, Kirche und Wissenschaft, Norwegen und die Welt ihr Teil abbekommen: die Erinnerung daran, die Spuren davon zu tilgen, mußte die vornehmste Aufgabe eines Bearbeiters sein, der hier in Frage kam. Sein Trumpf war die Zweiteilung. Wenn das Schauspielhaus an Ibsen gar zwei Abende wandte, dann war die Heiligkeit seines künstlerischen Eifers sicherlich nicht mehr zu bezweifeln. Aber was geschieht? Es spielt von dreißig Szenen elf, das heißt: an jedem der beiden Abende zweieinhalb Stunden, zusammen also nicht länger, als Barnowsky an seinem ›Peer Gynt‹, das Opernhaus an den ›Meistersingern‹, Reinhardt an ›Don Carlos‹ und ›König Lear‹ spielt. War es da nötig, den Leuten zweimal den Weg zuzumuten, zweimal ziemlich hohe Eintrittspreise abzunehmen?

Dafür bekamen sie dann freilich nicht Ibsen, sondern Dietrich Eckart, will sagen: ihren Liebling Oscar Blumenthal. Ohne Scherz: wenn am Beginn des zweiten Abends, der den ergrauten Peer Gynt vorführt, Blumenthals »kleines feines Verslustspiel« ›Wann wir altern‹ eingelegt worden wäre – niemand hätte einen Unterschied der Form, des Stils, des Tons bemerkt. Unmöglich, auch nur den kleinsten Teil von Eckarts Sünden aufzuzählen. Dank Christian Morgensterns vorbildlicher, aber freilich unnachahmlicher Verdichtungskraft beginnt das Stück mit dem Ausruf: »Peer, du lügst!« Bei Eckart wird aus dem erleuchtenden Blitz eine Tranlampe, nämlich: »Höre auf! Ich hab genug! Was du sagst, ist Lug und Trug!« Die Zeit, die durch die Verteilung auf zwei Abende gewonnen werden könnte, wird durch diese marklose Schwatzhaftigkeit wieder verloren. Um den Verlust doch halbwegs einzuholen, legt Eckart zwei, drei, fünf, sechs Szenen, die auf verschiedene Schauplätze angewiesen sind, auf einen zusammen. Das macht manchmal Übergänge nötig, und die schenkt der Dichter des ›Froschkönigs‹ dem toten Kollegen. Wörtlich heißt es einmal: »Was ist denn das? Das klingt so fein – Und auch die Sonne stellt sich ein.« In Ibsens Irrenhaus sind Eckarten nicht genug Kranke; er erfindet einen dazu, der beginnt mit den Versen: »Ich kenne nur eines, Und dieses ist meines: Das Schach, das Schach, das Schach zu spielen«, und schließt mit den Versen: »Und siegt von uns keiner, Dann ists um so feiner: Wir teilen egal Und kriegen und kriegen den Preis noch einmal«. Die Schimpfwörter, an denen Ibsen nicht arm ist, sind einmal grundsätzlich entfernt. Aus einem anschaulich und riechbar »besoffenen Schwein« wird ein farblos »dummer Tropf«; und daß Peer Gynt der Mutter sogar für ihre Schläge dankt, leuchtet dem Lieferanten des Hoftheaters so wenig ein, daß er ihn lieber für ihre »unendliche Güte« danken läßt. Das ist allerdings kaum noch eine Übersetzung zu nennen. Aus Ibsens schroffem, zerklüftetem, beißendem, abgründig vieldeutigem, blutendem und blutig reißendem Höhenwerk ist ein sanftes, zuckrig-schmalziges, überdeutliches, glatt und plattes, musikalisch aufgeschwemmtes Märchenvolksstück in Knallbonbonreimen geworden. Wenn der gute, milde, melodisch, wohlgeformte Grieg vor Ibsen nichts voraus hat: übersetzt kann er, Gott sei gelobt, nicht werden; sonst wäre in diesem Haus zum Ausgleich vielleicht er als zackigingrimmiges Naturell erschienen.

Herrn Reinhard Brucks Regie hat höchstens das Verdienst, manchmal mit derselben Unerbittlichkeit gegen den Bearbeiter vorgegangen zu sein, wie gegen sein wehrloses Objekt Henrik Ibsen. Wiederum unmöglich, auch nur den kleinsten Teil der Sünden aufzuzählen. Hanebüchene wechseln mit feinen, aber um so verräterischeren. Ein Hieb, ein Stich, ein Strich durch eine geistig-ethische Pointe, die selbst Herrn Eckart nicht angefochten hat – und der Rebell ist zum lammfrommen Hoftheaterautor kastriert. Um psychologisierende Absichten schert man sich den Teufel (den man doch in eigener bedrohlicher Person an die Rampe schickt). Nicht die listigen Bauern machen auf der (geleckten) Hochzeit Peer Gynt langsam betrunken, sondern er entreißt einem die Flasche und ist im Nu weg; nicht sie hänseln Hans den Träumer, sondern er, der bestbezahlte Schauspieler des Ensembles, wirft einen nach dem andern mühelos hinaus. Norwegen, die Umwelt des Gedichts, Volk und Natur leben nicht. Der zugehörige Maler heißt Defregger, statt Munch. Peer Gynt hat keine Wurzeln, es sei denn in Brei. Herrn Brucks weiches Herz ist nicht fähig, Mutter Aase ihre ibsenhafte Todeinsamkeit wiederzugeben, deren Schauerlichkeit in seinem verpatzten Textbuch eine ibsenfremde Magd lindern darf. Auch Peers Verhältnis zu Solveig verfälscht er. Wie ergreifend, daß Solveig wartet und wartet, während Peer sie vollständig vergessen hat! Daran werden wir bei Ibsen durch eine eingesprengte kurze Szene erinnert. Wir, nicht Peer. Bei Eckart fehlt diese Szene ganz; bei Bruck wird sie zu einem Traum, zu einem visionären Gewissensbiß des Weltfahrers, der damit vor einem moralisierenden Spießerpublikum in Schutz genommen wird. Nicht minder ergreifend, daß Solveig durch Jahrzehnte in derselben Hütte wartet, aus der ihr Peer geflohen ist! Das üppig dotierte Schauspielhaus leistet sich zum Schluß eine neue, prächtige Hütte. Dann wieder wird ebenso unbegründet vor den Kulissen einer Szene ein schlichter Vorhang heruntergelassen, vor dem sich auf einem kahlen Fleck ein unverständliches Fragment abrollt (etwa des ›Irrenhauses‹ oder des ›Kreuzwegs‹). Und das in der dekorationsfreudigsten Aufführung, die in fast allem übrigen den Hang hat, zwischen den toten Bildern massiver Kulissen die stattlichen Hofschauspieler lebende Bilder stellen und dazu sie wie uns möglichst lange eine Musik anhören zu lassen, deren charaktervolle Beseeltheit zu diesem teils opern-, teils operettenhaften Gepränge noch schlechter paßt als zu Ibsens nicht minder charaktervoller, nicht minder beseelter, aber wesentlich stählernerer Dichtung.

Während Herr Clewing herrlich paßt. Er entfaltet sich völlig. Er ist jung, älter, alt und greis. Er ist Phantast, Weltfahrer, Liebhaber und Verführer. Er wechselt Haarfarbe, Kleider, Stimmen und Instrumente, unter denen die Laute das meiste Glück macht. Er erinnert abwechselnd an Kayßler, Walden, Bassermann, Loos und sogar an Reinhardt als Schauspieler. Er sieht mich an und fragt mich, was ihm fehle: Ein Busen und im Busen eine Seele. Paula Conrad hat eine Seele; aber für Mutter Aase eine zu junge. Mit dieser Stimme dürfte diese Frau vor einem Publikum, das nicht zu scharf oder überhaupt nicht hinguckte, noch heute den Puck spielen. Sie hat Bewegungen von einer Zierlichkeit und Zartheit, die Aases bäurische Schimpfwörter Lügen strafen. Für Ibsens phantasiefrohe Alte scheint mir auch ihre technische Beherrschung des ›Mütterfachs‹ vorläufig zu primitiv. Als Solveig trägt Helene Thimig den Heiligenschein nicht, wie Lina Lossen, von Anfang an ob dem Scheitel, sondern erwirbt ihn erst durch ihr Dulderdasein. Sie ist ganz und gar das Kind aus dem Volke, rein, unverbildet, herzlich und herb, und übt so die bitterste Kritik an diesem bürgergefälligen Mischmasch aus Eckart, Bruck und Grieg. Wer einen Buntdruck solcher Art als eine Aufführung von Ibsens ›Peer Gynt‹ verkauft, und gar zweimal um teures Geld verkauft, verdient für seine Kühnheit schon den Kranz.

JOACHIM KAISER

## John Gabriel Borkman
(1964)

... Unbegreiflich ist mir indessen, daß immer wieder gefragt wird, ob dieses oder jenes Ibsen-Drama noch möglich sei. Zumindest die späten Tragödien Ibsens enthalten doch, ganz simpel gesagt, mehr Menschenkenntnis, mehr Schicksalsahnung, mehr Theaterkunst als beinahe alles, was das 19. Jahrhundert hervorbrachte. Mir scheint, der Autor der ›Wildente‹ gehört längst in den Bezirk, aus dem die Allergrößten auf uns herabschauen. Nicht mit Naturalisten oder Realisten muß er sich messen, sondern mit Shakespeare oder Euripides.

Die einzige Schwäche des Ibsenschen Kosmos ist ein totaler Determinismus. Die Welt besteht aus lauter Rädern, die in der Vergangenheit fabriziert wurden und nun allzugut ineinandergreifen. Doch solange ein solcher Determinismus, der sich etwa in den ›Gespenstern‹

auch ästhetisch-unheilvoll bemerkbar macht, nicht die Fülle, die Wahrheit, die Genauigkeit und die symbolische Bedeutungsgewalt der Ibsenschen Figuren zerstört, solange ist er nur ein möglicher kritischer Einwand; der Rang von Ibsens Theaterwelt bleibt davon unberührt.

Fritz Kortner hat in Wien das Drama einer Comeback-Lüge, eines Dilettanten-Traums, einer schlimmen Sohnes- und einer hoffnungslosen Pflegemutter-Liebe inszeniert: Ibsens ›John Gabriel Borkman‹. Die Kritiken, zum Teil von Leuten verfaßt, die nicht gerade in dem Ruf notorischer Kortner-Vergötzung stehen, waren einhellig hingerissen. Doch soviel theatralisch-sublimierten Zorn Fritz Kortner auch in die bemerkenswert konzentriert wirkende Borkman-Darstellung von Ewald Balser investierte: Die Aufführung kam gleichwohl nicht über die Demonstration von – teilweise großartigen, teilweise ablenkenden – Absichten hinaus. Da stand außer dem herrlich zurückhaltenden und eindringlichen Anton Reimer (er spielte den Möchtegern-Dramatiker Wilhelm Foldal) nicht ein Schauspieler auf der Bühne, der gewissermaßen den eigenen Gesten und dem erarbeiteten Tonfall gewachsen schien. Immer wieder erinnerten deutende Zeigefinger und unendliche Melodien an den Regisseur.

Bei alledem mußte man die berühmte Frage stellen, ob es denn wirklich unmöglich sei, geistreich zu sein, ohne boshaft zu sein. Kortners Einfälle, wie bunte Kugeln in Ibsens düsterem Wortgeflecht hängend, waren großenteils witzig-charakterisierend. Gleich zu Beginn verfing sich Frau Alma Seidler beim Aufstehen und bei der Begrüßung ihres Besuches in ihrem Nähgarn. Als ihr die Visitenkarte gereicht wurde, hatte sie sich gerade weggedreht. Sie sah auch die ihr dann gereichte Hand nicht, während Paula Wessely sich ein wenig später mit Gesten und Lachen über den neu erschienenen Schnurrbart des jungen Erhard amüsierte. Ständig mußte ein Fenster geöffnet, ein Ofen nachgeheizt, ein Gang gemacht werden. Dem standen gewiß auch Einfälle gegenüber, die das Stück genauer verdeutlichten. Wütend schlägt der alte Borkman auf die Klaviertasten, wenn er erzählt, daß sein Sohn bei dem verhaßten Widersacher Hinkel »das Tanzbein schwingt«. Grandios meistert Kortner den Übergang vom Realen zum Surrealen: vom Dach des versinkenden Hauses zum Sterben. Merkwürdigerweise hatten weder Kortner noch Balser Sinn für die rätselhafte, den angeblichen Realismus des Stückes negierende Passage von dem in der Tiefe tönenden Erz. In solchen Einzelheiten steckt Ibsens nordische Mythologie. Die großen Augenblicke der Aufführung kamen jedenfalls nicht dann zustande, wenn immer wieder jemand ein entzündetes Streichholz fuchtelnd auslöschte, um überrascht ein neues anzureißen, welches wiederum ausging; oder wenn Frau Wessely ihren Entschluß, zu bleiben, dadurch verdeutlichen mußte, daß sie in den Vorraum ging, den Mantel ergriff, wieder ablegte und zurückkam. Die großen Augenblicke waren hier die Ausbrüche. Meist ergreifen im Theater die leisen, die wortlosen Erschütterungen mehr. Ausbrüche haben nur zu leicht etwas peinlich Selbstzufriedenes, Exhibitionistisches. Doch als Frau Wessely, geführt von Kortner, ihre Verzweiflung über ein verdorbenes Leben mit ganzer Seele und Stimme darbot, da reichte Theater weit über Kalkuliertes hinaus in Bezirke, die sonst nur der Musik geöffnet sind. Im zweiten Akt fand das Burgtheater herrlich sich selbst. Eine zwingende Aufführung indessen gelang trotz aller Genieblitze nicht. Mag sein, daß der ungenierte Zwischenruf: »Bitte lauter« die Schauspieler im ersten Akt verstörte, daß der allzu heitere Balser nicht ganz genau jenen Idealtyp traf, den er in der Premiere hatte vorstellen können.

Günther Rühle

Was an uns ist noch Peer?
(1971)

Die jubelnde Zustimmung, die der Schaubühnen-Peer-Gynt erfuhr, ähnelt jener bei der letzten Ausfahrt von Ozeanriesen, die man dankbar verabschiedet, um einen neuen in Dienst zu stellen. Die Schaubühne deklarierte (Peer Gynt, ein Schauspiel aus dem 19. Jahrhundert) Peer Gynt auf ähnliche Weise zum Oldtimer und inszenierte seine Überwindung, indem sie den Theaterriesen vor der Ausfahrt zur Besichtigung freigab. Das dazu hergeholte Verfahren gehört freilich selbst zu dem Jahrhundert, als dessen symbolisches Inventar Ibsens Schaustück ausgegeben ist. Was bei Wedekind noch frisch und griffig war, die zynische Vernummerung eines Lebenslaufes zu einem artistischen Zirkusakt, ist spätestens seit Max Ophüls »Lola-Montez«-Film selber eine ins Pompöse drängende Methode, die sich dem einfügt, was sie ausstellt: der Wonne der Schaulust.

Ich fürchte: Der Triumph dieser Inszenierung resultiert ganz daraus, daß sie viele Hungergefühle auf volles Theater wieder satt macht. Einfach daraus, daß sie Figuren ausarbeitet, Szenen sich entwickeln läßt, als wären sie Stücke für sich (Beispiele: Die Hochzeit auf Haegstadt, die Trollhochzeit, die Heimkehr), und weil sie den Zuschauer fast unter denen sein läßt, die da vor uns springen, tanzen, trinken, huren, hochstapeln, sich aus dem Schiffbruch retten und elend werden. Das ganze abgeschaffte illusionistische Verfahren, das uns einst weismachte, bei etwas dabei zu sein, erlebte eine grandiose Heimkehr, obwohl die Dramaturgie gerade das zu verhindert gedachte. Man spürte den Bierdunst der Hochzeitsgäste, den Schweiß Peers, die gierige Fummelei der mannstollen Weiber und fühlte sich versucht, sich mit Peer auf dem nachtkalten Baum gegen die Affen zu wehren. Es mag – für uns – einigermaßen neu sein, daß sich solche Illusionierung außerhalb des Guckkastens herstellt, auf einer Berg und Tal nachahmenden Arenaspielfläche, die das Publikum wie an zwei Ufern sowohl teilt wie verbindet. Wirkte solche Verlagerung und Benutzung der Spielfläche befreiend und als eine Bereicherung an Perspektiven, als eine Aktivierung des Zusehens (mitsamt der schönen Suggestion, »Überblick« über alles zu haben), so fesselte das Staunen über die Kunstakte auf ihr (Peer, die Mutter den Hang herunter tragend) abermals die Illusionskraft, Berg, Tal, Wege, Meer und Wüste lägen vor unseren Augen.

## Der Sog in die andere Zeit

Als Max Reinhardt vor fünfzig Jahre den Guckkasten verließ und ins Große Schauspielhaus zog, glaubte er dem Illusionismus zu entkommen, aber er totalisierte ihn. Als Karl Heinz Martin die »Räuber«-Bühne dort aufbaute, erlebte das Publikum ähnliches. Das will sagen: Was hier als Durchbruch in eine andere Theaterform erscheint, enthält szenisch den gleichen Rückgriff, den die Wahl des Stückes selber darstellt. Freilich rechtfertigt sich diese Inszenierung als Methode damit, daß sie bewußt wiedergäbe, was dem Stück zugrunde liege: die Lust des 19.-Jahrhundert-Menschen am Panorama, am Blick über Berg und Tal. Aber die Verklebung des Umraums mit der Bilderwelt jenes Menschen erweckt vollends den Eindruck, man sei in einem Museum, das die Illusionskunst so weit trieb, daß sogar seine Menschen wieder lebendig würden. Mit diesem Rückfall, mit diesem Sog in die andere Zeit hat Steins Inszenierung so lange zu kämpfen, solange sie jene herstellt. Erst am zweiten Abend lockert sich solche Abgeschlossenheit: einmal, weil der Regisseur nun auf eine ihm gemäßere Stofflichkeit (als die der nordischen Bauernwelt) trifft (so gut, so plastisch er diese auch reproduziert), und zweitens (das hängt damit zusammen), weil er jetzt häufiger mit Hinweisen und zusätzlichen Interpretationen die Durchschaubarkeit in das einarbeiten kann, was er zeigt. Beispiel: Peer Gynt, sich als Sklaven- und Götzenbildhändler ausgebend, bringt nur den Franzosen und Deutschen zur aufspringenden »moralischen Empörung«. Der Engländer bleibt sitzen – als seinesgleichen.

Im Grunde (im Grunde!) hat man Steins Inszenierung gesehen, wenn man den zweiten Teil sieht, so schöne, so ungewöhnliche Dinge (wie die groteskspießige Prozedur der Trollwelt, wie das Spiel mit Halb-und Viertelfiguren hinter dem Hügel bei der Hägstadt-Hochzeit) es im ersten auch gibt.

Die Hälfte der Arbeit für diese Inszenierung ist die Entwicklung einer Konzeption aus der Prüfung des vorgefundenen Stoffes. Zwei Positionen sind ablesbar: die Bestimmung des Peer als des unbändigfreien, sich jeder gemeinsamen Zielvorstellung verweigernden Ich-Süchtigen, der sich verschiedene Großrollen, vom bäuerischen Teufelskerl hinauf zum Kaiser und Propheten, zulegt; ein im Grunde unverantwortlicher, selbstbezogener Typus, der – ausgestattet mit der idealistischen Philosophie des Selbst-Werdens – diese doch nur als die Troll-, als die Spießer-Moral des Sich-selbst-genug-Seins praktiziert. Das »Sich-selbst-Genug« wird in diesem Zusammenhang als etwas Asoziales erfaßt (und noch in kleinen Nebenbei-Gebärden gespiegelt: etwa, wenn der reiche Gynt in Marokko seine Füße auf die Tafel legt, an der die Freunde sitzen). Im Weltstoff, den dieses Ich in Ibsens Drama verbraucht, ist – zweitens – entdeckt, wie sehr dieser dem der Trivialliteratur der Zeit entspricht und der Trivialpsychologie und Stofferwartung der damaligen Kultur-Konsumenten. Als solcher wird der Ibsensche Stoff ausgestellt. Die Gegensatzpaare, die als Spannweite solchen Welt-Panoramas gelten, werden szenisch sichtbar definiert; also: Dorf und Welt, Heimat und Fremde, Enge und Weite, Land und Meer, Bauer und Bürger, Armut und Reichtum, Vertrautheit und Angst, Klarheit und Geheimnis, Glück und Unglück, Einfalt und List, Natur und Zivilisation. Die szenische Ausarbeitung erstreckt sich auf dies alles, und die Qualität wächst durch den Widerstand, der dem Regisseur von der »neutralen« Landschaftsspielfläche entgegengebracht wird. Darum wird das »kulturelle« Klima der Inszenierung so »echt«, das diesem Peer erlaubt, so zu sein, wie er sein will. Alles ordnet sich ihm unter; wo es sich ihm nicht unterordnet, werden auch die Szenen überdehnt (Trollhochzeit, die Szene vor der Sphinx, die sich mit der im Irrenhaus verbindet); er flieht oder wird hineingezogen. So ist auch die Rhythmik in den Hauptpunkten richtig (störende Verschleppungen gibt es freilich: im 1. Teil: die Zurückweisung der Braut, im 2. in der Szene mit den Haremsmädchen und in der allzu langen Heimkehr im Schlußarrangement). Die Ausarbeitung der Szenerie, die vollständige, ausholende Darbietung dessen, was Peer erlebt (zwei Abende), gibt den Anschein eines langen, freien, reichen, merkwürdigen Lebens, so schrecklich die Erfahrung im Irrenhaus und im Schiffbruch auch ist. Die Bilanz des Heimkehrers wird gegen diesen »Reichen-Leben-Eindruck« überdeutlich formuliert: »Ich bin ein verlorenes Schwein.« Es ist nichts gewonnen, nichts eingebracht, ein Leben verantwortungslos vergeudet. Nur zwei nehmen diesen Menschen noch an. Die blinde Solveig (ihre Blindheit bekommt gerade noch eine metaphorische Qualität) und der Knopfgießer, der das Ich aufhebt. Das ist deutlich, plastisch, mit der nötigen Bewertung durch die Regie herausgehoben.

## Die Verabschiedung eines Typus

Damit ist freilich das eigene Ziel der Inszenierung noch nicht definiert. Die Dramaturgie stieß – ihren Standpunkt suchend, also sich distanzierend von Ibsen – über dessen unmittelbar wahrnehmbare Kritik an Peer weit hinaus. Sie mußte dazu das Stück unter Beibehaltung seines Ablaufs (da sie es ausstellen wollte) doch öffnen. Das beginnt, indem sie Peer Gynt eindeutiger bestimmt. Peer nennt sich selbst: »ein Kapitalist«. In der zweiten Begegnung mit dem Dovregreis wird die »Verabschiedung« dieses Typus eingeleitet. Da fällt der bei Ibsen nicht zu findende Satz, daß Trolle und Menschen sich immer mehr vermischen und daß Originaltrolle nur noch fürs Theater da sind; als der Photograph seinen Apparat aufbaut, belehrt er Peer über die zwei Persönlichkeitsbilder – je nach dem Kopierverfahren, dem »Entwicklungsstand« – negativ-positiv, und Peer gibt das Stichwort, das auf den Standpunkt hinweist, von dem aus das Stück gesehen, und also seine Konzeption erarbeitet ist: »Ich gehöre zu den negativen Persönlichkeiten, die erst umgearbeitet werden müssen.« Umgearbeitet: das heißt, auf eine neue Philosophie gebracht, da die praktizierte bürgerliche so versagt hat. (»Ich bin ein verlorenes Schwein.«) Solches Konzept wird mit einem (für die Konzentration zentralen, aber fast nur beiläufig wirkenden) Einfall noch einmal untermalt. Auf dem Höhepunkt von Peers »kapitalistischer« Entfaltung rücken zum erstenmal Arbeiter auf die Bühne – noch als bestellte Hilfskräfte –, als Peer sich der Archäologie widmet. Da werden die gelben Bodendecken von ihnen abgeräumt, Flaschenzüge montiert und aus dem (»alten Kultur«-)Boden wird die Sphinx heraufgezogen, die Peer bestaunt. Später rücken eben diese Arbeiter selbständig an: nach der Bestattungsszene mit dem Sarg der Hägstadttochter, nach Peers Niederbruch: als Desinfizierer, die den Boden absprühen, als Geometer, die das Land neu vermessen, und als Arbeiter, die krachend Peers Schloß zusammenschlagen und dann die blinde, erstarrte Solveig und den toten Peer heruntertragen von ihrem entrückten Seelenheim auf den Bergen ins Tal, als Seeleninbild für die Fotokamera: Abbild der verendeten, der »überholten«, der »abgeschafften« alten Welt.

Dieser harte Eingriff ist in seiner »Desillusionierung« dennoch ein symbolischer Akt: Er enthält nicht nur die Erklärung, es sei Zeit, das alte, kernlose Individualgehabe wegzuschaffen, er schafft auch (symbolisch auf dem Theater) ab die alten Bilder von Leben, die den Trost aus dem Schoß der großen vergebenden Mutter bereithalten, mit dem man die Widersprüche der Welt auffängt.

Das Schlußbild: Die mit fast zeremoniellem Pathos entwickelte Fotografierszene beleuchtet noch einmal die Ambivalenz dieser Aufführung. Etwas wird als vergangen ausgestellt, aber der gegenwärtige Erfolg, die szenische Manifestation, die Arbeits- und Visionskraft der Schaubühnentruppe selbst ergibt sich im Grunde aus den Wirkungen der Reproduktion dessen, was man da verabschiedet. Theater und Zuschauer genießen fröhnend die Wonne eines wieder großen Volumens, wie es anders zur Zeit Wagners nicht gewesen sein kann. Mit der Vergrößerung der Bühne dehnt sich auch der Genuß an ihrer Bemeisterung mit Hilfe der Schauwerte aus. Je plastischer die einzelne Szene, um so mehr. Die Abschaffung der alten Bilderwelt (die die Inszenierung fast zu einem symbolischen Akt in bezug auf die gegenwärtigen Vorgänge in der Kunst macht) unwillig-willig mit deren Triumph als Erfolg eingeheimst.

Die Ambivalenz ergibt sich einmal aus der Situation, in die die Aufführung trifft: Der allgemein auf dem Theater zu beobachtenden Verringerung des szenischen Volumens (zumal im neuen deutschen Drama) hält diese Inszenierung den Hinweis auf die mögliche Dimension der Darstellungskunst überhaupt entgegen. Zum anderen ergibt sie sich daraus, daß »Peer Gynt« als Stück so wenig »kritisch« zu fassen ist wie sein zwiebelartiger, sich schälender Held (obwohl man ihn kritisieren kann und soll). »Peer Gynt« als Stück ist nicht umkrempelbar, wie Goethes »Tasso«, der durch Hervorkrempelung der in ihm versteckten Abhängigkeiten (die ein Drama ja konstituieren) zur szenischen Enthüllung einer dichterischen Metapher wurde, die noch nicht beim Namen nennen konnte, was in sie einging. »Tasso« – in Steins Regie – brachte dem Zuschauer jene kritische Freiheit zum Betrachten, die »Peer Gynt« versagt bleibt. Die Dramaturgie der »Peer-Gynt«-Produktion spürte richtig, daß man den Abbau des Helden über das von der bisherigen Aufführungen abgesteckte Maß hinaus noch verstärken müsse, wollte man die Kritik vom einzelnen »Individualisten« gegen den Typus kehren. Das tut sie, aber überwandt sie damit auch Ibsen?

Solcher Meinung kann nur sein, wer die gelegentlich blinde Liebe des Dichters zu seiner Figur zu deren Interpretation benutzt, jene also, die behauptet, Peer Gynt sei eine Persönlichkeit, in sich geschlossen, individuell; obwohl der, der so sprach, Ibsen, in Peer doch eine Figur gedichtet hat, die einen Zusammenhang in ihrem Lebensvollzug doch nur in der rücksichtslosen Weise des Verbrauchs ihres Lebens hat.

Wenn Ibsen auch allgemein idealistisch formuliert: »Es kommt darauf an, daß man aufrichtig und treu bleibe im Verhältnis zu sich selbst. Es kommt darauf an, das zu wollen, was man unbedingt muß«, dann mag man das auslegen als die Forderung, die Peer Gynt versäumte. Aber die Verschwommenheit solcher anscheinend klaren Forderungen in der Lebenspraxis läßt auch zu, sie mit Peer Gynts Verhalten selbst identisch werden zu lassen. War Peer sich nicht selber treu? Sind die Diebe im Stück, die merkwürdigerweise, besser bezeichnenderweise das »Sei-du-Selbst« im Munde führen, sich weniger treu? Ibsens ethische Formel ist so verschwommen, weil sie an keinen anderen Inhalt als den der völlig freien Selbstbestimmung gebunden ist; sie wird auch von dem Verlassen Solveigs her kaum kritisierbar, da Peers »Selbstbestimmungsverhalten« der Verlassenen ihre Warterolle konstituiert, an der sie anscheinend einen demütigen Genuß (als »Lebenssinn«) hat. Es kann also sein, Ibsen habe an Peer selber (obwohl er in Briefen anders spricht – aber Briefe und Dichtungen sind nicht kongruent) die Untauglichkeit solcher »idealistischer« Lebensmaxime gedichtet. Hätte er Peer sonst so dem Anblick der Irren ausgesetzt, die alle doch etwas anders sein wollen als sie sind, als wozu sie sich machen können? Solche Vermutung wird bestärkt, wenn man Goethes »Faust« als das positive Gegengedicht zur Analyse heranzieht. Dann wird Peer Gynt, der vital freie, auch der durch Philosophie irregeleitete. Sein Wort ist ja einmal: Er lebe nach einer »Theorie«. Das heißt: Die Kritik, die Ibsen an Peer Gynt als asozialem Typus vorträgt, ist kaum überbietbar, wenn man sie als eine totale erkennt. Daher wirken die Eingriffe der Schaubühne, die eigenmächtigen Veränderungen am Ende fast gewaltsam, obwohl sie sich doch auch nur als eine Verlängerung des im Stück Angelegten verstehen können. In der gespielten Erklärung der Schaubühne, man müsse den Typus abschaffen, steckt also auch ein Stück schlechtes Gewissen, sich den theatralischen Verlockungen des Stücks, der Macht der Ibsenschen Phantasie unterzogen zu haben. Tatsächlich gibt es die Frage, was diese Aufführung über den Menschen von heute beibringe, kaum eine andere als jene angefügte und also auch schon vorausgesetzte Antwort, ein Mensch wie dieser müsse umgearbeitet werden. Dies war freilich auch schon eine Meinung, die sich in anderen Dramen Ibsens belegt: daß die Gesellschaft andere Menschen haben müsse, andere Stützen. Was die Schaubühnen-Aufführung ihrerseits am Ende als Ergebnis der Abschaffung beibringt (Desinfizierer und Geometer), wird freilich selber wieder nur zum Giraudoux-Signal einer neuen Verwurstung des Menschen. Desinfizierer, Geometer, Fotograf und die Bühnenarbeiter? Sind das die Neuen? Der Fotograf nimmt die Peer/Solveig-Pietà auf wie für Erinnerungs- und Werbezwecke, als Abbild, das sich auf dem Markt als ein erhaben-romantisches verkaufen läßt. Indem die Aufführung auf solchen romantischen Gedächtniskult hinweist, liefert sie abermals einen Hinweis auf ihre eigene Zuneigung: zu der theatralischen, bildhaften, großbürgerlichen Theaterphantasie. Ohne solche Vordisposition hätte diese Inszenierung gegen Ende nicht so schwere, sogar ergreifende Töne; Peer, sich in den Schoß der Geliebten und Mutter bohrend – Stein produziert da auch seine Trauer darüber, was er verabschieden soll, was er mit dieser Inszenierung aber überhaupt erst begriff.

## Theater als Arbeit

Man kann also nicht zu dem Schluß kommen, die große, die ungewöhnliche Arbeit der Schaubühne stehe in der Art ihrer Realisation in ursächlichem Zusammenhang mit dem, was sie wolle.

Die Bloßstellung, die Darstellung der Unbrauchbarkeit des Typus »Peer Gynt« leistet der Guckkasten auch, vielleicht noch schärfer, wenn er sich auf jene »Theorie-Probe« konzentriert. Eine Zäsur in der deutschen Theaterarbeit wäre dies? Es ist eine – aber nur in dem Sinne, daß die Aufführung zeigt, wie ernst, wie verbissen hier wieder Theater als Arbeit begriffen und mittels Arbeit erworben wird. Viele Bilder, auch das Ganze (das an dieser Stelle ausführlich beschrieben wurde und also ausgespart wird), sind unvergeßlich; sie prägen sich ein, weil sie Prägekraft, eine von der Tendenz unabhängige bildliche Aktivität haben. Eine Schwierigkeit aller »Peer-Gynt«-Inszenierungen ist freilich noch nicht bewältigt; den jungen, wilden Peer bereits im ersten Teil altern und seiner so bewußt werden zu lassen, daß sich der »Kapitalist« des vierten Aktes nicht wie eine ganz andere Person, sondern nur wie eine andere Rolle derselben Ich-Bezogenheit ausnimmt. In dem Sphinx- und Irrenhaus-Bild dieses Aktes faßte Stein zusammen, was im dritten Akt von »Early Morning« noch auseinanderfiel und in »Changeling« durch »ästhetische Ballung« überformuliert wurde: die irrwitzigen Visionen von zerstörten Menschengruppen. Hier hat jede Figur noch Herkunft, es entwickelt sich ein Bild, das locker ist, durchsichtig aufs einzelne wie aufs Gesamte und schrecklich. Was sich inhaltlich hier vollzieht: Der Zusammenbruch von Peers Ich-Begriff war richtig vorbereitet durch die Einführung der Peerschen Spiegelfigur, als Peer 5 den Peer 6 ablöste.

Den höchsten Ausdruck von kritischer Freiheit gewann die Aufführung aber (und fast nur) in dem Augenblick, in dem Wolf Redl (Peer 6) das weiße Pferd bestieg, das Bein genußvoll im Aufstieg schwenkte und der Satz aus dem ersten Teil – wie ein Leitmotiv des ausgestellten Lebens – sich wieder hervorhob: »Am Reitzeug erkennt man den großen Herrn.« Da war die Bodenlosigkeit, der Bezug dieser Figur auf die bloße Außenseite so deutlich, daß im Genuß der Pose auch gleichzeitig das Urteil über sie entstand. – Es war die Einzige, in der die Aufführung ihrer Ambivalenz entkam. Dem Riesenprodukt war das Licht aufgesetzt.

Die Hauptfrage, die die Inszenierung durch die bereitgehaltene Antwort unterdrückte, enthüllte sich für einen Augenblick; hieß es im Text: »Wir alle haben Ähnlichkeit mit Peer«, so war in diesem Augenblick endlich die Frage los: »Was an uns ist noch Peer?«.

Die Dramen sind nach den Erstaufführungsdaten geordnet; außer den deutschen Titeln werden das Jahr der ersten deutschen Übersetzung, Originaltitel und Erscheinungsjahr (in Klammern) angegeben.

1876 *Die Kronprätendenten* (1872; Kongs-Emnerne, 1863): Meiningen, Hoftheater 30. 1. 1876
*Nordische Heerfahrt* (1876; Haermaendene paa Helgeland, 1857): München, Hoftheater 10. 4. 1876

1878 *Stützen der Gesellschaft* (1877; Samfundets støtter, 1877): Berlin, Belle-Alliance-Theater 25. 1. 1878
*Die Herrin von Oestrot* (1877; Fru Inger til OStråt, 1854): Berlin, Nationaltheater 13. 12. 1878

1880 *Nora oder Ein Puppenheim* (1879; Et dukkehjem, 1879): Flensburg, Stadttheater 6. 2. 1880; München, Hoftheater 3. 3. 1880 (Originalschluß)

1886 *Gespenster* (1884; Gengangere, 1881): Augsburg, Stadttheater 14. 4. 1886

1887 *Ein Volksfeind* (1883; En folkefiende, 1882): Berlin, Ostende-Theater 5. 3. 1887
*Rosmersholm* (1887; Rosmersholm, 1886): Augsburg, Stadttheater 6. 4. 1887

1888 *Die Wildente* (1887; Vildanden, 1884): Berlin, Residenztheater 4. 3. 1888

1889 *Die Frau vom Meer* (1888; Fruen fra Havet, 1888): Weimar, Hoftheater 12. 2. 1889

1891 *Hedda Gabler* (1891; Hedda Gabler, 1890): München, Hoftheater 31. 1. 1891
*Der Bund der Jugend* (1872; De unges forbund, 1869): Berlin, Freie Volksbühne 18. 10. 1891
*Das Fest auf Solhaug* (1888; Gildet paa Solhaug, 1855): Wien, Carltheater 21. 11. 1891

1893 *Baumeister Solneß* (1893; Bygmester Solness, 1892): Berlin, Lessingtheater 19. 1. 1893

1895 *Klein Eyolf* (1895; Lille Eyolf, 1894): Berlin, Deutsches Theater 12. 1. 1895

1896 *Die Komödie der Liebe* (1889; Kjaerlighedens Komedie, 1863): Berlin Belle-Alliance-Theater 18. 10. 1896
*Kaiser und Galiläer* (1888; Kejser og Galilaeer, 1873): Leipzig, Stadttheater 5. 12. 1896

1897 *John Gabriel Borkman* (1897; John Gabriel Borkman, 1896): Frankfurt a. M., Stadttheater 16. 1. 1897

1898 *Brand* (1872; Brand, 1866): Berlin, Schillertheater 19. 3. 1898

1900 *Wenn wir Toten erwachen* (1900; Når vi døde vågner, 1899): Stuttgart, Hoftheater 26. 1. 1900
*Das Hünengrab* (1898; Kjaempehøjen, 1850): Wien, Deutsches Volkstheater 22. 2. 1900

1902 *Peer Gynt* (1881; Peer Gynt, 1867): Wien, Deutsches Volkstheater 9./10. 5. 1902

1906 *Catilina (1896; Catilina, 1850): Zürich 12. 10. 1906*

# Quellennachweise

*Hermann Bahr*: Peer Gynt, in: Rezensionen. Wiener Theater 1901 bis 1903, Berlin 1903, S. 131–139.

*Otto Brahm*: Henrik Ibsen, in: Deutsche Rundschau XLIX (1886), S. 193–220.

*Georg Brandes*: Henrik Ibsen und seine Schule in Deutschland (1890), in: Deutsche Persönlichkeiten, München 1902 ( = Gesammelte Schriften I), S. 37–69; Abdruck nur: S. 37–44 u. 67–69.

*Theodor Fontane*: Noch einmal Ibsen und seine »Gespenster«, in: Sämtliche Werke, III. Abt. 2. Bd., Darmstadt 1969, S. 711–714. Erstdruck: Vossische Zeitung 19, 13. 1. 1887.

*Hugo von Hofmannsthal* ( = Loris): Die Menschen in Ibsens Dramen, in: Ges. Werke in Einzelausgaben, Prosa 1, Frankfurt 1956, S. 87–98. Erstdruck: Wiener Literaturzeitung 15. 1.–15. 3. 1893.

*Siegfried Jacobsohn*: Peer Gynt, in: Das Jahr der Bühne 2 (1912/13), Berlin 1913, S. 144–149.

*Joachim Kaiser*: John Gabriel Borkman, in: Kleines Theatertagebuch, Reinbek bei Hamburg 1965, S. 155–157.

*Alfred Kerr*: Der Ahnherr. Zur Vorgeschichte des neuen deutschen Dramas, in: Neue deutsche Rundschau VII (1896), S. 697–708.

*Franz Mehring*: Ibsens »Baumeister Solneß«, in: Ges. Schriften, Bd. 12, Berlin 1963, S. 82–88. Erstdruck: Die Neue Zeit, 11. Jg. (1892/93), 1. Bd., S. 603–607.

*Emil Reich*: Ibsen und das Recht der Frau, in: Aus Leben und Dichtung. Aufsätze und Vorträge, Leipzig 1911, S. 395–422. Erstdruck: Jahresbericht des Vereins für erweiterte Frauenbildung, Wien 1891.

*Günther Rühle*: Was an uns ist noch Peer?, in: Theater heute. Jahressonderheft 1971, S. 29–31.

*Friedrich Spielhagen*: Henrik Ibsen's Nora, in: Westermanns illustrierte deutsche Monatshefte 49 (1880/81), S. 665–675.

# Weiterführende Bibliographie

Aus der umfangreichen Sekundärliteratur über Ibsen kann hier nur eine erste und knappe Auswahl geboten werden. Für weitere Angaben verweise ich auf die Bibliographien; es finden sich aber auch Literaturhinweise in den meisten der angeführten Bücher.

## Bibliographien:

*Hjalmar Pettersen*: Henrik Ibsen. 1828–1928. Oslo 1928.

*Ingrid Tedford*: Ibsen Bibliography 1928–1957 ( = Norsk bibliografisk bibliotek 20). Oslo 1961. Diese Bibliographie wird fortgesetzt im Ibsen-Årbok, Oslo. Nur für deutschsprachige Literatur:

*Fritz Meyen*: Ibsen-Bibliographie ( = Nordische Bibliographie. I. Reihe: I. Heft). Braunschweig, Berlin, Hamburg 1928.

## Ausgaben:

*Henrik Ibsen*: Samlede verker (Hundreårsutgave). Hrsgb. von Francis Bull, Halvdan Koht, Didrik Arup Seip. 21 Bde. Oslo 1928–1957. (Die maßgebliche wissenschaftliche Ausgabe)

– Sämtliche Werke in deutscher Sprache. Durchgesehen und eingeleitet von Georg Brandes, Julius Elias, Paul Schlenther. 10 Bde. Berlin 1898–1904.

– Sämtliche Werke in deutscher Sprache. Zweite Reihe: Nachgelassene Schriften. Hrsgb. von Julius Elias und Halvdan Koht. 4 Bde. Berlin 1909.

– Dramen. 2 Bde. Rostock 1965. (Nachdichtung der Versdramen: Christian Morgenstern, Übers. der Prosadramen: Bernhard Schulze; Einleitung: Horst Bien)

– Schauspiele. Hamburg 1968. (Übers.: Hans Egon Gerlach; Vorwort: Joachim Kaiser)

– Dramen. 2 Bde. München 1973. (Die Übers. folgen den Sämtl. Werken, Neuübers. »Nordische Heerfahrt« (R. A. Gimmler); Nachwort: Otto Oberholzer) Mehrere Dramen liegen in Einzelausgaben in Reclams UB und in Goldmanns Taschenbücher (2 Bde. mit vier Stücken) vor. In der Reihe »Dichter über ihre Dichtungen« ist als Bd. 10, I/II erschienen: Henrik Ibsen. Übertr. und hrsgb. von Verner Arpe, München 1972.

Erläuterungen und Kommentare zu einzelnen Stücken bietet
  *Hans Georg Meyer:* Henrik Ibsen ( = Friedrichs Dramatiker des Welttheaters. Bd. 46). Velber bei Hannover 1967.


Eine Übersicht über die verschiedenen Phasen der deutschen *Ibsen*-
Rezeption bis gegen Ende der zwanziger Jahre bietet

  *David E. R. George:* Henrik Ibsen in Deutschland. Rezeption und Revision.
  ( = Palaestra 251). Göttingen 1968. –

  Die Geschichte der Ibsen-Aufführungen in Deutschland von den Anfängen
  bis in die zwanziger Jahre des 20. Jahrhunderts (nach 1900 liegt der Schwer-
  punkt der Darstellung auf den Aufführungen des Düsseldorfer Schauspielhauses) beschreibt
  *Ruth Dzulko:* Ibsen und die deutsche Bühne. Habil.-Schrift. Jena 1952
  (Masch.) – Diese Arbeit ist bei der Ausarbeitung der Einleitung eine gute
  Hilfe gewesen.


Von der deutschen Forschung, die die Benutzer dieses Bandes vor allem interessieren wird, seien einige umfangreichere Bücher genannt:

  *Josef Collin: Henrik Ibsen. Sein Werk – seine Weltanschauung – sein Leben.*
  Heidelberg 1910.
  *Emil Reich:* Henrik Ibsens Dramen. Dresden 1894. 13./14. Aufl. Berlin
  1925.
  *Roman Woerner:* Henrik Ibsen. 2 Bde. München 1900. 3. Aufl. 1923.
  *Fritz Paul:* Symbol und Mythos. Studien zum Spätwerk Henrik Ibsens.
  ( = Münchener Universitäts-Schriften. Reihe der Phil. Fakultät 6). Mün-
  chen 1969.
  *Horst Bien:* Henrik Ibsens Realismus. ( = Neue Beiträge zur Literaturwissen-
  schaft 29). Berlin 1970.


Spezielle Probleme untersuchen

  *Kurt Wais:* Henrik Ibsen und das Problem des Vergangenen. Stuttgart
  1931.
  *Werner Möhring:* Ibsen und Kierkegaard. ( = Palaestra 160). Leipzig 1928.
  *Ludwig Binswanger:* Henrik Ibsen und das Problem der Selbstrealisation
  in der Kunst. ( = Schriften der Psyche 2). Heidelberg 1949.
  *Peter Szondi:* Die Krise des Dramas: Ibsen. In: Theorie des modernen Dramas. (es 27). Frankfurt 1963. S. 22–31.

Auf einige Arbeiten der außerdeutschen Forschung nach 1950 sei schließlich noch hingewiesen:

*John Northam*: Ibsen's Dramatic Method. A Study of the Prose Dramas. London 1953. Neuaufl. Oslo 1971. (Ein bahnbrechendes Werk der neueren Ibsen-Forschung)
- Ibsen. A Critical Study. New York/London 1973.

*James Walter McFarlane* (Hg.): Discussions of Henrik Ibsen. Boston 1962. James Walter McFarlane ist auch der verantwortliche Hg. des »Oxford Ibsen«, der seit 1960 erscheint und von dem bis 1970 sieben Bände erschienen sind.

*Maurice Gravier*: Ibsen. ( = Théâtre de tous temps.) Paris 1973.

*Daniel Haakonsen*: Henrik Ibsens realisme. Oslo 1957.

*Else Høst*: Hedda Gabler. Oslo 1958.

Einen Band mit Beiträgen der internationalen Ibsen-Forschung bereitet Fritz Paul vor: Henrik Ibsen. Wege der Forschung (Bd. 487). Wissenschaftliche Buchgesellschaft, Darmstadt.

# Register

147

148